Birgit Waßmann
Dämon oder Engel?
Begegnungen in der anderen Realität

Birgit Waßmann

Dämon oder Engel?

Begegnungen in der anderen Realität

Bibliografische Information der Deutschen Nationalbibliothek:
Die Deutsche Nationalbibliothek verzeichnet diese Publikation
in der Deutschen Nationalbibliografie, detaillierte bibliografische
Daten sind im Internet über dnb.dnb.de abrufbar.

2. veränderte Auflage, 1. Aufl.: 2016

© 2025 Birgit Waßmann

Illustrationen: Birgit Waßmann

Verlag: BoD · Books on Demand GmbH, Überseering 33,
22297 Hamburg, bod@bod.de
Druck: Libri Plureos GmbH, Friedensallee 273,
22763 Hamburg

ISBN: 978-3-8192-5015-6

*Dämonen kommen nur dann
in unsere Welt,
wenn ein
Durchgang offen ist.*

Inhalt

Geheimgesellschaften

Gefahren auf dem Weg der Erkenntnis

Schutz und Widerstand

Vorwort

Für Menschen, die nach Erkenntnis und geistiger Entwicklung streben, ist es manchmal schwierig, den vermeintlich richtigen Weg zu finden, da eine Vielfalt an Methoden und Systemen vorgibt, die spirituelle Entwicklung optimal zu fördern. Während es in geschäftlichen Dingen üblich ist, möglichst wenige Risiken einzugehen, glauben Viele, in spiritueller Hinsicht keine Wahl zu haben und bei ihrer Suche alles aufs Spiel setzen zu müssen. Doch gerade im Bereich des geistigen Fortschritts ist Achtsamkeit und die Fähigkeit zur Unterscheidung von herausragender Bedeutung.

Während unkritische Befürworter in ihrem Enthusiasmus alles gutheißen, was ihnen an neuen Möglichkeiten begegnet, neigen die Gegner spiritueller Bewegungen zu pauschalisierten Negativ-Urteilen, ohne wirklich Kenntnis davon zu besitzen, worum es eigentlich geht. Im Bereich der Spiritualität existieren ohne Zweifel viele problematische Entwicklungen, die für den Einzelnen fatale Konsequenzen haben können. Ein gut funktionierendes Urteilsvermögen ist daher unerlässlich, um Anzeichen für einseitige und destruktive Strömungen innerhalb von esoterischen Gemeinschaften oder Glaubensrichtungen zu erkennen.

Das gesteigerte Interesse an spirituellen Themen, in Verbindung mit Unwissenheit und Gutgläubigkeit, ist ein fruchtbarer Nährboden für falsche Propheten und Scharlatane. Nicht immer ist es einfach, zwischen Wegen und Einflüssen, die das transzendente Gewahrsein tatsächlich fördern, und solchen, die nur den Anschein erwecken, zu unterscheiden. Das Dilemma der spirituellen Suche wird in dem Buch: *Meister, Gurus, Menschenfänger* von K. Wilber u.a. ausführlich erörtert.

Unsichtbare Wesen höherer Seinsebenen existieren und üben einen Einfluss auf die Menschen aus. Zu allen Zeiten wurden in zahlreichen Erzählungen und Berichten schützende sowie übel wollende unsichtbare Geister erwähnt. Der lateinische *Genius* war ein Schutzgeist, der einen bestimmten Menschen sein Leben lang begleitete. Die Schutzbefohlenen wurden durch intuitive Eingebungen oder günstige Schicksalsfügungen vor üblen Einflüssen bewahrt.

In der Philosophie des Altertums wurden Gut und Böse als Zwillingsbrüder dargestellt, geboren aus ein- und derselben Quelle der Natur. Dem Drachen der Finsternis wurde der Drache des Lichtes entgegengestellt. Die menschliche Psyche galt bereits früh als Schauplatz des Kampfes geistiger Mächte...

Die jüdische Kabbala erwähnt einen lichten und einen dunklen Engel in der menschlichen Seele, der sich hinter der rechten bzw. linken Schulter des Menschen befindet. Während die dunkle Seite die Seele in Versuchung führt, schickt die helle ihr inspirierende Ideen.

Da jeder Mensch unterschiedliche Interessen und Vorlieben mitbringt, sind auch die Entwicklungswege den individuellen Bedürfnissen angepasst. Ängste, Irrtümer und Frustrationen sind nicht zwangsläufig Bestandteil spiritueller Erfahrungen, denn nicht alle Wege sind mit Problemen gepflastert. An manchen Jüngern, die sich auf die Suche begeben, gehen Hindernisse unbemerkt vorüber, während andere mit großen Schwierigkeiten zu kämpfen haben und stecken bleiben.

In der esoterischen Gegenwartsliteratur werden die Gefahren okkulter Praktiken und medialer Tätigkeit stark vernachlässigt. Die vorliegende Zusammenstellung kritischer Texte soll dazu beitragen, diesem allseits anzutreffenden Mangel, zumindest teilweise, abzuhelfen. Einseitigkeiten in der Argumentation sind nicht zu verneiden, da positiv gefärbte Erfahrungsberichte nur am Rande mit einbezogen werden. Diese stehen bereits in ausreichender Anzahl zur Verfügung.

Der vorliegende Band basiert zum überwiegenden Teil auf eigenen Erfahrungen, der Lektüre esoterischer Literatur, und auf persönlichen Botschaften aus geistigen Sphären. Die gechannelten Texte wurden kenntlich gemacht durch eine unterschiedliche Schriftform. Da ich über mehrere Jahre mediale Texte aufgeschrieben habe, bin ich mit den Themen, mit denen sich dieses Buch befasst, vertraut und in einigen Bereichen zu tieferen Einsichten gelangt, als es einem Außenstehenden möglich gewesen wäre. Persönliche Zweifel waren der Anlass, vermehrt auch kritische Fragen zu stellen, um an entsprechendes Hintergrundwissen zu gelangen.

Die Menschheit steht gegenwärtig an einem Scheideweg; dies wird zumindest in einer Vielzahl esoterischer Schriften angekündigt. Wenn man den vielfältigen Hinweisen aus geistigen Botschaften Glauben schenkt, dann steht eine umfassende Wandlung des menschlichen Bewusstseins bevor; eine Transformation, die ihresgleichen sucht. In den kommenden Jahrzehnten soll sich ein Bewusstseinswandel auf globaler Ebene vollziehen.

Zwar ist die Art und Weise, in der die Veränderung erfolgen wird, nicht im Einzelnen festgelegt. Doch eine Transformation ist notwendig geworden, behauptet bspw. die Autorin Patricia Cori. Ob eine Veränderung dieses Ausmaßes ohne Gefahren über die Bühne geht, oder ob mit der Transformation eine Bedrohung für einen Großteil der Menschen einhergeht, bleibt im Ungewissen. Es könnten, so wird angekündigt, „sehr unangenehme Ereignisse" eintreten, welche die Leute zum Umdenken zwängen.

Anscheinend hat die Menschheit eine Stufe erreicht, in der eine Bewusstseinserweiterung notwendig ist, um eine friedliche Koexistenz in Zukunft zu gewährleisten. Zu hoffen bleibt, dass diese Wendung in der menschlichen Evolution ohne größerer Verwerfungen vonstatten geht, und der Großteil der Menschen sich bereit findet zu einer grundlegenden Änderung, die ihr gesamtes Sein betrifft und alles bisher Bekannte in Frage stellt.

Die Tür zu neuen Erfahrungen

*Ohne Weisheit ist die Vorstellungskraft ein
grausamer Zuchtmeister.*
H.P. Blavatsky

Hellsichtigkeit, Magie und Halluzinationen:

Visionen oder Halluzinationen?

Hellsichtige Personen nehmen etwas wahr, das der gewöhnlichen Beobachtung nicht zugänglich ist. Eine andere, dem normalen Bewusstsein nicht sichtbare Welt erschließt sich ihnen. Die Wahrnehmung hellsichtiger Menschen gleitet über Zeit und Raum hinweg und erkennt Zusammenhänge, die in der Gegenwart nicht zum Bestandteil der sinnlich wahrnehmbaren Welt gehören. Menschen, die sich intensiv mit spirituellen Themen befassen, verfügen nicht selten über ein erweitertes Wahrnehmungsvermögen. Die Öffnung des *Dritten Auges* in der Mitte der Stirn, die hellsichtige Wahrnehmungen zur Folge hat, kennzeichnet eine bestimmte geistige Entwicklungsstufe.

Als Hellsehen wird die Fähigkeit bezeichnet, geistige Bilder und Wesenheiten, die der Normalsicht nicht zugänglich sind, wahrzunehmen. Hellseherische Gaben hat es zu allen Zeiten der Menschheitsentwicklung gegeben; sie galten als natürliche Anlage des Menschen in der Antike. Bedeutende Staatsmänner maßen Visionen einen besonderen Stellenwert zu, weshalb ihnen ein großer Einfluss bei wichtigen Beschlüssen eingeräumt wurde. Vor entscheidenden Auseinandersetzungen entfaltete sich die Sehergabe; und ein bedeutender Anteil am Sieg wurde ihr zugeschrieben.

Auch Kaiser Konstantin (306-377 n. Chr.) folgte bei kriegerischen Auseinandersetzungen visionären Eingebungen. Während eines Feldzuges gegen seinen Rivalen Maxentius erschien am Himmel ein Kreuz mit der Umschrift ‚*in hoc signo vinces*' (in diesem Zeichen wirst du siegen). Tatsächlich konnte Konstantins Heer einen überwältigenden Sieg erringen. In der Bibel werden ebenfalls häufig Visionen und Offenbarungen erwähnt, wie z.B. die des Paulus vor Damaskus (im 2. Korintherbrief, Kap.12).

Die bildhaften Eindrücke, die plötzlich vor dem geistigen Auge auftauchen, können – abhängig vom jeweiligen Inhalt und vom Bewusstseinsstand des Hellsichtigen – sehr anregend, aber auch sehr erschreckend sein.

Mit unterschiedlichen Begriffen werden die außergewöhnlichen Wahrnehmungen beschrieben:

◙ *Hellsehen* ist Teil einer übersinnlichen Wahrnehmung, zu der auch Hellhören, Hellfühlen, sowie die Wahrnehmung des inneren Wesens anderer Menschen gehören.

◙ *Television* ist das übersinnliche Erfassen von räumlich oder zeitlich fernen Inhalten aus Gegenwart, Vergangenheit oder Zukunft.

◙ *Telepathie* ist die Übertragung eines Bewusstseinsinhaltes – eines Gedankens, einer Vorstellung, einer Willensäußerung oder Emotion – von einer Person auf eine andere (oder auf mehrere andere Menschen).

Die übersinnliche geistige Welt wird dabei nicht einfach als ein jenseitiger Bereich aufgefasst, das von der alltäglichen Wahrnehmung streng getrennt ist, sondern die verschiedenen Welten durchdringen einander. Der materiellen Welt am nächsten befindet sich:

◘ die *Elementarwelt*, auch *ätherische Welt* genannt, gefolgt von

◘ der *astralen Welt*, auch als *Seelenwelt* bezeichnet, die weniger an das Irdische anknüpft als die Ätherwelt. Das gilt noch mehr für

◘ die *geistige Welt*, die sich in noch größerer Entfernung von der materiellen Ebene befindet.

Die jeweils höhere Ebene durchdringt die anderen Ebenen; d.h. die geistige Welt durchdringt die astrale, ätherische und materielle Ebene, während die astrale Welt nur die ätherische und materielle Ebene durchdringen und wahrnehmen kann etc. (Vgl.: Flensburger Hefte. Hellsehen, S.113f.)

In der geistigen Welt findet jedwede Kommunikation über Telepathie statt, bemerkt Margaret Rogers. Die Abgrenzung zwischen *Television* und *Telepathie* ist keine leichte Aufgabe: *„Denn es gibt kein eindeutiges Mittel, um zu entscheiden, dass im Falle des sogen. Hellsehens nicht doch ein abwesendes, vielleicht gar nicht bekanntes und niemals zu ermittelndes fremdes Subjekt, sei es ein menschliches oder ein außermenschliches – vielleicht sogar der göttlich-allwissende Geist selbst – das Wissen vermittelt, das auf dem gewöhnlichen Wege über die fünf Sinne nicht erklärbar ist"*, erklärt J.M. Verweyen (S.66).

Einige sensitive Menschen sind fähig, beim Berühren eines persönlichen Gegenstandes oder Schriftstückes, das von der Hand einer bestimmten Person stammt, die entscheidenden Lebenszusammenhänge des Betreffenden zu ermitteln. Diese Gabe wird *Psychometrie* genannt.

Television und *Telepathie* kommen weitgehend ohne Mitwirkung der bekannten fünf Sinne zustande. Hier stellt sich die Frage, ob die in der wissenschaftlichen Physik bekannten Strahlen und Wellen, die als solche ebenfalls unsichtbar sind, prinzipiell von ähnlicher Beschaffenheit sind wie die unsichtbaren ‚Ströme', die telepathischen und hellseherischen Vorgängen zugrunde liegen.

Bei manchen Medien macht sich die Hellsichtigkeit durch ein nervöses Zittern und Pulsieren im Bereich des Solarplexus und in der Mitte der Stirn bemerkbar, wie J. Zutt berichtet. Steigert sich diese Empfindung, dann entsteht plötzlich der Eindruck, als ob die beiden Körperstellen miteinander „wie durch einen ‚Blitz' einer elektrischen Bogenlampe" bzw. durch einen Strom, verbunden sind. In diesem Moment setzen hellsichtige Wahrnehmungen ein.

Was nehmen hellsichtige Menschen wahr, die sich in visionäre Trancezustände versetzen, bewusstseinsverändernde Drogen nehmen oder in der Meditation innere Bilder sehen? Kann die vielgestaltige Bildergalerie des inneren Raums ein Abgleiten in Illusionen bewirken oder gar zu geistiger Verwirrung führen? Oder wird vielmehr ein allumfassendes Wissen vermittelt? Eugene G. Jussek vergleicht die mannigfaltigen visuellen Erscheinungen mit Perlen: „Da es echte und falsche Perlen gibt, wäre es nicht möglich, dass auch in den inneren Spiegeln des Bewusstseins echte und falsche Bilder zu sehen sind?" (in: Das Perlennetz, S.9).

Bo Yin Ra sieht in der Mehrzahl der Visionen, von denen Medien und Menschen in Ekstase berichten, Gebilde der eigenen plastischen Phantasie, die greifbare Formen angenommen hat. Wahrhaftige Erfahrungen könnten nur bei völlig ungetrübtem Bewusstsein erfolgen, schreibt er. In einer seiner Erzählungen lässt er einen alten Weisen die Warnung aussprechen: *„Hüten Sie sich aber im allgemeinen vor solchen Bildern, die ohne Ihren Willen und Ihr Zutun sich aus Kräften gestalten, die Ihnen innewohnen, und die Sie erst völlig beherrschen lernen müssen, bevor Sie sicher sein können, vor gröblichen Täuschungen bewahrt zu bleiben!"* (in: Das Geheimnis, S.125). Echte geistige Offenbarungen von Trugbildern unterscheiden zu lernen ist eine wichtige Voraussetzung, um sich vor groben Irrtümern zu schützen.

Mediale Gaben wie Hellsehen, Hellhören oder Hellfühlen können auf unterschiedlichen Wegen erworben bzw. antrainiert werden. Diese Gaben sind keineswegs immer ein Zeichen für einen fortgeschrittenen Entwicklungsstand der betreffenden Person. Eine Wandlung geschieht bei Meditierenden, die über einen längeren Zeitraum praktizieren, durch ‚geistige Kraftübertragung'. Diese befähigt sie letztendlich, bei wachem Bewusstsein Einblicke in die Welt des Geistes zu erhalten.

Für einen beträchtlichen Anteil von Patienten in psychiatrischen Kliniken hat sich ihre mediale Veranlagung, die ihnen außergewöhnliche Erfahrungen bescherte, letztendlich als Überforderung erwiesen. Sie waren nicht in der Lage, die psychischen Ausnahmezustände, in die sie gerieten, einzuordnen und zu verkraften. Das Verständnis für Halluzinationen kann erleichtert werden, wenn man sich ihnen außerhalb des pathologischen Zusammenhanges nähert und dabei die medialen Wahrnehmungen, insbesondere die Fähigkeit des Hellsehens, berücksichtigt.

Wie außerordentlich plastisch sich hellsichtige Wahrnehmungen gestalten können, zeigt ein Bericht C.G. Jungs, der in *Psychiatrische Studien* die Halluzinationen eines 15jährigen Mädchens beschreibt. Das Mädchen bemerkte, ohne geistig abwesend zu sein, wie sich ihr Schlafzimmer nach und nach erhellte. Aus der nebelhaften Helligkeit lösten sich weiße, glänzende Gestalten. Diese in weiße Schleier gehüllten Phantome zeigten sich in der Folgezeit immer häufiger. Wenn das Mädchen abends zu Bett ging, standen sie schon bereit, als warteten sie. „Schließlich sah sie die Gestalten sich zu greifbarer Natürlichkeit verdichten", berichtet Jung (S.24). Auch erschreckende Visionen tauchten auf, wenngleich sie seltener vorkamen. Die Patientin Jungs sah „gelegentlich schwarze Gestalten auf der nächtlichen Straße oder in ihrem Zimmer; auf dem dunkeln Hausflur erschreckte sie einmal ein furchtbares kupferrotes Gesicht, das sie plötzlich von Angesicht zu Angesicht anstierte" (S.25).

Von der tatsächlichen Existenz der Geister war das Mädchen völlig überzeugt. Sie sah die Gestalten deutlich vor sich: Es war ihr sogar möglich, die Phantome zu berühren und sich mit ihnen über verschiedene Themen, die sie interessierten, auszutauschen. Wie konnte sie unter diesen Umständen annehmen, sie seien nicht real? Von C.G. Jung fühlte sie sich unverstanden, da dieser sich auf eine medizi nisch-psychologische Sichtweise beschränkte. Er sprach von *hemi-somnambulen* Zuständen und schien nicht recht zu begreifen, was eigentlich vor sich ging.

Jung machte ab dem Jahr 1913 selbst eine Phase der Unsicherheit und des Zweifels durch, die sich über 6 Jahre hinzog. Zahllose Wochen verbrachte der Therapeut mit der Ergründung seiner eigenen Psyche und versuchte, die Bilder und Botschaften, die unkontrolliert in Gedanken, Phantasien und Träumen aus seinem Unterbewusstsein aufstiegen, zu entschlüsseln. „Die Jahre, in denen ich den inneren Bildern nachging, waren die wichtigste Zeit meines Lebens. Damals begann es, und die späteren Einzelheiten sind nur Ergänzungen und Verdeutlichungen. Meine gesamte spätere Tätigkeit bestand darin, das auszuarbeiten, was in jenen Jahren aus dem Unbewussten aufgebrochen war und mich zunächst überflutete. Es war der Urstoff für ein Lebenswerk", bekannte Jung 1957 (in: Das Rote Buch).

H. Bender, der Gründer des Instituts für Grenzgebiete der Psychologie in Freiburg, beschreibt Bilder, die in einer kugelförmigen, mit Wasser gefüllten Blumenvase visuell auftauchen. Es seien, so lautet seine Erklärung, „aller Wahrscheinlichkeit nach Äußerungen unterbewusster, in Bezug auf das Ich also desintegrierter Prozesse. Sie sind etwas persönlichkeitsfremdes, vom normalen Seelenleben Abgespaltenes ..." (S.115). Desintegration oder Dissoziation könne in normaler oder pathologischer Ausprägung auftreten, da ganz unterschiedliche Grade der Abspaltungen existieren.

Um einer Theorie der Halluzinationen näher zu kommen, seien künstlich induzierte Visionen, wie bspw. bei Kristallsehen, von großer Bedeutung, findet Bender. In den meisten theoretischen Überlegungen werden Halluzinationen als Produkt des persönlichen Bewusstseins angesehen, doch diese *„müssen erklären, wie etwas vom eigenen Bewusstsein Erzeugtes den Charakter eines als fremd empfundenen, erlittenen Erlebnisses gewinnen kann."* (zitiert in: Schorsch, Zur Theorie der Halluzinationen, S.116).

Hellsichtige Medien haben eine plausible Antwort, wenn es darum geht, für ihre hellsichtigen Wahrnehmungen eine Erklärung zu finden. Linda Roethlisberger ist überzeugt: „Eindrücke und Visionen empfängt das spirituell arbeitende Medium von seinen Schutzengeln oder geistigen Helfern..." Unvergängliche Kunstwerke und bedeutende Erfindungen seien entstanden mittels Inspirationen aus geistigen Bewusstseinsebenen. Den Künstlern sei die Quelle ihrer Einfälle häufig gar nicht bewusst. L. Roethlisberger unterscheidet zwischen:

- Phantasien der eigenen Psyche;
- Vorstellungen anderer lebender Menschen;
- Visionen von Wesen aus einer feinstofflichen Bewusstseinswelt.

Die Autorin sieht auch Gefahren, die beim Hellsehtraining auftreten können. Bei der Erweiterung des Gewahrseins kommen bisher unbekannte Bereiche der eigenen Seele zum Vorschein. Kontakte mit Geistwesen verschiedener Art aus den feinstofflichen Welten sind möglich. Nicht alle diese Wesen sind den Menschen gegenüber freundlich gesinnt. Selbst die sogenannte *geistige Hierarchie* besteht nicht nur aus lichtvollen Wesenheiten; sie hat auch eine dunkle Seite! Wo viel Licht, ist auch viel Schatten.

Ein Medium wird die „Kraft entwickeln müssen, dem Zauber, den einige dieser Wesen über einen ausüben können, zu widerstehen und ihm nicht zu verfallen, im Guten wie im Schlechten" (S.257).

Die außerordentlichen psychischen Kräfte, zu denen auch das Hellsehen zählt, werden im Sanskrit *Siddhis* genannt. Die *Siddhis* werden zwei Gruppen zugeordnet:

▶ die groben psychischen Energien und die
▶ spirituellen Kräfte, die eine geistige Schulung erfordern.

Krishna sagt: „Er, der sich der Ausübung von Yoga widmet, der seine Sinne unterworfen hat und der sein Gemüt in mir (Krishna) konzentriert hat, Yogis wie diesen stehen all die Siddhis zu Diensten bereit." (Vgl.: Helena P. Blavatsky, Die Stimme der Stille, S.119.)

Zu höherer Erkenntnis gelangen Theosophen durch Schauen, erfährt man bei L. Ragaz. Die Seher besitzen die Fähigkeit, nicht lediglich die Außenseite der Dinge zu erforschen, „sondern in dieses Wesen (der Dinge) selbst einzudringen, ja sogar mit ihm völlig eins zu werden und es so zu fassen, wie es ist, unmittelbar, zentral und mit absoluter Sicherheit, so dass Erleben und Denken sich verbinden und der Idealismus zugleich höchster Realismus wird. Diesem Schauen enthüllen sich Gott, Welt und Mensch in ihren innersten Kern" (S.13f.).

Die Fähigkeit des Hellsehens entwickelt sich, sobald sich die Energiezentren (Chakren), im menschlichen Körper öffnen. Gestalten einer geistigen Welt werden sichtbar. Auch Gedankenformen anderer Menschen, *Elementale* genannt, die durch Wünsche, Leidenschaften und Ängste verursacht werden, können wahrgenommen werden. *Elementale* sind durch Denken und Emotionen geformte nichtphysische Energien. Die Erscheinungsweise dieser Formen wird nur durch die menschliche Vorstellungskraft begrenzt. Sie werden als Wolken von unterschiedlicher Struktur und Dichte wahrgenommen und reagieren auf konzentrierte Gedankenschwingungen.

Das erweiterte Bewusstsein einer Person bewirkt, dass die Gedanken, die auf sie einstürmen, mit größerer Aufmerksamkeit wahrgenommen werden. Manche befürchten, böse Mächte könnten auf sie eindrängen. Doch viele Eindrücke kommen nur scheinbar von außen, sondern sind vielmehr die Wirkung eigener Gedankenformen, wie C.W. Leadbeater und Annie Besant bestätigen: „So wandert gleichsam jeder Mensch innerhalb eines selbstgeschaffenen Käfiges durch den Raum, d.h. er ist von einer wogenden Flut selbsterzeugter Gedankenformen umgeben. Durch sie hindurch blickt er in die Welt, und so kommt es, dass er alles durch seine vorherrschenden Gedankenrichtungen gefärbt anschaut, und alle Gedankenschwingungen, die ihn von außen berühren, mehr oder weniger durch seinen eigenen Rhythmus modifiziert werden" (in: Gedankenformen, S.23). Die eigenen Gedankenerzeugnisse wirken wie trübes Glas, das den klaren Blick umnebelt.

Die bewusste Erzeugung geistiger Bilder zu einem vorbestimmten Zweck wird *Visualisierung* genannt. Bei diesem Vorgang werden subtile Energien beeinflusst und gebildet. Gedankenformen, die im Umfeld einer Person existieren, sind oft das Ergebnis ihrer bewussten oder unbewussten Visualisierungen. Die von den Sehern bewusst erzeugten Elementale treten mit der Zeit immer deutlicher in Erscheinung. Ein Wunsch, der sie stark bewegt, ein Gedanke, der sie intensiv beschäftigt; das alles erscheint nun in sichtbaren Formen und Gestalten. Auch die Gedankenformen anderer Menschen, mit denen eine tiefe emotionale Verbindung besteht, können in Erscheinung treten. Die dabei entstehenden Gebilde sind abhängig von der jeweiligen Ausprägung der Gedanken und der damit verbundenen Gefühlswelt.

Das Schauen von Geistwesen auf einer feinstofflichen Ebene ist der Vorzug spiritueller Menschen, wenngleich der Weg jedem offen steht. L. Ragaz warnt aber davor, sich ohne Führer auf den Pfad zu begeben, denn dies „wäre eine Vermessenheit, die sich furchtbar rächen müsste... denn der Weg ist voll Versuchung und Schrecken" (S.13f.).

Wie es Geistwesen gelingt, sich zu manifestieren, erfährt Jan van Helsing von einem unsichtbaren Botschafter: „Pauschal gesagt kann ich in die Schwingung der Materie eintreten. Hierzu benutze ich die Kraft derer, denen ich erscheine. Das bedeutet, dass sich in die Schwingung der Materie einkehre und mich manifestiere; das kann ich mit den äußersten Elementen meines Seins." Diese Manifestation ist auch für das Wesen mit Anstrengungen verbunden und entfernt es von ‚der Gotteskraft'. (In: Wer hat Angst vor'm schwarzen Mann? S.95.)

Die Erzeugung von Geräuschen ist für einen Geist ebenfalls kein Problem: „Das Klopfen selbst ist einfach, da ich den Knall für euch Menschen in der Luft erzeuge. Es ist eine sich reibende Schwingungsfrequenz. Das kann beispielsweise die schwingende Materie des Holzes sein, welche ich in Unruhe versetze. Auf diese Weise kann der Knall für das Gehör sehr deutlich sein. Hier nutze ich auch das Gehör, die Hörfrequenz dessen, dem er gilt, so dass es möglich ist, dass nicht ein jeder alles hört."

Von Stufe zu Stufe wird der Weg beschritten, auf dem die Adepten an ihrer inneren Vervollkommnung arbeiten. Leidenschaften, Sinnlichkeit und selbstsüchtige Wünsche lassen sie hinter sich. In dem Maße, wie die Seele frei wird, offenbart sich ihnen die Geisterwelt. „Die den Sinnen gegebene Welt verwandelt sich nach und nach und tut ihr Geistwesen kund. Aus Bäumen und Tieren werden Geister. An Stelle des physischen Leibes tritt der Aetherleib und der Astralleib, der ganz andere Organe besitzt als jener", schreibt Ragaz.

Hellsichtige Personen sehen den Ätherkörper als ein Gebilde ineinander fließender Farben, die den physischen Körper umgeben wie eine Wolke. Der Ätherkörper hat annähernd die Form der physischen Gestalt und ist auch ähnlich gegliedert, wie der menschliche Körper. Die Organe und ihre ätherischen Gegenstücke sind die durch Energieströme miteinander verbunden. (Vgl.: Flensburger Hefte. Hellsehen, S.123.)

Das *Dritte Auge*, bei Helena P. Blavatsky auch *Devaauge* genannt, entwickelt sich bei Adepten mit der Zeit während der Trancezustände. Schüler, deren Innenleben noch sehr von Konflikten belastet ist, dürfen keine Hilfe von dem Devaauge erwarten (vgl.: Die Geheimlehre, S.219). Die Autorin stellt einen direkten Zusammenhang her zwischen der psychischen Integrität von Sehern und einer geistigen oder abnormen Seherschaft, zwischen visionären Schauungen oder halluzinatorischen Gebilden. Die Theosophie ist in diesem Sinne eng mit der Magie verwandt, denn zum geheimen Wissen gesellt sich Macht; das Geheimwissen wird zur Quelle besonderer Kräfte.

Visionen, die zukünftige Ereignisse anzeigen, sind keineswegs immer der Weisheit letzter Schluss. Sie zeigen lediglich mögliche Entwicklungen, die unter gewissen Umständen eintreten können. *Visionen zeigen somit nicht die Zukunft, sondern lediglich eine mögliche Zukunft.* Diese ist veränderbar, sobald sich an den Umständen und den Verhaltensweisen der beteiligten Personen irgendetwas ändert. Dieser Gesichtspunkt macht Vorausschau in gewisser Weise wertvoll, denn sie zeigt kein unabänderliches Schicksal. Sobald jemand die Ereignisse kennt, welche die Zukunft für ihn bereithält, ist er in der Lage, darauf zu reagieren und eine mögliche Änderung herbeizuführen.

Visionen und Offenbarungen sind der Ausdruck mystischer Erfahrungen, über die nicht nur christliche Heilige berichten, sondern die in neuerer Zeit auch von Adepten wie Dan Millman bestätigt wurden. Spirituelle Einsichten werden in bildhaften Eindrücken und mystischen Erkenntnissen übermittelt. Meditierende tauchen ein in eine Erlebniswelt, die in ihrer bunten Vielschichtigkeit faszinierend und lehrreich zugleich ist. Die Authentizität dieser Erlebniswelten wird nicht angezweifelt. Doch auch hier ist niemand vor Irrtümern und Täuschungen sicher, denn wie so oft existiert eine Kehrseite, die es zu beachten gilt. Die Vielzahl erschreckender Halluzinationen, unter der psychisch kranke Menschen leiden, zeigt dies sehr deutlich.

In der gegenwärtigen Zeitepoche findet eine allmähliche Lockerung des menschlichen Ätherkörpers statt. Dieser Prozess ermöglicht vielen Leuten, übersinnliche Wahrnehmungen zu erleben. Die Seele wird im günstigen Fall befähigt, sich aus dem Gefängnis des Körpers zu befreien. Sie erblickt den *Hüter der Schwelle*, der die Tür zu übersinnlichen Geheimnissen öffnet. Doch damit sind auch Gefahren verbunden, denn offenbarte Geheimnisse dürfen nicht missbräuchlich verwendet werden.

Magisches Training

Magie ist im Grund nichts anderes als eine
Verlängerung der Physik.
O.M. Aivanhov

Zu einer magischen Schulung gehört die Entwicklung medialer Fähigkeiten. Ein angehender Magier entwickelt seine Vorstellungskraft, da sie unabdingbar ist, um Fortschritte zu erzielen und geistige Erzeugnisse hervorzubringen. Mit dieser Thematik hat sich ausgiebig Franz Bardon befasst. Eine der Übungen zur magischen Geistesschulung ist die Imagination von Gegenständen. Bardon gibt einen Hinweis, wie sich mediale Kräfte entfalten. Er erklärt, die imaginierten Bilder „müssen ... wie in der Luft hängend und derart plastisch vor unseren Blicken sichtbar sein, dass sie fast greifbar sind. Man darf außer dem vorgestellten Gegenstand nichts von seiner übrigen Umgebung wahrnehmen" (S.80).

Auch akustische Konzentration wird intensiv geübt, wobei anfangs die Einbildungskraft in hohem Maße gefordert ist. Der Magier bildet sich bspw. ein, das Ticken einer Uhr, Glockenklänge u.ä. zu hören. „Es können noch andere akustische Konzentrationsexperimente vorgenommen werden, wie Gongschläge, Hammerschläge und Klopftöne, verschiedene Geräusche, wie Kratzen, Schlürfen, Geheul, Rauschen eines Wasserfalls, später Musikklänge von Violine und Klavier oder anderen Instrumenten." Bei den akustischen Übungen wird auf eine bildhafte Visualisation verzichtet.

Mehrere Arten des Hellsehens werden bei Bardon erwähnt:

◉ Als erstes wird die angeborene Hellsehfähigkeit genannt, die aus früheren Verkörperungen in die jetzige Existenz mitgebracht oder verliehen wurde. Mit wenig Phantasie kann daraus eine Erklärung für plötzliche halluzinatorische Wahrnehmungen abgeleitet werden.

◉ Die zweite Art des Hellsehens ist eine pathologische Erscheinung, die unwillkürlich von selbst auftritt, bspw. in Zeiten physischen und psychischen Ungleichgewichts; nach Schockerlebnissen, in Krankheitsfällen und nach seelischen Erschütterungen. Auch Schlaganfälle und Nervenzusammenbrüche können hellseherische Eindrücke als Begleiterscheinung mehr oder weniger deutlich hervortreten lassen.

„In diese Kategorie gehören auch diejenigen Personen, die durch etwaige mediale Veranlagung die Fähigkeit des Hellsehens, durch ein Wesen hervorgerufen, erhalten haben. Auch diese Art ist für den praktischen Magier nicht empfehlenswert, denn solche Personen enden gewöhnlich als Geisteskranke. Viele von den in verschiedenen Irrenanstalten eingelieferten Personen, die sich ohne verlässliche Führung mit Problemen des Spiritismus befasst haben, verdanken denselben ihren trostlosen Zustand, ganz gleich, ob die Motive zu diesem Studium ernsthaft waren oder bloß pure Neugierde und andere Beweggründe als Ansporn dienten" (S.167).

Nach Ansicht von Paracelsus sind Trugbilder das Werk von Geistwesen. Manche Menschen sehen sich bei Nacht von unheimlichen Figuren umgeben; spukhafte Erscheinungen schweben durch die Luft und ungewöhnliche Geräusche ängstigen sie; im Wasser und in Kristallen zeigen sich seltsame Schatten und Gestalten, ebenso in Spiegeln oder Brillengläsern. Es sind Geistwesen, die sensitiven Menschen dasjenige vor Augen führen, was einen Bezug zu ihnen hat und einen Eindruck hervorruft. Diese Gaukelei ist aber keineswegs zu begrüßen. Auch die Verwendung von Rauschmitteln ist nicht ratsam. Davor warnt F. Bardon:

◉ Das Forcieren hellseherischer Fähigkeiten mit Hilfe von Rauschmitteln, wie etwa Opium, Haschisch, Meskalin, ist keineswegs zu empfehlen, da die Gewöhnung an diese Opiate sehr gefährlich ist. Sie wirken lähmend auf den Willen und die Nervenkräfte und blockieren so die weitere Entwicklung.

◉ Als weitere Art des Hellsehens beschreibt Bardon die Abschwächung oder vorübergehende Lähmung eines Sinnesorgans. Das häufig praktizierte Fixieren eines Gegenstandes, meist einer Kristallkugel, ist nicht für jeden Menschen geeignet, da die Augen überbeansprucht werden. Magische Spiegel, Kristallkugeln und dgl. sollten lediglich als Hilfsmittel für ein geschultes Auge dienen. Die Hellsehfähigkeit hängt, so argumentiert Bardon, von der Veranlagung ab, sowie von der psychischen und astralen Entwicklung des Probanden.

Das so genannte *Kristallstarren* wird von Jan van Rijckenborgh als ‚negativ-okkulte Methode' bezeichnet, die praktiziert wird, um zu einem erweiterten ätherischen Sehen zu gelangen. „Es ist ein höchst gefährliches Tun, denn diejenigen, die es praktizieren, rufen mit ihren Visionen auch eine Anzahl erdgebundener Kräfte auf", gibt der Autor zu bedenken. (In: Der kommende Neue Mensch, S.26f.)

26

Infolge eines intensiven Kristallstarrens kann zudem die schützende Schicht rings um die Zirbeldrüse geschädigt werden, ähnlich dem Durchbrennen einer Sicherung des elektrischen Lichtnetzes. „Wenn diese Sicherung … durchbrennt, dann können die an die Erde gebundenen Kräfte für eine zeitlang ihr freies Spiel mit einen solchen Menschen treiben."

◙ Die nächste Art des Hellsehens tritt als Begleiterscheinung einer geglückten magischen Entwicklung auf, die durch „systematische Entfaltung der Sinne, in unserem Fall des hellsehenden Auges, hervorgerufen wird", erklärt Bardon (S.169). Die individuellen Wahrnehmungen eines Sehers hängen von seiner geistigen Veranlagung ab. Eine unschädliche Methode sieht Bardon darin, die geistige Hellsicht als Begleiterscheinung einer spirituellen Entwicklung sich entfalten zu lassen. Diese Art des Hellsehens ist unbedingt anderen Methoden vorzuziehen.

In der Praxis wird es nicht immer einfach sein, die Grenze zwischen den verschiedenen Methoden des Hellsehens zu ziehen. Gewarnt wird vor gewissen Übungen, welche die Hellsichtigkeit forcieren und damit eine einseitige Entwicklung in Gang setzen. Einseitige Übungen verursachen nicht nur gesundheitliche Schäden, sondern hemmen auch die geistige Entwicklung. Wenn ein Mensch „weder sich selbst, noch die Elemente beherrscht, unterliegt er leicht den Lockungen niederer Kräfte. Und wenn man diesen einmal nachgegeben hat, ist es sehr schwer, wieder hochzukommen", warnt Bardon (S.240).

◙ *Magisch geschulte Personen sind in der Lage, anderen Menschen Bilder und ganze Szenen in deren Geist zu projizieren, selbst über große Entfernungen hinweg.* Indem sie entsprechende Bildeindrücke bestimmten Menschen telepathisch übertragen, werden bei diesen Halluzinationen hervorgerufen. Magisch geschulte Personen verfügen über Kenntnisse, die sie befähigen, die Gedankengänge eines Individuums über weite Entfernungen hinweg verfolgen zu können. Das Seelenleben, der Charakter, die Emotionen einer Person werden für sie sichtbar. Aus der hellsichtigen Betrachtung der Aura können ebenfalls weitreichende Schlussfolgerungen gezogen werden.

Jan Erik Sigdell unterscheidet zwischen positiver und negativer Hellsichtigkeit. Ist bei einer Person das *Dritte Auge*, das Hellseherorgan, geöffnet, dann ist gegen diese paranormale Fähigkeit im Grunde nichts einzuwenden. „Es gibt aber auch Fälle einer indirekten und vorgetäuschten Hellsichtigkeit, die eigentlich von einer dunklen Wesenheit herrührt. Sie redet der Person Dinge ein und zeigt sie ihr, und das kann üble Folgen haben. Im schlimmsten Fall wird es zu Schwarzer Magie, denn sie manipuliert den Menschen mit dem, was er zu sehen meint – was aber in Wahrheit eine dunkle Wesenheit für ihn ‚sieht'" (S.92). Der Autor betrachtet es als grundfalsch, mithilfe einer dunklen Wesenheit Hellsichtigkeit und Wahrsagerei auszuüben. Der Preis dafür sei zu hoch.

„Das Wissen des Menschen um seine eigene Natur ist heute noch sehr begrenzt." Zu dieser Ansicht gelangt R. Fischer aufgrund seiner eigenen außergewöhnlichen Erfahrungen. Ihm gelingt es, in seinem feinstofflichen Körper die unsichtbaren Bereiche zu ergründen. Leider habe die Voreingenommenheit der Wissenschaft dazu geführt, dass die Existenz fremder Seinsebenen kaum zur Kenntnis genommen wird, beklagt Fischer (S.243).

Er selbst sieht nach dem Verlassen seines physischen Körpers leuchtende Bilder und bunte, flächenhafte Muster. Diese Bilder bauen sich auf aus dem Astrallicht. Obwohl sie flächig wirken, ist auch Bewegung in ihnen (S.52). In seinem feinstofflichen Körper – auch bekannt als Ätherkörper – in dem R. Fischer Exkursionen unternimmt, ist er fähig, die Bildmotive willkürlich zu verändern. Konzentriert er sich bspw. auf die Farben der Blüten, die er gerade vor sich sieht, verändert sich die Farbgebung gemäß seinen Vorstellungen.

R. Fischer ist ein Durchbruch gelungen in fremde Seinsebenen, die noch weitgehend unerforscht sind. Andere Autoren, allen voran der Pionier des Astralreisens Robert A. Monroe, haben ebenfalls ausführlich über ihre Erlebnisse berichtet (vgl.: Der zweite Körper). Der

Forschungsbedarf auf diesem und auf verwandten Gebieten ist immer noch enorm.

Dämonen des Hellsehens

Vor der Faszination für mediale Kräfte, die zwar eine wertvolle Hilfe bei der spirituellen Entwicklung sein können, doch auf der anderen Seite in gefährliche Abgründe führen können, warnt Helena P. Blavatsky: *„Aber wenn diese Fähigkeiten Amok laufen, wenn sie die Kontrolle übernehmen, anstatt kontrolliert zu werden, führen sie den Studierenden in die gefährlichsten Täuschungen und mit Sicherheit in den moralischen Untergang."* (In: S. Cranston u. C. Williams: H.P.B.).

Eine allgemeine Hellsichtigkeit würde die Menschheit mit den ungefilterten Bildern ihrer eigenen Seele sowie mit den geistigen Erzeugnissen anderer Menschen in Kontakt bringen. Das bisher Verborgene wäre der allgemeinen Wahrnehmung zugänglich. Abgründe täten sich auf und Schreckensbilder stürmten auf die unvorbereitete Psyche ein. Die konstruktiven Tendenzen der Persönlichkeit könnten dabei leicht in den Hintergrund gedrängt werden könnten.

Ohne ausreichendes Wissen kann es daher gefährlich sein, die Kraft des Hellsehens zu entwickeln. Der Theosoph William Q. Judge kritisierte seinerzeit, dass kaum ein Medium die Ausübung des Hellsehens in Frage stellt: „Nicht ein einziges Medium ist imstande, mit den geistigen Auge hinter das Bild oder die wahrgenommene Idee zu sehen und gegebenenfalls zu sagen, ob das Erschaute der betreffende Gegenstand selbst oder das Resultat der Gedankenform eines anderen ist. Denn in diesen Wahrnehmungsbereichen erscheinen die Gedanken der Menschen ebenso objektiv wie die materiellen Dinge dem menschlichen Auge." (In: Der Weiße Lotos, Nr.28/1988, S.28f.)

An der Tatsache des Hellsehens an sich zweifelte Judge keineswegs, denn er konnte auf fundierte persönliche Erfahrungen zurückblicken. Hellsichtigkeit war für ihn eine Kraft, die der inneren Natur des Menschen angehörte. Dennoch waren die Gesetze, die dem Erscheinen und Verschwinden der Bilder zugrunde liegen, weitgehend unbekannt. Judge riet eindringlich, alle Versuche auf dem Gebiet des Hellsehens zu unterlassen, denn diese könnten „langsam aber sicher... *zu einem innerlich und äußerlich passiven Zustand führen, in dem der Wille nach und nach geknechtet wird, bis man in der Macht der Dämonen ist, die die Schwelle unserer Bewusstseins belagern.*"

Unter welchen Einfluss jemand geraten kann, der halluzinativen Wahrnehmungen ausgesetzt ist, zeigt Helena P. Blavatskys Erzählung *Ein grauenvolles Geschick* (in: *Unheimliche Geschichten*). Wie in vielen anderen phantastischen Erzählungen ist auch in dieser Schilderung ein wahrer Kern verborgen. Nach Angaben der Schreiberin erschien der Text auf ‚astralen Tafeln' vor ihrem geistigen Auge; sie brauchte ihn nur noch zu Paper zu bringen.

Der Inhalt ist schnell erzählt: Ein alter Zauberer, ein japanischer *Yamabushi*, erklärt sich bereit, einem Europäer zu helfen, der in tiefer Sorge, die Lebensumstände seiner Verwandten in der Ferne anbetreffend, zu ihm kommt. Er verspricht, ihm Informationen zu verschaffen, indem er sich der Methode des Hellsehens bedient.

Der Zauberer, ein hagerer, bleicher alter Mann mit tiefschwarzen Augen, die in das gelbe Gesicht zu versinken scheinen, wirkt äußerst geheimnisvoll. Sein Blick gleicht einem Lichtstrahl, aus dem ein dünner, silberner Faden hervorschnellt, der pfeilähnlich in Gehirn und Herz seines Gegenübers eindringt und dort jedes Gefühl und jeden Gedanken zu erfassen scheint.

Der Alte wartet bis nach Sonnenuntergang. Dann hält er dem Bittsteller einen kleinen Spiegel aus Stahl vors Gesicht, was bei diesem eine seltsame Empfindung im Arm hervorruft. „Was war es... „ so fragt er sich, „was wie ein lebendes eiskaltes Wesen über mein Gehirn kroch und darin ein Gefühl des Entsetzens erzeugte, um dann mein Herz zu umkrallen, als habe eine tödliche Schlange ihre Zähne in dasselbe geheftet?"

Das Experiment birgt offenbar Risiken, die mit dem Hineinschauen in den magischen Spiegel ihren Anfang nehmen. Der Alte erklärt: *„Wenn du jetzt selbst hineinblicken willst, so musst du dich einem Reinigungsprozess unterwerfen, nachdem du aus dem Spiegel das Gewünschte erfahren hast, oder du wirst in Zukunft alles, was jetzt gesehen wird, in jeder Entfernung und gegen deinen eigenen Willen ewig und ewig wieder zu sehen bekommen.“*

Der Europäer erblickt sich nun selbst von außen, so als stünde er neben sich. Er sieht seine Hand den Spiegel halten und empfängt Visionen, die ihm in kurzen Szenen die Antwort auf sein Begehren vor Augen führen. Währenddessen bleibt er innerlich ruhig und unbeteiligt; kein Gefühl regt sich in ihm trotz der schauerlichen Begebenheiten, die er zu sehen bekommt.

Nach dieser Erfahrung wird er ermahnt, sich gänzlich von den niederen *Day-Dzins* (Dämonen) zu reinigen, „denn diese mussten gebraucht werden, um deine unerfahrene Seele an die Orte zu geleiten, die sie zu sehen wünschte. Der Eingang zu deinem Inneren Selbst muss verschlossen werden gegen ihr gefahrvolles Eindringen.“ Der Alte, ein heiliger Mann, will den Ratsuchenden ‚entsühnen‘, indem er ihn einer Reinigungsprozedur unterzieht. Eine Entlohnung verlange er nicht, teilt er ihm mit, da er einem okkulten Orden angehöre, welcher der reichste der Welt sei!

Der Bittsteller verweigert leichtsinnigerweise jedwede Prozedur und zieht auch den Inhalt der Visionen in Zweifel. Unverzüglich will er eine Reise antreten, um sich persönlich von den Lebensumständen seiner Angehörigen zu überzeugen. Trotz der eindringlichen Warnungen des Alten, er werde es sein ganzes Leben lang bereuen, wenn er verhindere, dass jene Tür in ihm geschlossen werde gegen jene Eindringlinge, die ewig auf der Wacht stehen, durch offene Türen einzutreten, bleibt der Mann uneinsichtig. Die Day-Dzins würden ihn zu ihrem Opfer machen, beschwört ihn der alte Zauberer, der Frieden seines ganzen Lebens gehe mit ihm dahin! Er werde der Macht von Kräften überlassen, die ihn bis an die Grenze des Wahnsinns verfolgten.

31

„Wisse", so erfährt der sorglose Europäer, „dass die Entwicklung der *Welten Vision* (des Hellsehens)... im Falle des Anfängers mit Hilfe der *Luft-Dzins* (Elementargeister), deren Natur seelenlos und daher böse ist, vollführt werden muss." Jeder Seher, dem es nicht gelänge, Macht über diese Wesen zu gewinnen, würde zu ihrem Sklaven werden. Nur Derjenige brauche nichts zu befürchten, der sich diese Geschöpfe unterworfen und zu seinen Dienern gemacht habe.

Helena P. Blavatsky erzählt weiter: „Während der Zeit der Vision und solange die inneren Wahrnehmungssinne auf die gewünschten Ereignisse gerichtet sind, haben die Day-Dzins den Seher - wenn er... ein unerfahrener Neuling ist, - ganz in ihrer Gewalt, und für jene Zeit ist der Seher nicht mehr er selbst. Er nimmt die Natur seines ‚Führers' an. Die Day-Dzins, die sein inneres Schauen lenken, halten seine Seele in schmählicher Gefangenschaft und machen aus ihm, solange der Zustand anhält, ein Wesen ihresgleichen. Seines göttlichen Lichts beraubt, ist der Mensch nur ein seelenloses Wesen; daher wird er während der Zeit der Verbindung mit einen Day-Dzin keine menschlichen Gefühle mehr spüren, weder Mitleid noch Furcht, Liebe oder Erbarmen."

Es gibt zwei Ebenen der Visionen:

☼ einerseits die spirituelle Ebene, die Ausströmung des ewigen Lichts,

☼ und die Ebene der ruhelosen Materie, „das Licht, in dem die missgeleiteten Day-Dzins baden."

Das Experiment des Hellsehens wird dann zu einer Gefahr, wenn Vorsichtsmaßregeln außer Acht gelassen werden. Der *Meister der Visionen*, der eine Tür in seiner Seele öffnet, muss diese auch wieder schließen können. Mit dem *Siegel der Reinigung* verhindert er jedes zukünftige unerwünschte Eindringen der Geister.

Der Europäer, der die Warnungen des alten Zauberers in den Wind geschlagen hatte, nimmt bereits wenige Tage nach dem Ereignis merkwürdige Veränderungen in seinem Geistesleben wahr. Der Inhalt seiner Träume wird zunehmend bedrohlich. Tagsüber ist sein

Geist plötzlich minutenlang völlig abwesend und er beginnt, unter Schwindelanfällen zu leiden. Die Gesichter von Mitreisenden verzerren sich in seiner Wahrnehmung zu grotesken Fratzen. Köpfe von Gestalten, über die gerade erst gesprochen wurde, tauchen plötzlich vor seinem geistigen Auge auf.

Der Mann wird immer öfter von Halluzinationen heimgesucht, die sein Leben verwandeln in eine fortdauernde geistige Tortur. Er kann „kaum die Augen schließen, ohne Zeuge irgendeiner grässlichen Tat zu werden, irgendeiner Szene des Elends, des Todes oder des Verbrechens. Vergangenes, Gegenwärtiges und Zukünftiges schaute ich, wie ich mich später vergewisserte. Es war, als habe irgendein höhnender Feind die Aufgabe übernommnen, mir in Visionen alles Bestialische, Boshafte und Ekelerregende der Welt vorzuführen." Vor allem Bilder des Unglücks und des Schreckens drängen in sein Bewusstsein, dazu Bilder menschlicher Leidenschaften in ihrer hässlichsten Gestalt.

Um das Unglück voll zu machen, erweisen sich die eingangs geschauten unheilvollen Visionen alle als zutreffend. Sie treten vor das innere Auge des unfreiwilligen Sehers in steter Folge als unwillkommene und quälende Halluzinationen, ohne irgendeine Möglichkeit der Abwehr. Er klagt: „Die Day-Dzins hatten tatsächlich die Herrschaft über mich gewonnen, und der Feind hatte alle seine Höllenhunde auf sein Opfer losgelassen."

Fieberhaft sucht er nun nach Wegen, um der nicht enden wollenden Bilderflut Herr zu werden. Von einem weisen Adepten, den er aufsucht und um Rat bittet, erfährt er, nicht jeder sei geeignet, ihn von den Dämonen des Hellsehens zu befreien. „Nur jener, der bestimmte Day-Dzins beschworen hatte, sie gezwungen hatte, die Zukunft zu zeigen oder schon geschehene Ereignisse, nur er hatte die Herrschaft über sie."

Der alte Zauberer aber ist nicht aufzufinden, denn er hat inzwischen eine sieben-jährige Pilgerfahrt angetreten! Der Ratsuchende ist nun auf die Hilfe anderer Adepten angewiesen. „Der Wille allein", so vernimmt er von ihnen, „der Glaube an deine eigenen Seelenkräfte kann dir noch helfen. Aber es wird vielleicht Jahre dauern, bis du auch nur einen Teil deines Missgeschicks gebessert hast... *Die Day-Dzins kann man am Anfang leicht beseitigen, werden sie aber sich selbst überlassen, so ergreifen sie Besitz von der Natur des Menschen, so dass man nur mit der größten Schwierigkeit den Feind vernichten kann, ohne auch das Opfer zu treffen.*"

Es gelingt dem Seher nicht, hinter das Geheimnis der Herrschaft über die schrecklichen Day-Dzins zu kommen. Nur eine sehr begrenzte Anzahl Eingeweihter befindet sich im Besitz dieses magischen Geheimnisses. Doch letzten Endes wird er fähig, sich weitgehend von den unwillkommenen Visionen zu lösen, bis sie nur noch vereinzelt auftauchen. Er weiß nun, dass er niemals darauf hoffen kann, ein Schüler der Weisheit, ein Adept, zu werden. Denn wer sich willig der Macht eines Day-Dzins hingegeben hat, kann dessen Spur niemals ganz aus seiner Seele entfernen. Eine Reinigung kann erst durch eine erneute Wiedergeburt vollzogen werden.

Das ‚Zweite Gesicht'

*Prophezeiungen – besonders solche, die weit
in die Zukunft weisen –
sind gefährlich mehrdeutig.*

Eine der Vorbedingungen, um Hellsehfähigkeiten zu entwickeln, ist eine ausreichende Vorbereitung. Die Öffnung der inneren Sinne wird bewirkt durch eine ‚geistige Wiedergeburt' im Kontext einer spirituellen Entwicklung. Das Öffnen der ‚geistigen Augen' ist eine Gabe, die normalerweise erst zu einen späten Zeitpunkt der Entwicklung einsetzt. Bei etlichen Medien aber entwickelt sich die Sehergabe vorzeitig, vermittelt durch die Einwirkungen niederer Geistwesen, unter deren Einfluss das Medium geraten ist.

Personen, die unter geistigem Fremdeinfluss stehen, werden in der Folgezeit nicht selten hellsichtig oder hellhörig. In Trancezuständen, die mit der Fremdbeeinflussung einhergehen, kommt das Medium in Kontakt mit der unsichtbaren Welt. Einige Sensitive verfügen über die Fähigkeit, Ereignisse zutreffend vorauszusehen. Es findet eine „direkte, wahrnehmbare Kommunikation mit einen besetzenden Geist" statt, der durch die Sinne der Betreffenden hören und sehen kann und in einigen Fällen sogar durch deren Mund Antworten gibt. (Vgl. Internet: Mögliche negative Folgen von Spiritismus, Magie, Wahrsagerei und Abgötterei.)

Das sogenannte *Zweite Gesicht* wird nach Angaben von Jakob Lorber vermittels des feinstofflichen Ätherkörpers auf den physischen Körper übertragen. Leicht erregbare Nervenbahnen sind hierfür eine Voraussetzung. Die Seher sind allerdings selten imstande, ihren geschauten Bildern eine Bedeutung beizumessen; sie können keinen Zusammenhang erkennen zwischen den einzelnen Erlebnissen. „Wie Blätter in einem Walde" liegen die Erzählungen über das Gesehene zusammenhanglos nebeneinander. Nicht selten werden die Visionäre von erschreckenden Erscheinungen geängstigt, die ihnen unbegreifbar sind.

Bei hellseherisch begabten Menschen können die Bilder zu jeder Zeit auftauchen, doch ihre Bedeutung ist nicht immer klar zu erkennen, wie auch bei E. Jacobi deutlich wird: „Hellseher können in die Zukunft sehen, aber sie können die Bilder nicht immer korrekt interpretieren, weil der Ton dazu fehlt. Sie sehen vielleicht künftige Unfälle oder Flugzeugabstürze, können aber nicht sagen, wo das Flugzeug abstürzen wird, da sie keine genauen Auskünfte über das Flugzeug, seine Route oder den Zeitpunkt des Absturzes bekommen" (S.60f.). So gesehen sind die meisten Bilder wenig aussagekräftig; daher sind irrtümliche Interpretationen eher die Regel als die Ausnahme.

Viele hellsichtige Personen gehen von der Annahme aus, tatsächlich kurze Einblicke in zukünftiges Geschehen zu erhalten. Doch die blitzartig auftauchenden, visuellen Eindrücke sorgen meist für Verwirrung, da sie nicht zugeordnet werden können. Möglicherweise unterstützen manche Bilder die Vermutung, irgendjemandem aus dem nahen Umkreis drohe ein Unglück. Die Hellsichtigen sehen einen Menschen fallen, schwarze Vögel fliegen herbei und unterstreichen den Eindruck, dass Gefahr im Verzuge ist. Doch die Identität der Person bleibt oft nebulös und auch die näheren Umstände eines möglichen Unfalls verbergen sich im Dunkeln. Zurück bleiben ein Gefühl der Verunsicherung und die Angst, einem nahen Angehörigen könnte etwas Schlimmes zustoßen. Nicht selten erweist sich die dramatische Szene im Nachhinein als harmlos, dem tatsächlich stattfindenden Geschehen fehlt jegliche Brisanz, und die Sorgen waren unbegründet.

Andererseits wissen viele hellsichtige Medien mit ihrer Gabe umzugehen, und es gelingt ihnen sogar, diese für heilende und helfende Zwecke einzusetzen. Wie die Gabe des Hellsehens eingesetzt werden kann, um anderen Menschen Beistand zu leisten, zeigt ein Bericht des WDR von 6.11.06, der unter dem Titel: *Absturz in den Schweizer Alpen. – Der Bergsteiger und die Wahrsagerin* gesendet wurde. Die Frau eines vermissten Bergsteigers wendet sich hilfesuchend an ein hellsichtiges Medium, dass den Aufenthalt des Vermissten aufspüren soll. Die Methode, die das Medium anwendet, beschreibt sie wie folgt: Sie setzt sich im Geiste mit der vermissten Person in Verbindung und ist anschließend imstande, ein Bild der Umgebung zu zeichnen, in der die gesuchte Person sich derzeit aufhält. – Die Zeichnung der Hellseherin gab schließlich die entscheidenden Hinweise zum Auffinden des Verunglückten.

Die Fähigkeit des Hellsehens kann auch für die Seher selbst von Vorteil sein, da sie nützliche Hinweise erhalten, die ihnen in schwierigen Situationen weiterhelfen. Ähnlich wie nach präkognitiven Träumen werden sie in die Lage versetzt, bevorstehende Gefahren frühzeitig zu erkennen und ihnen mit dem entsprechenden Hintergrundwissen erfolgreich zu begegnen.

Hellhören: Telepathie und Stimmen

*Jede Gabe kann zum Guten wie zum Bösen
eingesetzt werden.*

Stimmen im Kopf

Sensitive Menschen finden in zahlreichen Büchern Anleitungen darüber, wie sie ihr Bewusstsein erweitern und ihre medialen Anlagen
entfalten können. Trainingsprogramme mit praktischen Übungen
werden in großer Zahl angeboten. Dabei wird leicht übersehen, dass
psychisch labile Menschen durch ein spezielles Training Schaden
nehmen können.

Manchmal sind Stimmen, die ohne äußeren Anlass gehört werden,
Teil einer spirituellen Öffnung. Zum ersten Mal hört Penny McLean
im Alter von neun Jahren eine fremde Stimme in ihrem Kopf. In einem Moment der Hoffnungslosigkeit hört sie plötzlich klar und deutlich, so als stünde jemand neben ihr, eine Stimme, die ihr Trost spen-
det. Die Gegenwart des unsichtbaren Helfers wiederholt sich noch
einige Male. Sie erhält Informationen, die eigenen Angaben zufolge
unmöglich ihrem persönlichen Unterbewusstsein entstammen konnten. Bei einem Problem in der Schule „diktierte er mir eine Physik-
Schulaufgabe von A bis Z, die unter Umgehung sämtlicher unter-
richtsüblicher Formen und Regeln die gestellten Aufgaben so brillant
löste, dass meine Lehrerin ihren Augen kaum traute." (Vgl.: Kontakte mit Deinem Schutzgeist, S.13.) Kaum ist der Helfer weg, ist es der
Schülerin nicht einmal mehr möglich, die von ihr gelöste Aufgabe zu
verstehen.

Später wundert sich Penny McLean über plötzliche ‚Einfälle‘, die
mit überraschender Vehemenz ihre normalen Denkvorgänge unterbrechen. Es kommt vor, dass der Sprecher in ihrem Kopf Kommenta-

re zu dem kurz zuvor Gesagten abgibt oder in einigen Fällen sehr deutlich protestiert. Sie erlebt Situationen, in denen sie ihre begonnene Rede nicht fortsetzen kann, weil der Protest in ihrem Kopf immer lauter wird. Ein scharfes „Halt, halt, halt!" oder ein kurzes „Blödsinn!" weist die Sprecherin in ihre Schranken.

In der Folgezeit lernt Penny McLean zu unterscheiden zwischen eigenen und fremden ‚Denkstimmen'. Sie stellt fest, dass alle Sätze in der ‚Du' - Form der Fremdstimme zugehören. Dann entdeckt sie aufgrund einer Verschiedenheit der Stimmen, dass nicht nur ein einziger Sprecher am Start ist. Ein Kanal ist geöffnet zu unsichtbaren Begleitern.

Die vorwiegend positiven Erfahrungen der Autorin dürfen nicht darüber hinwegtäuschen, dass viele andere ‚Stimmenhörer' von den sich ihnen aufdrängenden Stimmen verfolgt und gepeinigt werden. Dies wird in der esoterischen Literatur gern übersehen. *„Es gibt nicht nur eine innere Instanz oder eine einzige innere Stimme, sondern in jedem von uns auch einen ganzen Chor... wie ein Gremium, das aus vielen Beratern besteht"*, erklärt Varda Hasselmann (S.165). Die Stimmen im eigenen Innern werden von jenen ergänzt aus der astralen Welt, die aus verschiedenen Territorien besteht. Von dort aus können sich Helfer und Ratgeber bemerkbar machen, die u.a. auch Traumbotschaften übermitteln. Ebenfalls vom Astralreich aus nimmt das höhere Selbst Kontakt auf mit medialen Personen.

Doch auch niedere Geister sind am Werk. Varda Hasselmann erwähnt eine Witwe, die eine mediale Tätigkeit begonnen hatte und anschließend von Kräften, die sich vor allem nachts bemerkbar machten, bedrängt und gequält wird. Hin und wieder erhält sie auch tröstliche Botschaften von ihrem kürzlich verstorbenen Mann, was aber noch zu ihrer Verunsicherung beiträgt. V. Hasselmann holt auf medialem Wege Informationen ein und erklärt der Hilfesuchenden: Ihr erschöpfter und verängstigter Zustand habe sie zugänglich gemacht für ‚transpersonale Kräfte', die ihr einerseits Hilfe geben könnten, aber auch ihre Schwäche ausnutzten. Nur wenn es ihr gelänge, ihre Erschöpfung und ihre Ängste zu vermindern, „nur wenn du deine eigene Energie nach oben transformierst, deine Schwingung erhöhst und in diesem Sinne deine Durchlässigkeit verminderst, kannst du verhindern, dass du besetzt wirst von Wesen, die selbst eine niedrige Energie und Schwingung besitzen, und gleichzeitig wirst du erleben, dass, sowie es dir wieder besser geht, jene Stimmen, die dir zuträglich, hilfreich und wohltuend sind, wieder klarer und stärker zu hören sein werden" (S.179f.).

Die Frau erhält die Mitteilung: Eine große Anzahl der Menschen, die eine mediale Kraft in sich spüren, verirren sich, „weil ihnen anfangs nicht bewusst ist, dass die Welt des Geistes, die sie betreten, von vielen verschiedenen Wesen bevölkert ist, die keineswegs immer nur freundlich und hilfreich sind." Viele verirren sich im Wald und kommen vom Wege ab. Deshalb sei es wichtig, sich auf die eigenen Kräfte zu besinnen, dann sei man durchaus in der Lage, sich selbst aus der Krise zu helfen.

Die Witwe erfährt noch, ihr verstorbener Mann sei nicht der Urheber dieser Phänomene, obwohl die Wesen sich „männlicher Formen des Eindringens" bedienen und Eingang dort suchen, wo eine Frau zugänglich ist. Der Frau wird geraten, ihre mediale Tätigkeit vorübergehend einzustellen, ihre Chakren zu harmonisieren und täglich eine hohe Dosis Lecithin als Nervennahrung zu sich zu nehmen. „Das, was viele Menschen das höhere Selbst nennen, ist nicht stets in seiner Reinform präsent, sondern wird überlagert von einer Reihe anderer Stimmen und auch von den Projektionen der Angst."

Edith Fiore berichtet von einer sensitiven jungen Frau, die nach intensiver Beschäftigung mit automatischem Schreiben, Quija-Brett und Tarotkarten plötzlich Stimmen in ihrem Kopf hörte. Zu Beginn wirkten sie freundlich und aufmerksam und gaben sich als diejenigen Wesen aus, die ihr in der Vergangenheit bereits Botschaften zukommen ließen. Sie redeten viel; oft den ganzen Tag lang. Nach einiger Zeit änderte sich die Tonart. Die Wesen gingen dazu über, gemeine Äußerungen von sich zu geben und sie zu beschimpfen, mit Sätzen wie: „Du Schlampe", „Du bist eine Mörderin" u.ä.

Der Klang der Stimmen veränderte sich mit dem Inhalt; die anfangs freundlichen Wesen hatten sich in bösartige Kreaturen verwandelt. Zudem wurden sie immer aufdringlicher. Bald war keine normale Unterhaltung mit anderen Menschen mehr möglich. Die Aufforderung an die Geister, endlich zu verschwinden, wurde mit wüsten Beschimpfungen quittiert. Die junge Frau litt unter heftigem Erbrechen und allgemeiner physischer Unpässlichkeit. Letztendlich sah sie sich gezwungen, das College, an dem sie studierte, zu verlassen. Der anfänglich harmlos scheinende Zeitvertreib hatte sich zum Alptraum entwickelt, der die Grundfesten ihrer Psyche erschütterte und die Frau zwang, sich in psychiatrische Behandlung zu begeben. Zum Glück sind nicht viele Medien derart heftigen Anfeindungen ausgesetzt.

Stimmen, die ohne Vorwarnung plötzlich da sind, haben individuellen, unterschiedlichen Charakter. J. Zutt erwähnt einen 30-jährigen Polizisten, der regelmäßig Stimmen hört. Mit der Zeit teilt er diese in drei Bereiche ein:

◉ Ein oberer, göttlicher Bereich, aus dem die Offenbarungen kommen.

◉ Ein mittlerer Teil, der den Vorfahren entspricht. Aus dem mittleren Bereich dringen Ahnengeister in ihn ein und reden durch seinen Mund.

◉ Ein unterweltlicher Bereich; von dort hört er bedrohliche, zornige Stimmen.

Innere Stimmen können bei ungünstigem Verlauf zu einer unsäglichen Belastung werden. In einem Thriller aus den USA mit dem Titel: *Lockruf des Todes (Night Owl)* von 1993, mit Jennifer Beals in der Hauptrolle, wird die Problematik des Stimmenhörens eindrucksvoll in Szene gesetzt. In dem Thriller wird gezeigt, wie eine hypnotisch wirkende Radiostimme sich in den Geist der Zuhörer einklinkt und sich permanent in deren Gedankengänge einmischt. Kein Lebensbereich bleibt unkommentiert; die aufdringliche Stimme begleitet ihre Opfer auf Schritt und Tritt. Mit ihrer raffinierten Kriegsführung treibt die Stimme sie bis zum Äußersten. Die geheimnisvolle, verführerische Stimme aus dem Radio, die bei einigen auch im Kopf zu vernehmen ist, treibt die Hörer letztendlich in den Tod. Da sie Zugang hat zu den geheimsten Gedanken der Person, kann sie darauf ihre Strategie aufbauen. Die Stimme nimmt die sensiblen Lebensbereiche aufs Korn und trifft mit hinterhältigen Bemerkungen die bedauernswerten Opfer an ihrer empfindlichsten Stelle. Sie können sich der Suggestion der betörenden Stimme nicht entziehen, die sie ins Verderben treibt.

Eine ähnliche Tyrannei erleben viele Psychiatrie-Patienten tagtäglich in ihrer psychischen Realität. Viele von ihnen werden mit subversiven Äußerungen aus dem eigenen Innern überhäuft. Menschen, die an einer Psychose erkranken, betreten die unsichtbaren Bereiche meist unvorbereitet und unfreiwillig, während mediale Menschen und Mystiker diese Bereiche in ihren Meditationen betreten, erklärt der griechische Heiler Daskalos, der auf Zypern lebte. (In: Kyriacos C. Markides; Heimat im Licht, S.46.) Mystiker sind fähig, die grobstofflichen Ebenen von den feinstofflichen Bereichen zu unterscheiden und diese zu trennen. Sie öffnen ihre Wahrnehmung für Schwingungen, die man als Stimmen hört, doch verlieren sie niemals die Kontrolle über diese Gabe.

Bei psychisch Kranken hingegen öffnen sich die Pforten der Wahrnehmung häufig infolge heftiger, gewaltsamer Eindrücke und Situationen, deren Opfer sie sind. Sie geraten in Verwirrung, fühlen sich den Stimmen ausgeliefert und müssen oft erleben, dass niemand ihnen glaubt. „Die Stimmen sind real", betont Daskalos kategorisch. „Hören heißt, Schwingungen zu empfangen, die die Hörnerven reizen und zum... Gehirn weitergeleitet werden... Die Schwingungen brauchen nicht aus äußeren Quellen zu kommen, um den Hörnerv zu reizen." Sie können auch direkt aus der unsichtbaren, psychischen Welt stammen. Die Stimmen und Geräusche, über die schizophrene Menschen klagen, stammen entweder von *Elementalen*, d.h. von Gedankenformen anderer, oder es sind Erzeugnisse der eigenen Psyche.

„Der Mensch hört Stimmen, sobald er die Pforten der Zentren des materiellen und des ätherischen Gehirns öffnet", bemerkt Daskalos

41

weiter. *„Die Stimmen, die der Wahnsinnige hört, sind real. Der Umstand, dass du und andere sie nicht vernehmen, bedeutet nicht, dass es sich um akustische Halluzinationen handelt. Wenn du dich auf so einen Menschen einstimmst, wirst du die gleichen Stimmen hören. Es ist möglich, die Pforten der Wahrnehmung so zu verschließen, dass der Mensch die Stimmen nicht mehr hört"* (S.47). Die psychiatrische Erklärung, die Stimmenhören als ‚akustische Halluzination' bezeichnet, denen eine hirnorganische Störung zugrunde liegt, findet nur unzureichende oder überhaupt keine Ursachen für das Phänomen und kann mit dieser eingeschränkten Sichtweise kein Licht in das Dunkel bringen.

Jeder, der eine Verbindung zum höheren Selbst sucht, wird lernen müssen, die Stimmen zu unterscheiden zwischen jenen, die wirklich Kraft und Unterstützung geben und denjenigen, die fälschlicherweise Trost und Hoffnung verbreiten, um ihre wahren Absichten dahinter zu verbergen. Unwissende Leute suchen über magische Praktiken Zugang zu transpersonalen Kräften, ohne damit umgehen zu können. Unreife Seelen nutzen die Ängste derjenigen Menschen, die sich für die Übermittlung aus der astralen Welt geöffnet haben, für ihre Zwecke aus.

Die vordringlichste Aufgabe einer jeden medialen Tätigkeit besteht darin, in jedem Augenblick eine Situation einschätzen zu lernen und Kritikfähigkeit zu entwickeln. Auch im eigenen Innern können Verräter lauern und selbst Stimmen, die sich als das ‚höhere Selbst' präsentieren, können in die Irre leiten. Die teils haarsträubenden Berichte erwecken den Eindruck, als seien dunkle Mächte erpicht darauf, in der Psyche medialer Menschen eine Schwäche aufzudecken – und wer ist schon vollkommen –, um die Wehrlosen hinters Licht zu führen und ihnen die Hölle auf Erden zu bereiten.

Zu mentaler Wachsamkeit ruft Julian P. Johnson diejenigen auf, die sich daran wagen, die übernatürlichen Bereiche zu erkunden. Der Geist sei zwar ein nützliches Werkzeug, aber auch ein gefährlicher Feind, daher müsse man sich hüten vor folgenschweren Täuschungen. Die Führung durch einen Lehrer oder Meister biete hier einen sicheren Schutz, empfiehlt Johnson. Der weit verbreitete Glaube, dass Visionen und Stimmen aus erster Quelle kämen, vielleicht sogar von Gott höchstpersönlich, sei leider ein Trugschluss, denn: *„Gott spricht nicht unmittelbar zu den Menschen."* In die menschlichen Angelegenheiten mischt sich der göttliche Geist nicht ein: „Er spricht zu niemandem, niemand kann ihn sehen und er bewirkt auch keine Eindrücke im menschlichen Geist. Innere Stimmen und Gesichter haben nichts mit Gott zu tun. Wohl können irgendwelche Geistwesen oder körperlose Geister mentale Eindrücke hervorrufen oder jemand im Innern ansprechen – Gott tut es jedenfalls nicht" (S.51f.).

Vor Visionen sollte man sich hüten, selbst wenn angeblich ‚Engel', ‚Heilige' oder sogar ‚Gott' im eigenen Innern erscheinen. Hervorgerufen werden die Visionen entweder durch ein Geistwesen, oder der eigene Geist erschafft die Bilder. Selbst der *Dunkle Geist*, bei Johnson *Kal* genannt, tritt in Aktion, um spirituelle Jünger irrezuführen. Damit ihm dies gelingt, nimmt er nicht selten die Gestalt des Meisters an. Doch die Adepten sind in der Regel gegen derartige Irreführungen gefeit, denn sie erhalten von ihrem Lehrer eine Methode, die sie in die Lage versetzt, die Täuschung zu durchschauen.

Leider verrät der Autor diesbezüglich keine Einzelheiten. Er beharrt stattdessen auf der Warnung, keinem unbekannten Geistwesen in eigenen Innern zu folgen.

Wenn das Bewusstsein sich erweitert, können aus heftigen Angstzuständen grässliche Halluzinationen entstehen. Auf diesen Umstand weist die Theosophin Annie Besant hin. Eine große Anzahl der Visionen und auch der Stimmen, die sich bemerkbar machen, kommen aus dem astralen Bereich. Die erste Bedingung, um mit ihnen umzugehen, besteht darin, die Ängste zu überwinden. *„Sobald man sich zu fürchten anfängt, verliert man die Gewalt über sein Gehirn und kommt unter die Herrschaft des sympathischen Nervensystems"*, warnt die Theosophin. (In: Theosophie und moderne psychische Forschung, S.65f.)

Jemand, der zu ängstlichen Reaktionen neigt, sollte sich von geistiger Entwicklung fernhalten, um nicht die Überreizung seiner Nerven zu riskieren. „Ich betone das", schreibt Annie Besant, „weil die Ärzte *Visionen und Stimmen* stets als gefährliche Symptome betrachten, und das sind sie auch, falls sie von Unbeständigkeit des nervösen Organismus begleitet sind, allein *es sind keine gefährlichen Symptome, sondern Symptome, dass das Gehirn-Bewusstsein sich erweitert, wenn sie bei voller Gesundheit, ohne irgendwelche Begleiterscheinung von Hysterie oder Exzentrizität im Denken oder Handeln eintreten.*"

Echte Visionen aus dem Überbewusstsein gehen allerdings häufig mit einem zerrütteten Nervensystem Hand in Hand, weil die erreichte Entwicklungsstufe noch nicht genügend fortgeschritten ist, um die feineren Schwingungen des Überbewusstseins mit den Schwingungen des Gehirns in Übereinstimmung zu bringen. Daher treten Halluzinationen und Stimmen häufig bei Leuten mit überreizten Nerven auf; ein Umstand, aus dem hervorgeht, „dass es ein Zustand höherer Spannung ist, in dem dann die Nerven vibrieren und dass, wenn es möglich wäre, diese höhere Spannung ohne Verlust der körperlichen Gesundheit zu erlangen, wir, soweit das normale Sehen in Frage kommt, einen merklichen Schritt in der Entwicklung vorankämen", betont Annie Besant (S.78).

Stimmen und Visionen sind nicht sogleich als pathologisch einzustufen, auch wenn sie von einer Unbeständigkeit des Gehirns begleitet sind. Allerdings ist ein nervöses Leiden ein Warnzeichen, mehr auf die körperliche Verfassung zu achten und den feineren Schwingungen des Überbewusstseins nur ganz allmählich den Zugang zu gestatten. Wir sollten ihnen „geflissentlich die Tür… schließen, bis sich unser Gehirn daran gewöhnt hat, solche Mitteilungen zu empfangen."

Doch wenn mannigfaltige Botschaften unaufhörlich hereinströmen, wie lässt sich dann der Eingang blockieren? *„Beschäftigen Sie Ihr Gehirn mit etwas anderem und der normale Gebrauch des Gehirns wird diese Gäste hindern, allzu aufdringlich zu werden. Sie sollen diese Gäste nicht gänzlich aussperren; Sie sollen nur verhindern, dass ihr überstürztes Kommen den Mechanismus vernichtet, mittels* *dessen sie sich künftig im Bewusstsein normal zu äußern haben werden.* Wie Sie sehen, befinden wir uns hier auf gefährlichem Boden und genaue Kenntnis ist zu unserer Sicherheit unerlässlich", erklärt die Autorin (S.66f.).

Mit den Stimmen und Bildern, die aus den Äther- und Astralregionen stammen, sollte man nicht anders verfahren als mit realen Eindrücken von der materiellen Ebene. Nur weil etwas auf ungewöhnlichem Wege zu uns kommt, ist es deshalb nicht der Weisheit letzter Schluss. Leichtgläubigkeit und abergläubische Ängste verhindern den geistigen Fortschritt, der letztendlich mehr Erkenntnisse und Erfahrungen bringen würde.

Zwiesprache mit Geistwesen

Was die einen eine Gabe nennen, ist für andere ein Fluch.

Viele Menschen führen im Geist permanent Selbstgespräche. Sie sind ihnen so zur Gewohnheit geworden, dass sie kaum noch darauf achten. Hat sich eine Tür zur unsichtbaren Welt geöffnet, dann finden Dialoge statt zwischen dem menschlichem Geist und geistigen Wesenheiten, die manchmal unterschwellig und unbemerkt von der bewussten Wahrnehmung der Betreffenden ablaufen. Die Unterscheidung zwischen der eigenen Gedankenwelt und der Kommunikation mit Geistwesen ist nicht immer leicht. Als eines der Erkennungsmerkmale für ‚Geistergespräche' gilt, wenn ein Dialog in der zweiten Person singular stattfindet. Typische Bemerkungen sind: „Sei nicht so laut!" „Beruhige dich." „Du kannst das", etc.

Diese Geistergespräche erfolgen über telepathische Mitteilungen. Dabei ist die ‚andere Seite' sehr daran interessiert, ein Gespräch zu beginnen und in Gang zu halten. Da ihnen das Unterbewusstsein des jeweiligen Gesprächspartners zugänglich ist, können sie sehr erfinderisch darin sein, das menschliche Bewusstsein mit unterschiedlichen Themen in einen inneren Dialog zu verwickeln. Sie sind Meister darin, Stichworte oder kurze Sätze in das Bewusstsein zu senden, um damit ganze Assoziationsketten in Gang setzen.

In allen möglichen Situationen machen sich aufdringliche Geistwesen bemerkbar, wobei sie die Geräusche der Umgebung als eine Art ‚Transportmittel' benutzen. Während einer Autofahrt kann es geschehen, das der Fahrer mittels der ihn umgebenden Geräuschkulisse pausenlos mit den ‚Unsichtbaren' kommuniziert. Er benutzt bspw. den Fahrtwind, der durch ein Seitenfenster pfeift, als Vehikel der Kontaktaufnahme. Dabei ist er gefordert, seine Aufmerksamkeit in zwei Richtungen gleichzeitig zu lenken: Zum einen ist er pausenlos in Dialoge mit geistigen Wesenheiten verstrickt, die ihm kaum eine Ruhepause gönnen; zum anderen ist er genötigt, auf Situationen der Außenwelt zu reagieren. Ein nicht ganz einfacher Balanceakt, der ihm eine hohe Konzentrationsfähigkeit abverlangt.

Ein permanenter mentaler Austausch wird durch hitzige Wortgefechte angeheizt, die von den Wesen geradezu provoziert werden. Auf diese Weise wird der Kontakt zur niederen Geisterwelt intensiviert und es gelingt den Wesen mit der Zeit immer öfter, sich zunehmend deutlicher bemerkbar zu machen. Sie schalten sich in die Gedankengänge des menschlichen Dialogpartners ein. Zuletzt nimmt der Mensch nicht nur die telepathischen Übertragungen wahr, sondern hört auch deutlich die Stimmen der Wesenheiten in seinem Kopf.

Derartige Gespräche halten sich thematisch meist sehr an der Oberfläche. Sie können tagelang, oder auch nächtelang, fortgesetzt werden und führen letztendlich zu nichts. Diejenigen, die irgendwann erkennen, dass dieses Geplänkel ihnen keine neuen Erkenntnisse bringt, sondern reine Zeitverschwendung ist, haben einen großen Vorteil. Wem hier die Unterscheidung der Geister nicht gelingt, der verstrickt sich womöglich in zeitraubende Gespräche bzw. Auseinandersetzungen mit Geistern, ohne einen nennenswerten Erkenntnisgewinn daraus zu ziehen.

Sich auf Wortgefechte dieser Art gar nicht erst einzulassen, ist die angemessene Reaktion bei derartigen Auseinandersetzungen, denn sie sind eine Vergeudung von Zeit und Energie. Wem es gelingt, diesen Wesen keine Beachtung mehr zu schenken, hat eine große Hürde in der medialen Entwicklung überwunden.

In der Stille liegt eine Kraft, die eine veränderte Realitätswahrnehmung ermöglicht. Carlos Castaneda plädiert dafür, den *inneren Dialog* anzuhalten. Will man die eigenen festgefahrenen Vorstellungen von der Welt verändern, ist das Anhalten des inneren Dialogs die einzige Möglichkeit hierzu (vgl.: Der Ring der Kraft, S.20f.). Die Entwicklung der Sehergabe ist davon abhängig, ob es jemandem gelingt, seinen inneren Dialog zeitweilig abzustellen. Jede Art von innerem Gespräch verhindert die Aufnahme geistiger Botschaften. Sobald der Dialog aufhört, werden bisher unbekannte Bereiche des Selbst der Erfahrung zugänglich.

Magische Schulung

Magie ist unberechenbar.

Um die Fähigkeit des Hellhörens zu trainieren, wird in der magischen Schulung gezielt mittels akustischer Konzentrationsübungen das Hörvermögen erweitert. Was anfangs mit einer eingebildeten Imagination beginnt, in der Gongschläge, Klopftöne, Donnerschläge, Musikklänge etc. im Geiste erklingen, wird sich nach wiederholter Übung verselbständigen und zu einer realen sinnlichen Erfahrung werden.

Franz Bardon gibt hierzu einige Anleitungen aus seiner magischen Praxis: Man bemühe sich, die Imagination der Wirklichkeit anzupassen, z. B. durch langsames oder rasches Sprechen, Variieren der

Tonhöhe etc., bis letztendlich mit imaginierten Personen tatsächlich Gespräche geführt werden können (S.91). Wozu dient dieser ganze Aufwand? F. Bardon gibt dazu die folgende Erklärung: Die Fähigkeit des astralen Hellhörens liegt darin, dass man Stimmen selbst auf die größte Entfernung hin vernehmen kann und gleichzeitig dazu befähigt ist, die Sprache aller Wesen zu verstehen. Anfänglich äußert sich diese Fähigkeit in einem lauten Denken, das aus den Innern kommt, entweder aus der Herzgegend oder aus dem Solarplexus[*] (S.174).

Astrales Hellhören in diesem Sinne ist keine pathologische Erscheinung, sondern Teil einer antrainierten Fähigkeit. Doch Skepsis ist an dieser Stelle angebracht, denn wer schon kann sagen, ob die auditiven Fähigkeiten nicht außer Kontrolle geraten und zu einem pathologischen Stimmenhören ausarten? Diese Gefahr sieht auch Walter E. Butler: „Wie schon bei der Ausbildungsarbeit am inneren Gesichtssinn, so ist auch bei den Gehörübungen unbedingt darauf zu achten, dass ungewollte, von selbst auftretende innere Gehörwahrnehmungen unbedingt zu vermeiden sind. Sollten sie auftreten und auch andauern, ist die Beratung durch einen guten Psychologen (möglichst eines aus der Jungschen Schule) angezeigt, und es ist sofort mit allen magischen Übungen aufzuhören" (S.183). Die magische Ausbildung darf um keinen Preis auf Kosten der geistig-seelischen Gesundheit gehen. Ob allerdings die Psychologie imstande ist, bei ungewollten und außergewöhnlichen Sinneswahrnehmungen einen kompetenten Rat zu erteilen, sei dahingestellt.

Mit fortschreitender Übung ist es möglich, Botschaften durch die Luft zu senden, erzählt Franz Bardon. Diese Praxis ist vor allem im Orient zwischen Magiern und Adepten üblich. Man kann, „wenn man mit jemand in Verbindung steht, nicht nur die Gedanken lesen und übertragen, sondern man kann... auch physische Kundgebungen erteilen und empfangen. so dass z.B. Sätze, die im Raume des Magiers ausgesprochen wurden, auch in jenem mit dem des Magiers akashamäßig verbundenen Raume physisch deutlich gehört werden...

---

[*] Plexus-Solaris = Sonnengeflecht; in der Magengegend befindliches Geflecht des sympathischen Nervensystems, das als Hellsehorgan betrachtet wird.

Spricht dann die entfernte Person in ihrem Raume die Antwort aus, kann sie wiederum im Raum des Magiers so deutlich gehört werden, wie wenn der Sender persönlich zugegen wäre" (S.318f.). Für diesen Vorgang ist die Erzeugung eines *elektro-magnetischen Fluids* die Voraussetzung; eine *elektromagnetische Akashaverbindung* ermöglicht es, Worte und Sätze auch über weite Entfernungen zu übertragen.

Diese Sätze „können auch von Personen gehört oder wahrgenommen werden, die weder eingeweiht noch magisch geschult sind", behauptet Bardon (S.319).[1] Nach intensivem Üben zeigen sich auch grobstoffliche Auswirkungen: „Es geht hier also nicht um eine Übertragung von Gedanken, sondern von physischen Worten, - ähnlich einem Radiosender und Empfänger. Der Äther, auf dem sich die Schwingungswellen der Wörter bewegen, ist das Akashaprinzip, und die hierfür benötigte Elektrizität ist in unserem Falle das elektromagnetische Fluid."

Die physikalischen Vorgänge, die von der Wissenschaft als Elektrizität, Magnetismus, Wärme und dgl. bezeichnet werden, können ebenso auf magische Art bewerkstelligt werden. Nicht nur Schallwellen und Worte, sondern auch Bilder lassen sich mental übertragen. Unter diesem Aspekt können eventuell pathologische Halluzinationen psychisch Kranker in ein neues Licht gerückt werden. Zumindest scheint die Möglichkeit zu bestehen, psychotische Störungen auf ‚magischem Wege' zu verursachen!

Medialität und Hellhören

---

[1]Hier ergibt sich ein weites Feld für Spekulationen. Personen mit entsprechender Sensitivität werden möglicherweise auch unfreiwillig zum Empfänger solcher ‚magischen Sendungen'!

Manche Medien hören klar und deutlich Stimmen aus einer anderen Ebene des Seins, so als stände der Sprecher direkt neben ihnen. Auf psychisch stabile Menschen, die sensitiv sind, wirken die Mitteilungen eher informativ und bereichernd, während Menschen mit psychischen Problemen häufig von negativen Stimmen heimgesucht werden. Dazu bemerkt Eleonore Jacobi: „Hellhörigkeit ist, genau wie jede andere Verbindung zur geistigen Welt, ein Segen oder ein Fluch, je nachdem, wie gut man mit einer solchen Veranlagung umgehen kann" (S.64).

Das Hören von Stimmen ist nicht gleichzusetzen mit psychischen Problemen. Es gibt Menschen, die verschiedene Töne oder andere Geräusche hören, für die keine physikalische Quelle vorhanden ist. Linda Roethlisberger betont: „Wir sind Herr und Meister auch unserer inneren Stimmen" (S.284). Die Anleitungen der Autorin zielen darauf ab, die verschiedenen Nuancen des Hellhörens zu trainieren. Unterschiedliche akustische Geräusche werden so lange imaginativ hervorgerufen, bis sie tatsächlich zu hören sind. Der Übende stellt sich z.B. ein Radiogerät vor, aus dem Musik ertönt, die das ‚innere Ohr' empfängt. Die Autorin erklärt, „dass in der Regel das Hellhören oft als letzter medialer Sinn erwacht."

Sensitive Menschen hören hin und wieder ihren eigenen Vornamen rufen und wundern sich über seltsame Geräusche in ihrer Wohnung.[2] Viele Medien berichten von einer inneren Stimme, einem ‚geistigen Führer', der sich in Bildern, Worten oder symbolhaften Darstellungen bemerkbar macht. Der Geistführer kann angeblich auf den Verlauf einer Krankheit Einfluss nehmen und insbesondere Krampfan-

---

[2] Eine Freundin erzählte mir von einem eindrucksvollen Erlebnis in ihrem Schlafzimmer. Ganz plötzlich knarrte, ächzte und klopfte es in allen Ecken und Wänden. Mit lauter Stimme gebot sie dem Spuk Einhalt. Die Wirkung war verblüffend: Von einer Minute zur nächsten verschwand der Lärm und trat auch in der Folgezeit nicht wieder auf. - Hier wird ein Zusammenhang erkennbar zwischen den Geräuschen und der darauf folgenden spontanen Reaktion, was auf ein zugrunde liegendes intelligentes Muster schließen lässt.

fälle lindern. Auch über zweckmäßige Heilmittel kann er in gegebenem Fall Auskunft geben.

Man kann die Fähigkeit des Hellhörens auch forciert hervorrufen, wie die in New Mexiko lebende mediale Heilerin Sheila Petersen-Lowary erfahren hat. Ihre mediale Laufbahn begann sie mit *automatischem Schreiben*. Nach einiger Zeit hörte sie Stimmen in ihrem Kopf, die Worte und Sätze formulierten, die sie sogleich zu Papier brachte. Schon bald hörte sie die Stimmen deutlich in ihrem Kopf auch ohne schriftliche Notizen (S.43).

Die innere Stimme macht sich auch, ohne die Gestalt eines Führers, als Eingebung bemerkbar, die wie von einem zweiten, fremden Ich zu kommen scheint. „Diese Unwillkürlichkeit und Fremdheit geht öfters, besonders wenn sich die innere Stimme mit exaltierter Lebhaftigkeit ausspricht, bis zu dem Anschein von Besessenheit", warnt F. Fischer (Bd 3, S.322.). Die Medien empfangen dann nicht spirituelle Offenbarungen von innen, sondern werden gänzlich in Beschlag genommen. Das Ich wird überwältigt und für eine gewisse Zeitdauer zurückgedrängt; die ‚innere Stimme' bemächtigt sich der Sprechwerkzeuge des Menschen und verkündet die Botschaften unmittelbar. Eine Übereinstimmung mit den Erlebnissen von Volltrance-Medien – die sich aber in der Regel freiwillig zur Verfügung stellen – ist offensichtlich.

Manche Stimmen machen sich in besonders schwierigen Lebenssituationen, die nicht bewältigt wurden, aufdringlich bemerkbar. Diese Stimmen können auf die Psyche der Betroffenen einen zutiefst verstörenden Eindruck machen und sind in einem solchen Fall alles andere als hilfreich. Therapeutische Gespräche können dabei helfen, im Unterbewusstsein wieder für mehr Entspannung zu sorgen und die Stimmen zurückzudrängen.

Im Gegensatz zu einer angestrebten Entwicklung der Hellhörigkeit, die von etlichen Medien befürwortet wird, rät BoYin Ra, keinesfalls danach zu suchen. Klänge in seinen Innern zu hören, Visionen zu erleben oder Worte zu vernehmen, als wenn sie von außen kommen, lässt viele Menschen zum Opfer von Wahn- und Wunschträumen werden. „Suche nichts, außer dem Zustand immanenter, wunschlos vertrauender seelischer Stille!" (In: Das Buch der königl. Kunst, S.74.) Das klingt nicht gerade aufregend, doch in diesem Zustand der Stille findet nach Auskunft des Autors eine Annäherung statt an alle diejenigen Sucher, die sich gleichfalls auf dem geistigen Weg befinden.

Für Margaret Rogers dagegen ist Hellhörigkeit Teil einer medialen Entwicklung. Die Gabe macht sich nach dem Erwerb der Hellsichtigkeit, die mit der Öffnung des *Dritten Auges* einhergeht, bemerkbar. Das Tor des Bewusstseins öffnet sich für neue, außergewöhnliche Sinneswahrnehmungen. „Klänge senden eine Farbe aus, die man gleichzeitig mit dem Dritten Auge sehen kann. Längst beendete Gespräche kann man wieder hören, wie sie zwischen den Wänden hin und her hallen. Eine magische Welt des Klangs eröffnet sich. Auf ähnliche Weise kann man die Schwingungen des niederen Astralbereichs und des Hades hören, wie Hilfeschreie, Heulen, Donner. Diese Schwingungen schaden nicht, können jedoch aufschrecken, wenn man sie nicht erwartet hat. Geister benutzen oft Klänge wie Klopfen oder Knallen, um ihre Anwesenheit anzuzeigen. Geister können leicht eine feste Kraft in Schwingung versetzen und dadurch Klang erzeugen" (S.111). Auf dieser Stufe ist es notwendig, den Hang zu ausschweifenden Phantasien sowie starke negative Emotionen zu überwinden.

Mit zunehmender Meditationspraxis entwickelt sich das Hellhören immer stärker. Die Entwicklung des *Hals-Chakras* ist mit Einblicken in die geistige Welt verbunden, die mit visuellen und auditiven Wahrnehmungen einhergehen. Die Betreffenden hören das *innere Wort*. An dieser Stelle ist klares, von Sinneswahrnehmungen nur wenig beeinflusstes Denken von großer Bedeutung für den weiteren Fortgang.

Anfangs haben viele Medien Probleme damit, die eigenen Gedanken von der Stimme in ihrem Kopf zu unterscheiden. Antworten auf ihre Fragen hören sie bereits, bevor sie diese zu Ende gedacht haben. Die Übung der inneren Stille, des inneren Schweigens, lässt die unzähligen Flüsterstimmen, die in der Seele sprechen, mit der Zeit verstummen, bis endlich die *eine* innere Stimme, die *Stimme der Stille*, vernehmbar wird. Mit der Zeit geht die Hellhörigkeit in telepathische Übermittlung über und damit zu einer neuen Art von Bewusstheit.

Mediale Sensitivität

Medialität bedeutet Verbundenheit mit
Wesenheiten der unsichtbaren Welt.
O.M. Aivanhov

Voraussetzung für den medialen Empfang von Botschaften aus geistigen Sphären ist eine hohe Sensibilität. Die meisten Medien reagieren äußerst sensibel auf die Energien, die in ihrem Körper als auch außerhalb wirksam sind. Sie spüren sehr genau, welche Atmosphäre in ihrer Umgebung vorherrschend ist und sind fähig, in ihrem Energiefeld feinste Veränderungen wahrzunehmen. Die energetischen Ausstrahlungen werden auf verschiedene Weisen wahrgenommen: als vibrierendes Empfinden, Temperaturschwankungen, als Fließen, Schweregefühl oder innere Anspannung.

Außergewöhnliche Bewusstseinszustände enthalten transformative und heilende Kräfte, auf die der weltbekannte Forscher und LSD-Therapeut Stanislav Grof hinweist. Er selbst verfügt über weitreichende persönliche Erfahrungen auf diesem Gebiet. Die systematische Erforschung außergewöhnlicher Bewusstseinszustände bildet den Schwerpunkt seiner jahrzehntelangen wissenschaftlichen Arbeit.

Ein feinfühliger bzw. hellfühlender Mensch ist fähig, die Energiefelder anderer Menschen, wie auch die Energie von Plätzen und Orten, wahrzunehmen. Schwingt die eigene Energie in einer hohen Frequenz, dann wirken die niederen Schwingungen, die von außen eindringen, sehr belastend und sind nur schwer abzuwehren. Es ist für sensible Personen enorm schwierig, sich gegen die anstürmenden groben Energien abzugrenzen. Den Verursachern dieser niederen energetischen Schwingungen ist zumeist nicht bewusst, wie sehr sie andere damit belasten. Hellfühlende Menschen spüren intuitiv jede spannungsgeladene Atmosphäre, jede stressbedingte Ausstrahlung und auch jede freudige Erregung in ihrer Umgebung. Viele meiden daher größere Menschenansammlungen, weil die geballte Energieansammlung, die dort vorherrscht, sie überfordert. Sie verinnerlichen sozusagen die Energien ihrer Umgebung, ohne dies verhindern zu können.

Sobald die Pforten der Wahrnehmung sich öffnen, wird jeder Mensch zunehmend sensibilisiert. Er nimmt deutlicher wahr und empfindet intensiver, als seine Mitmenschen. Hierdurch gewinnt er zwar einen Zufluss an Information, doch dieser Zuwachs wird oftmals teuer erkauft. Ist der Schutz nicht ausreichend, dann dringen allerhand unerwünschte Empfindungen und Eindrücke aus der Umgebung in die Psyche des Mediums ein.

Dieser Vorgang wird in dem Film: *The Gift. Die dunkle Gabe*, mit der hervorragenden Cate Blanchett in der Hauptrolle, eindrucksvoll gezeigt. Sie ist als Medium an der Aufdeckung eines Kriminalfalles beteiligt. Dabei kann sie nicht verhindern, tiefer in das Geschehen hineingezogen zu werden, als ihr lieb ist. Quälende Alpträume, schaurige Visionen und ein magischer nächtlicher Angriff, bei dem eine Hand ihren Hals fest umklammert, sind Bestandteil ihrer hellsichtigen Erlebnisse.

Mediale Menschen werden empfänglich für Störenergien. Eine besonders starke Beeinflussung geht von Personen aus, zu denen eine intensive Beziehung besteht. Es bilden sich unsichtbare, feinstoffliche Kanäle von einer Person zur anderen. Durch diese Kanäle fließen Energien und Informationen hin und her. Heftige Empfindungen wie Stress, Angst oder Zorn kommen deutlich spürbar bei der medialen Person an, da ihr Organismus durchlässig ist für fremde Energieströme. Ausufernde Streitereien können dann wie ein massiver Angriff wirken.

Rudolf Steiner vertritt die Auffassung, Gedanken und Gefühle in der seelischen Welt wirken aufeinander wie materielle Dinge in der physischen Realität. „Solange jemand nicht lebhaft von diesem Bewusstsein durchdrungen ist, wird er nicht glauben, dass ein verkehrter Gedanke, den er hegt, auf andere Gedanken, die den Gedankenraum beleben, so verheerend wirken kann wie eine blindlings losgeschossene Flintenkugel für die physischen Gegenstände, die sie trifft." (In: Wie erlangt man Erkenntnisse der höheren Welten? S.47.)

Zu einem echten Problem kann sich die erhöhte Sensitivität auswachsen, wenn sich intensive negative Empfindungen mit einer gewissen Häufigkeit einstellen, wie z.B. in Lebenskrisen von Angehörigen und Freunden. Das harmonisierte Schwingungsfeld der Medien erleidet Einbußen, die dass Bewusstsein und die Gefühlswelt beeinträchtigen. Diese Zusammenhänge sind leider zuwenig bekannt und finden daher kaum Beachtung.

In der materiellen Realität durchdringen sich die Energien der Lebewesen gegenseitig. Dies ist Teil der normalen Lebenswirklichkeit. Ein Problem entsteht daraus nur dann, wenn ein hellfühlender Mensch sich auf unangenehme Weise beeinträchtigt fühlt und darunter leidet. Manchmal helfen Abwehrstrategien, um den Druck zu vermindern. Manuela Schindler erwähnt einige von ihnen (in: Fragen und Antworten):

♦ Sich in spannungsgeladenen Momenten eine Pause zu gönnen und einige Minuten abzuschalten, genügt manchmal bereits. Leichte Irritationen gehen schnell vorüber, wenn sie keine Beachtung finden.

♦ Laute öffentliche Orte soweit wie möglich meiden und durch einen Aufenthalt in der Natur, z.B. in einem ruhigen Park, ersetzen, um die Energie regenerieren.

♦ Konzentration auf das Herzchakra mit der Vorstellung, dass von dort ausgesandte Energien die Aura stärken. Diese Übung kann dazu beitragen, die Aktivität im Solarplexus einzudämmen.

♦ Destruktive Gefühle, wie z.B. die Ablehnung und Verurteilung anderer Menschen, weitgehend vermeiden, um die negative Schwingung nicht zu verstärken.

♦ Den Schutz der Aura verstärken durch entsprechende Übungen.

Die Gefahr einer gesteigerten Sensitivität liegt darin, zum Spielball seiner Umgebung zu werden und emotional stark unter Einfluss zu geraten. Bei entsprechenden Vorsichtsmaßnahmen kann diese Beeinträchtigung vermindert werden.

Bilder, die im Innern geschaut werden, sind oft Gebilde der eigenen plastischen Phantasie. Besonders in angespannter psychischer Verfassung werden Medien leicht Opfer von Trugbildern. Für authentische geistige Erlebnisse sind ein ausgeglichenes Gemüt, ein klares Bewusstsein und ein erhöhtes Schwingungsmuster die Voraussetzung. Das Universum besteht aus einem breiten Spektrum unterschiedlicher Schwingungsfrequenzen, die von der unsichtbaren, subtilen Schwingung der Seele bis hin zu den groben Schwingungen der Materie reichen. Die Schwingungsfrequenz eines jeden Individuums ist einzigartig.

Mit zunehmender spiritueller Entwicklung wird die außersinnliche Wahrnehmung klarer. Sensitive Personen befinden sich oft an Orten oder in Situationen, wo sie ein sicheres Gespür dafür bekommen, was im nächsten Augenblick geschehen wird. Diese Phase ist allerdings nach Auffassung von Stuart Wilde nicht von Dauer: „Wenn Sie zu lange in der Welt der übersinnlichen Wahrnehmung bleiben, dann verpassen Sie den metaphysischen Anschluss, und Sie werden jene Dimension der Urkraft nicht erreichen, auf der die Anwendung übersinnlicher Fähigkeiten nicht mehr bedeutet, als wenn ein kleines Kind zwei Bausteine aneinander schlägt" (S.35f.).

Die wahre metaphysische Wahrnehmung liegt in der Stille. Bei Meditationen öffnen sich mit der Zeit die Tore in überirdische Welten. „Viele medial Veranlagte halten einige vorüber ziehende Impressionen für ihr ganzes Können, und durch dauerndes Abgeben ihrer Energie an andere brennen sie sich innerlich selbst aus. Sie haben dann keinen Impuls, sich hinüber zu anderen Ebenen zu tragen, und schließlich kann sich dieser Missbrauch als Krankheit manifestieren", erläutert Wilde. Ein hoher Prozentsatz der Medien, die hellsichtig arbeiten, ist vom Wege abgekommen und energetisch ausgebrannt.

Erweiterte Wahrnehmungen sind für spirituelle Menschen, die das Ziel des Weges erreichen möchten, nur Durchgangsstationen. Sie werden von dem Sufi-Meister Pir Vilayat Inayat Khan als vorübergehende Erfahrung betrachtet: „Man kann stecken bleiben in jeder dieser Ebenen, wie etwa der astralen, und viele beschreiben diesen Zustand", warnt er (in: Der Ruf des Derwisch, S.75). Es ist eine verlockende und gefährliche Erfahrung. Die Zwischenstufen auf dem Weg sind außergewöhnlich; man lässt sie kommen – und schreitet dann weiter voran.

Mediale Wahrnehmungen sind somit nur Zwischenstufen des spirituellen Weges, die sehr schön und aufregend, aber auch bedrohlich sein können. Visionäre Bilder, herrliche Landschaften und Lichterscheinungen beeindrucken die Seher; harmonische Klänge nehmen die Sinne gefangen. Medien empfangen tiefgründige Botschaften oder unternehmen Reisen in astrale Welten. Alle diese Eindrücke üben einen gewissen Zauber aus, und mit der Zeit wird es immer schwieriger, sich davon zu lösen. Der Zeitpunkt wird aber kommen, wo eine Abkehr von ihnen notwendig wird, um die Reise fortzusetzen.

Sucht aus esoterischer Sicht

Die Ströme des Lebens sind miteinander verwoben.
Gut und Böse, Licht und Schatten,
liegen nahe beieinander.

Zu den Rauschmitteln bzw. Drogen gehören alle Substanzen, die schon in relativ kleinen Mengen Veränderungen im Körper oder im Bewusstsein der Konsumenten bewirken. Neben Alkohol, Zigaretten, Kaffee und Tee gehören Arzneimittel zu denjenigen Drogen, die gesetzlich legitimiert sind. Bewusstseinsverändernde Drogen, die auch als *Rauschgifte* bezeichnet werden, können sowohl heilsame als auch toxische Wirkungen entfalten, je nach Art des Gebrauchs und abhängig von der Dosis.

Der Konsum von Rauschmitteln in hohen, nicht zuträglichen Dosen betrifft vorwiegend Leute, die sich betäuben wollen oder denen die Grenzen ihres isolierten Selbst zu eng geworden sind. Jede Sucht ist die Suche nach gesteigerten Erlebnissen, so lautet eine häufig geäußerte Vermutung. Doch bei der Suche verselbständigt sich das Suchtverhalten und zeigt mit der Zeit allzu oft ein lebensbedrohliches, zerstörerisches Potential. Eine unüberschaubare Anzahl an Publikationen befasst sich mit Drogensucht. Wie sehen okkulte Disziplinen den Alkoholkonsum und die Einnahme anderer Rauschmittel?

Alkoholsucht

„Trunkenheit ist der Ursprung und Brunnen
allen Übels und aller Laster."
Paracelsus

Alkohol, im Übermaß getrunken, dient häufig dazu, einen Mangel an Erfolg, Anerkennung und Liebe zu ersetzen oder eine erdrückend scheinende Verantwortung erträglicher werden zu lassen. Die Droge wirkt einerseits anregend, andererseits lähmend auf bestimmte Nervenzentren und ruft, im Übermaß genossen, seelische Gleichgewichtsstörungen hervor. Der wahllose Konsum von Alkohol, Rauschdrogen und Nikotin hat zur Folge, dass die Aura instabil wird und durchlässig für fremde Energien.

Niedere Geistwesen, denen in der geistigen Welt gewisse Befriedigungen versagt bleiben, suchen sich durch den Körper eines Süchtigen diese Befriedigungen zu verschaffen, indem sie in ihn eindringen. *Die Sucht ist eine der stärksten Bindungen, die abgeschiedene Geister an die physische Ebene fesseln.* Auch nach dem körperlichen Tod eines Abhängigen bleibt das Suchtbedürfnis unvermindert bestehen. Der Geist des Verstorbenen begibt sich auf die Suche, um sein drängendes Bedürfnis nach Alkohol oder Zigaretten, nach Essen, Drogen oder Sex zu befriedigen.

Eine lebende Person, die einer Sucht verfallen ist, lädt unsichtbare Wesen unabsichtlich ein und beherbergt und ernährt diese. Suchtkranke Menschen strahlen eine gewisse Labilität aus, von der umherirrende Seelen angezogen werden. Sie sehnen sich nach einem physischen Körper, um ihre Süchte weiterhin ausleben zu können. Daher begeben sie sich auf die Suche nach einem Körper, der ihrem eigenen Schwingungsmuster entspricht, denn nur unter dieser Voraussetzung sind sie befähigt, sich an einen fremden Körper anzuhängen.

Niedere Geister sind, für das menschliche Auge nicht sichtbar, allgegenwärtig. Sie beherrschen die Kunst, überall auf dem gesamten Erdkreis unerkannt zu verweilen, erfährt man bei Paracelsus (S.315).

Langandauernder Alkohol- und Drogenmissbrauch bewirkt eine Schwächung und damit eine Durchlässigkeit der Aura. Niederen Wesenheiten wird hierdurch der Zugang leichter möglich. Die Geistwesen liegen an jedem passenden Ort auf der Lauer. Sobald jemand Alkohol zu sich nimmt bis zur Volltrunkenheit, können sie in ihn fahren. Bei einem Trinker, der sich exzessivem Alkoholkonsum hingibt, kann die schützende Aura mühelos durchdrungen werden.

Hellsichtige können beobachten, wie sich bei Menschen, die Alkohol in großen Mengen konsumieren, die Aura zusammenzieht. Sie wird dünner und damit durchlässiger. Die ursprüngliche Persönlichkeit des Trinkers ist nun ein leicht zu besiegender Gegner, der allmählich immer stärker unter den Einfluss von Astralwesen gerät. Diese sind oft für den Rückfall eines Alkoholkranken, der die Befreiung von der Sucht anstrebt, verantwortlich. In der Folgezeit kann der Kranke seine Gefühlsregungen nicht mehr genügend steuern; jähzorniges und unberechenbares Verhalten sind ein Kennzeichen dieses Kontrollverlustes.

Die niederen Wesen der Astralwelt können von hellsichtigen Menschen beobachtet werden, wie sie in Bars, Kneipen und ähnlichen Orten, an denen alkoholische Getränke ausgeschenkt werden, herumlungern. Die Aura, der Lichtkokon, der lebendige Körper wie eine zweite Haut umgibt, verliert bei übermäßigem Alkoholkonsum weitgehend seine Schutzfunktion. Es gibt Leute, die bis zum Umfallen trinken. Welche Auswirkungen ein solches Trinkgelage hat, wird anschaulich geschildert in *Flensburger Hefte: Doppelgänger*. Ein hellsichtiger Beobachter, der sich in einer Bar voll betrunkener Matrosen aufhielt, erzählt: „Ich starrte mit Verwunderung auf den hellen Kokon um den bewusstlosen Materosen, der sich einfach öffnete. Er teilte sich über seinem Kopf und fing an, sich vom Kopf und seinen Schultern abzuschälen. Gleichzeitig schneller, als ich jemals jemanden in Bewegung sah, war eines der körperlosen Wesen über ihm, das in seiner Nähe an der Bar gestanden hatte. Wie ein durstiger Schatten hatte es an der Seite des Matrosen gelungert und gierig jeden Schluck verfolgt, den der junge Mann nahm. Jetzt schien es auf ihn zu springen wie ein wildes Tier auf die Beute.

Im nächsten Augenblick war zu meiner großen Verwunderung die springende Figur verschwunden... Noch zweimal, während ich verblüfft hinstarrte, wiederholte sich dieselbe Szene. Ein Mann wurde bewusstlos, blitzschnell riss die Hülle um ihn herum, eines der körperlosen Wesen verschwand, indem es sich in die Öffnung stürzte, so, als wäre es in das andere Wesen hineingekrochen" (S.62f.). Der Beobachter war George Ritchie, bekannt geworden durch seine aufrüttelnden Erlebnisse während einer Nah-Todes-Erfahrung, über die er als einer der ersten berichtete.

Unter Alkoholeinfluss öffnen sich gewisse Rezeptoren im Körper. Eine Energiemembran im Innern des Organismus wird durchlässig und ermöglicht einen intensiveren Kontakt zur Mitwelt, der in der Regel auch erwünscht ist. Die Membran ist der Schnittpunkt zweier unterschiedlicher Energiesysteme, die durch Schwingungsfrequenzen voneinander geschieden sind; sie ist eine Art Barriere, die zwei Energiesysteme trennt. Wird diese Barriere teilweise beseitigt, können fremde Energien ungehinderter als zuvor eindringen.

Die Lichthülle (Aura), der Schutz gegen körperlose Eindringlinge, verliert, - wie bereits erwähnt -, unter starkem Alkoholeinfluss ihre Abwehrfunktion. Unsichtbare Wesen können in der Folgezeit eindringen und ihr Opfer beeinflussen, indem sie dieses zu einer groben, heftigen Sprache veranlassen oder ihm gemeine, boshafte Gedanken eingeben. Die niederen Wesen, die auch als *Astralvampire* bezeichnet werden, sind darauf aus, ihrem Opfer immer mehr Energie zu entziehen. Aufgrund der schleichenden Vergiftung verschlechtert sich der Gesundheitszustand des Alkoholikers. Wird die Aura schließlich durchbrochen, erlangen niedere Astralwesen die Herrschaft über die Persönlichkeit. In den fortgeschrittenen Stadien des Alkoholismus, im Delirium, kommen sie zum Vorschein und treiben ihre Opfer in den Wahnsinn, indem sie ihnen grässliche Bilder vorgaukeln.

Die Beurteilung von Alkohol als Genussmittel steht auf einem anderen Blatt und bleibt jedem selbst überlassen. Ein Weinliebhaber, der sich hin und wieder dem Genuss eines edlen Tropfens hingibt, wird kaum Nachteile zu befürchten haben. In kleinen Mengen genossen, kann ein Schluck Wein oder Bier die Stimmung aufhellen und aus einer düsteren psychischen Verfassung heraushelfen. Alkohol, in Maßen getrunken, erhöht zudem die Schwingung und kann Verkettungen mit dunklen Energien lösen. Wer Alkohol mit Bedacht konsumiert, wird nicht die Schattenseiten des übermäßigen Alkoholkonsums kennenlernen.

Nikotinsucht

Die Schädlichkeit des übermäßigen Rauchens ist weithin bekannt, dennoch meinen viele Raucher, auf diesen zweifelhaften Genuss nicht verzichten zu können. Das Bewusstseinsfeld eines Menschen, der unter psychischem Stress sehr viel raucht, verdunkelt sich mit der Zeit. Mit der Atemluft gelangen Teer und Nikotin in die Lunge und damit in den Organismus; Schadstoffe, welche die Zellen verkleben und damit den Energiefluss erschweren. Nikotin hat zudem die Eigenschaft, auf der Zellebene Zerstörungen anzurichten, indem es die feinen Härchen an den Membranen außer Funktion setzt. Diese Zerstörung lässt Schadstoffe von außen ebenfalls ungehinderter eindringen. Der Organismus wird in hohem Maße infiltriert von schädlichen Stoffen und dunklen Energien, deren Abbau durch die ständige weitere Zufuhr von Nikotin verhindert wird.

Hier entsteht ein Teufelskreis, denn die eingedrungenen dunklen Energien verstärken das Suchtverhalten. Lichtvolle, helle Energien werden am Eindringen gehindert, wodurch die seelische Verfassung der Betroffenen beeinträchtigt wird. Wenn es jemandem gelingt, mit dem Rauchen aufzuhören, ist ein großer Schritt in Richtung Gesundheit getan.

Psychoaktive Pflanzen

„Ich lebe, jedoch nicht ich, sondern Wein oder Opium oder Peyote oder Haschisch lebt in mir. "
Aldous Huxley

Beim Thema psychoaktive Drogen gehen die Meinungen weit auseinander; ein einhelliger Standpunkt existiert nicht. Urteile werden oft auf der Grundlage kultureller Voreingenommenheit und nicht auf der Basis objektiver Informationen gefällt. Indigene Völker in Süd- und Nordamerika, in Afrika, sowie in anderen Teilen der Welt verwenden bereits seit Jahrhunderten pflanzliche psychoaktive Substanzen, um erweiterte Bewusstseinszustände und außerkörperliche Erfahrungen hervorzurufen und zu erleben.

Nicht alle Rauschmittel sind gleichzeitig auch Rauschgifte. Die Wirkung der psychoaktiven Substanzen, auch Halluzinogene genannt – wie bspw. das von Albert Hofmann entdeckte LSD – ist sehr vielgestaltig und entzieht sich der einseitigen Beurteilung. LSD und auch andere Halluzinogene gelten als nicht suchterzeugend, dennoch führt der mit der Einnahme der Substanz einhergehende psychische Höhenflug bei manchen zu einer gefährlichen Selbstüberschätzung, die nicht selten zu Unfällen führt. Gefahrensituationen werden falsch eingeschätzt, und die wahnhafte Vorstellung, fliegen zu können, war schon für etliche Fensterstürze verantwortlich.

Psychedelische Drogen, wie LSD, Psilocybin, Meskalin und Haschisch, können andererseits erweiterte Bewusstseinszustände hervorrufen und neue Erfahrungshorizonte eröffnen. Rauschgifte wie Morphin, Heroin, Opium, Ecstasy etc. führen dagegen bereits nach kurzer Zeit zu Vergiftungserscheinungen und in die Abhängigkeit. Während der chronische Gebrauch suchterzeugender Rauschgifte, zu denen die Opiate gehören, psychische und körperliche Schädigungen hervorruft, sind die Gefahren bei Halluzinogenen wie LSD andersgeartet. Sie haben den Effekt, die Trennung des individuellen Bewusstseins zwischen Außen- und Innenwelt zu lockern.

Nach der Einnahme können schwere Verwirrtheitszustände auftreten. Diese krisenhafte geistige Verfassung ähnelt psychotischen Anfällen mit manischem oder depressivem Charakter, vor denen Albert Hofmann warnt (S.73). Schreckensvisionen oder die Angst davor, wahnsinnig zu werden, können zu bedrohlichen psychischen Ausnahmezuständen führen; die Reise wird zum Horrortrip. Personen mit instabiler Persönlichkeitsstruktur, die zu Stimmungsschwankungen und Gefühlsausbrüchen neigen, sind durch die Einnahme halluzinogener Wirkstoffe gefährdet.

Die Einnahme von Drogen bewirkt eine Veränderung in der Chemie des Körpers, die zu veränderten Bewusstseinszuständen führt. Biochemische Erklärungen zur Wirkung von Drogen können allerdings keinen Hinweis darauf geben, wie die besonderen Inhalte psychedelischer Erfahrungen zustande kommen. Da Drogen mit den Chemikalien des Nervensystems reagieren, was einer Wandlung des Bewusstseins gleichkommt, kann von einer Wechselbeziehung zwischen Geist und Materie ausgegangen werden. „Ein geistiger Prozess bewirkt eine Veränderung in der Materie." (Vgl.: Rausch und Erkenntnis, S.25.) Der Geist einer Person kann demzufolge eine Wandlung im Körper bewirken. Und im umgekehrten Sinne gilt: „Wird der Körper des Menschen verändert, etwa durch die Einnahme einer Substanz, kann sich auch im Geist eine Wandlung vollziehen."

Stellt sich der Blick nach Drogenkonsum auf andersgeartete Dimensionen ein, werden Regionen jenseits der Alltagsrealität wahrgenommen. In Kulturen, zu deren religiösem Zeremoniell die ritualisierte Einnahme psychoaktiver Pflanzen gehört, bestimmt eine bewusste Zielsetzung die Entfaltung positiver Wirkungen und ermöglicht einen Kontakt mit dem Transzendenten.

Naturvölker verwenden psychoaktive Substanzen dazu, während Heilungszeremonien, bei Übergangsriten, in schamanischen Ritualen etc. außergewöhnliche Bewusstseinszustände herbeizuführen. Bei den Ureinwohnern Mexikos sagt man: *„Der Rausch ist nur dann heilsam, wenn er von den Göttern geteilt wird"*. Indianische Völker zeigen eine tiefe Ehrfurcht vor den ‚heiligen Pilzen' und sind der

Ansicht: *„Die heiligen Pilze können nur von einer reinen Person ohne Schaden gegessen werden"* (vgl.: A. Hofmann, S.117). Die Drogenerfahrung muss das Herz berühren, um tiefe spirituelle Wahrheiten zu vermitteln.

Außersinnliche Wahrnehmungen sind entweder angeboren, oder sie entstehen durch meditative Versenkung, eine asketische Lebensführung oder die Einnahme psychoaktiver Pflanzen. In einigen Gebieten Indiens zählt Cannabis zu den Lebensmitteln, die nicht nur den Körper, sondern vor allem den Geist kräftigen. Einige der halluzinogenen Pflanzen wie Meskalin und Peyote sind allgemein bekannt geworden durch die Bücher von Carlos Castaneda, der anschaulich von beeindruckenden Selbstversuchen unter Anleitung eines indianischen Lehrers erzählt (in: Die Lehren des Don Juan). Bei der Einnahme halluzinogener Substanzen ist vor allem entscheidend, welche innere Absicht mit der Verwendung verbunden ist. Bei spirituellen Zeremonien, die den Gebrauch dieser Pflanzen zur Grundlage haben, steht die Förderung der persönlichen und spirituellen Entwicklung im Vordergrund. Vom schamanischen Standpunkt aus sind die bei der Zeremonie verwendeten Pflanzen mit Leben erfüllt; sie besitzen ein eigenes Geist-Bewusstsein. Nach der Einnahme findet eine innere Verschmelzung zweier zuvor getrennter Bewusstseinszustände statt. Der Pflanzengeist vermittelt geistige Lehren jenseits der normalen menschlichen Erfahrung und gilt daher als weise und uralt.

Psychedelika können eine Intensivierung des religiösen Lebens bewirken. Mystische Erfahrungen, ausgelöst durch Psychedelika, besitzen dieselben Merkmale wie diejenigen, die durch spirituelle Anstrengungen oder ‚göttliche Gnade' erlebt werden. „… wenn es einen Gemeinplatz in bezug auf psychedelische Drogen gibt, dann den, dass jeder, der ohne eigene Erfahrungen darüber schreibt, ein Narr und Schwindler ist", meint H.S. Thompson (in: Rausch und Erkenntnis, S.49).

Sehr intensiv hat sich der Arzt und Psychotherapeut Stanislav Grof mit dem Gebrauch psychedelischer Substanzen auseinandergesetzt. Er kam zu der Erkenntnis, „dass die bedeutendsten Psychedelika nicht spezifische pharmakologische Zustände (toxische Psychosen) erzeugen, sondern unspezifische Verstärker geistiger Prozesse sind. Die Erforschung der menschlichen Psyche mit diesen intensiv wirksamen Katalysatoren ließ keinen Zweifel übrig, dass das in der ‚Tiefenpsychologie' Freuds zum Ausdruck kommende biographische Modell gerade eben an der Oberfläche der geistigen Mechanismen kratzt. *Um all die außergewöhnlichen Erlebnisse und Beobachtungen in psychedelischen Zuständen zu erklären, war es notwendig, eine erheblich erweiterte Kartographie der menschlichen Psyche zu entwickeln"* (S.336f.).

Dem Autor ist es zu verdanken, dass wir uns heute entgegen einer eingleisigen Verurteilung des Drogenkonsums ein differenziertes Urteil über den Gebrauch psychedelischer Substanzen bilden können. LSD und andere Psychedelika erschließen einen vielversprechenden Zugang zum Verständnis der menschlichen Psyche. Sie mobilisieren tiefe unterbewusste und überbewusste Ebenen der menschlichen Psyche, die zu ihrem Verständnis einen viel weiter gefassten theoretischen Rahmen erfordern.

Eine Modell, eine Kartographie der Psyche ist notwendig, die Bereiche jenseits der reinen biografischen Daten eines Klienten einschließt. Zu diesen Bereichen gehören transpersonale Erfahrungen jenseits der traditionellen analytisch-biografischen Ebene. St. Grof warnt allerdings vor einem leichtfertigen Umgang mit psychoaktiven Substanzen, denn es „sind extrem wirksame Mittel für die Öffnung der Tiefen des Unbewussten und der Höhen des Überbewussten. Sie besitzen große Heilkraft, können aber je nach den Umständen auch mit schweren Risiken verbunden sein. Mit diesen Stoffen sollte man sehr ernsthaft und respektvoll umgehen. Wie die Geschichte der psychedelischen Bewegung zeigt, kann die Forschung auf diesem Gebiet nicht nur die Versuchspersonen, sondern auch erfahrene Forscher selber in gefährliche Situationen bringen" (S.347).

Der angemessene Umgang mit Drogen muss zu Anfang erlernt werden. Nicht die Flucht aus der Wirklichkeit ist das Ziel, sondern neue Perspektiven sollen eröffnet und außergewöhnliche Erkenntnisse vermittelt werden, die den Blick auf eine umfassendere Wirklichkeit ermöglichen. Bei unvorbereiteter Einnahme psychedelischer Substanzen braucht der Konsument meist einige Zeit, um das ungewohnte und fremdartige Erleben verarbeiten zu können. Die psychische Verfassung zum Zeitpunkt des Konsums ist von ausschlaggebender Bedeutung für den Verlauf der Erfahrung, denn Halluzinogene haben die Tendenz, jedweden Zustand zu verstärken. Psychedelische Drogen sind daher denkbar ungeeignet, um über Angstzustände und Depressionen hinwegzuhelfen. Bei einer psychisch labilen Verfassung kann die Drogeneinnahme einen psychischen Zusammenbruch nach sich ziehen.

Gustav Meyrink erlebte nach der Einnahme von Haschisch eine Bewusstseinsspaltung. Er beschreibt, dass seine Sinneswahrnehmungen nach dem Konsum der Droge schärfer und tiefer wurden. Leise Geräusche hörten sich an wie Donner. „Von Ekstase irgendwelcher Art keine Spur. Vielmehr nahm eine seelische Nüchternheit von mir Besitz, wie ich sie nie zuvor im Leben gekannt hatte", beklagt sich der Autor (in: Das Haus zur letzten Latern, S.34). Alltägliche Verrichtungen wurden zur Qual; das Kauen und Schlucken bei den Malzeiten dauert in seiner Vorstellung unendlich lange. Zeitweilig glaubte er zu fliegen. Wundervolle tropische Landschaften und farbig beleuchtete Wüsten entfalteten sich unter ihm. Doch auch dieser Anblick vermochte nicht seine Begeisterung zu wecken.

Wenn jemand berauschende Substanzen zu sich nimmt, wird immer ein Tor geöffnet, schreibt J.v. Helsing. „Meistens kommen aber nur die dunklen, die luziferischen Kräfte, die sich der Menschen annehmen, die mit dem Leben auf der Erde nicht zurechtkommen und sich der Inkarnation, dem Lebensplan nicht stellen wollen." (In: Wer hat Angst vor'm schwarzen Mann? S.259.) Die Abkehr von der irdischen Realität, die Flucht aus der Wirklichkeit, bringt dunkle Kräfte auf den Plan.

Bewusstseinserweiternde Drogen können andererseits unter Umständen dabei helfen, zu tiefen metaphysischen Wahrheiten vorzudringen. Die Erfahrung der Entgrenzung, das Erleben von Angstfreiheit, Einblicke in tiefe seelische und spirituelle Zusammenhänge lassen den Wunsch entstehen, immer wieder dorthin zurückzukehren. Die Versuchung ist groß, diese berauschenden Momente über das zuträgliche Maß hinaus zu verlängern. Das Bestreben, andere Regionen der Seele kennenzulernen, wirkt sich bei häufiger Wiederholung oft zerstörerisch aus, denn der Aufenthalt in diesen Regionen kann nur von vorübergehender Dauer sein. Die Abwendung von den Normen der Gesellschaft und die Flucht in den Drogenrausch mögen zunächst tröstlich erscheinen, doch die psychedelischen Zustände, zu denen die Droge verhilft, sind nur in begrenztem Maße zuträglich.

Ein Mensch, der Drogen konsumiert, erhöht die Intensität seines Lebens in einem Maß, das Außenstehende kaum nachvollziehen können. Doch der Körper kann die bewusstseinsverändernden Zustände nicht lange verkraften; er wird geschädigt oder sogar zerstört. Wiederholter Drogenmissbrauch bewirkt eine Durchlässigkeit des Schutzmantels, der Aura. Mit der Zeit wird die Aura mehr und mehr durchbrochen; der menschliche Organismus wird angreifbar. In der Folge verschlechtert sich der Gesundheitszustand des Drogenabhängigen und niederen Astralwesen wird der Zugang ermöglicht. Nicht selten kommt es zu Wahnvorstellungen. Ohne Hilfe und Beistand von außen gelingt es kaum, die Aura zu regenerieren und die Persönlichkeit wieder aufzubauen.

Gustav Meyrink Autor verfasste eine Abhandlung über Rauschgifte, in der er schreibt: „Ein Wahrheitssucher hört von einem geheimnisvollen Gift, das den Menschen zweiteilt (Satan), aber ihm einen geistigen Lehrer verschafft. Jemand warnt ihn: Er werde dadurch zum Sklaven, doch er glaubt, das bezöge sich auf Gewohnheit à la Morphin. Er nimmt das Gift, sieht einen wunderbaren (mystischen) Engel, der ihm Gebote gibt. *Da niemand Gebote halten kann*, wird der Betreffende dadurch zum Sklaven, wo er vorher frei war" (vgl.: F. Smit, S.41f.).

Zu den psychedelischen Erfahrungen gehören auch Höllenfahrten und Reisen durchs Fegefeuer (vgl.: Rausch und Erkenntnis). Diese archetypischen Erlebnisse gehen mit einer Einengung des Bewusstseins einher. Auch mystische Todeserlebnisse kommen vor. A. Hofmann erzählt von einem persönlichen Erlebnis, das ihm widerfuhr, als er 1943 zum ersten Mal die von ihm entdeckte Substanz LSD einnahm, um ihre Wirkungen im Selbstversuch zu testen. Da keinerlei Erfahrungswerte über Verlauf und Gefährlichkeit eines *Trips* vorlagen, verlief sein Erlebnis in äußerst dramatischer Weise. Hofmann geriet in einen psychischen Ausnahmezustand und befürchtete, den nächsten Tag nicht mehr zu erleben. Bei seinem Selbstversuch wurde Hofmann von der unheimlichen Empfindung geängstigt, ein fremdes, dämonisches Wesen sei dabei, Besitz von ihm zu ergreifen. Diese Besitzergreifung durch den LSD-Dämon, der sich auch in anderen LSD-Erlebnissen wiederholte, bezeichnet Hofmann als ein Merkmal des LSD-Rausches (S.92).

Die vertrauten Gegenstände der Umgebung, die Möbel und übrigen Einrichtungsgegenstände, nahmen unter dem Einfluss der Droge groteske und bedrohliche Formen an. Die anwesende Nachbarsfrau erschien ihm als bösartige Hexe mit fratzenhaften Zügen. Hofmann berichtet: „Alle Anstrengungen meines Willens, den Zerfall der äußeren Welt und die Auflösung meines Ich aufzuhalten, schienen vergeblich. Ein Dämon war in mich eingedrungen und hatte von meinem Körper, von meinen Sinnen und von meiner Seele Besitz ergriffen. Ich sprang auf und schrie, um mich von ihm zu befreien, sank dann aber wieder machtlos auf das Sofa. Die Substanz, mit der ich hatte experimentieren wollen, hatte mich besiegt. Sie war der Dämon, der höhnisch über meinen Willen triumphierte. Eine furchtbare Angst, wahnsinnig geworden zu sein, packte mich. Ich war in eine andere Welt geraten, in andere Räume mit anderer Zeit. Mein Körper erschien mir gefühllos, leblos, fremd" (S.30).

Hofmann überstand seinen ersten LSD-Rausch unbeschadet und befand sich am darauffolgenden Tag in bester Verfassung. Auch seine Kollegen scheuten nicht davor zurück, die Wunderdroge auszuprobieren.[3] Einen weiteren Erlebnisbericht liefert der Islamwissenschaftler R. Gelpke, der ein Protokoll über seinen Selbstversuch mit LSD verfasst. Das Innere des Zimmers scheint sich nach Einnahme des Halluzinogens in phosphoreszierende Wellen zu verwandeln; seine Haut, vor allem die Zehen, fühlen sich an, als seien sie elektrisch aufgeladen. Er schreibt: „Mir fehlen die Worte zur Beschreibung meines gegenwärtigen Zustands. Es ist, als würde ein ‚anderer‘, ganz Fremder, Stück für Stück von mir Besitz ergreifen. Habe größte Mühe zu schreiben… Dieser unheimliche Prozess einer fortschreitenden Selbstentfremdung erweckte in mir das Gefühl der Ohnmacht, des hilflosen Ausgeliefertseins. Gegen zehn Uhr dreißig sah ich bei geschlossenen Augen zahllose sich verschlingende Fäden auf rotem Grund. Ein bleischwerer Himmel schien auf allen Dingen zu lasten; ich selbst fühlte mein Ich in sich zusammengepresst und kam mir vor wie ein verschrumpelter Zwerg." (S.90f.).

Er verspürt eine lastende Schwere, so als würden hundert Polypenarme seine Glieder umspannen, „…ja, ich erlebte tatsächlich diese in einem geheimnisvollen Rhythmus elektrisierenden Berührungen wie die eines realen, zwar unsichtbaren, aber unheimlich allgegenwärtigen Wesens, das ich mit lauter Stimme anredete, beschimpfte, bat und herausforderte zu offenem Kampf… ‚Es ist nur die Projektion des Bösen in dir selbst‘, versicherte mir eine andere Stimme, ‚es ist dein Seelenungeheuer‘!

Diese Erkenntnis war wie ein Schwerthieb. Sie durchfuhr mich mit erlösender Schärfe. Die Polypenarme fielen von mir ab – wie durchschnitten -, und gleichzeitig funkelte das bisher so stumpfe und dumpfe Grauweiß des Himmels hinter dem offenen Fenster plötzlich wie sonnenbeschienenes Wasser."

Die drogeninduzierten Halluzinationen tendieren dazu, einen düsteren Charakter anzunehmen, wenn die seelische Verfassung des Erle-

---

[3] Ich hatte die Gelegenheit, A. Hofmann anlässlich eines Vortrages persönlich zu erleben und war beeindruckt von seiner Präsenz und Ausstrahlung. Als 94jähriger Mann wirkte er fast so vital wie ein 60jähriger!

benden eine gewisse Übereinstimmung aufweist. Timothy Leary, von Kritikern als ‚Drogenapostel' beschimpft, machte einen Unterschied zwischen psychedelischen Drogen wie LSD, Meskalin, Haschisch, und den süchtig machenden Rauschgiften, zu denen Heroin und Morphin gehören. Vor letzteren warnte er eindringlich.

Die Gefahr für Jugendliche, die in den Besitz psychedelischer Drogen gelangen und sich an deren Gebrauch gewöhnen, darf keineswegs unterschätzt werden. Auf die Gefahren eines ungehemmten LSD-Konsums weist auch A. Hofmann hin. Der Hauptnachteil besteht darin, dass es in höherer Dosierung gelegentlich zu massiven desorganisierenden Erfahrungen kommt, die unter unglücklichen Umständen zu einem gefährlichen Abreagieren führen können. Bei manchen Konsumenten stellt sich im Drogenrausch das Gefühl der Allmacht und Unverletzlichkeit ein. Sie geraten in einen manischen, hyperaktiven Zustand, der ihnen den Eindruck vermittelt, fliegen zu können. Einige springen aus dem Fenster und landen sehr unsanft auf dem Boden der Tatsachen.

LSD hat die Eigenschaft, psychische Zustände zu intensivieren. Ebenso wie ein Glücksgefühl sich steigern kann, vertieft sich eine Depression bis hin zur Verzweiflung. „Ganz abzuraten sind LSD-Versuche bei Menschen mit unstabiler, zu psychotischen Reaktionen neigender Persönlichkeitsstruktur. Hier kann ein LSD-Schock einen bleibenden seelischen Schaden erzeugen, indem er eine latente Psychose zur Auslösung bringt", warnt Hofmann (S.76). Bei Jugendlichen fehlt ein gefestigter Realitätsbezug, daher wird der Konsum von Drogen bei ihnen eher zur Verunsicherung führen oder das Gefühl einer existentiellen Krise hervorrufen.

Im Drogenrausch sind andererseits bedeutende Erkenntnisse und Einsichten in das Wesen der sichtbaren und unsichtbaren Realität möglich. Fremde Welten werden erlebt und wirken dabei ebenso real wie die Alltagsrealität. Eine unendliche Vielfalt und Vielschichtigkeit der Schöpfung tut sich auf. Die trennenden Grenzen zwischen Ich und Außenwelt werden mehr oder weniger durchlässig. Die Gegenstände der Außenwelt wirken so, als wären sie belebt; sie erhalten

71

eine neue, tiefere Bedeutung. Diese ominöse Verwandlung kann furchteinflößend sein oder auch als Bereicherung empfunden werden.

Der Bericht eines 25jährigen Werbeagenten, der ebenfalls bei Albert Hofmann wiedergegeben ist, zeigt die phantasievolle Einzigartigkeit der unter dem Einfluss der Droge geschauten Bilder: Der Mann sah eine Blume, deren Mittelpunkt begann, langsam die Blütenblätter aufzuzehren. Da entstand in ihm ein banges Gefühl. Der Blumenmittelpunkt „war schwarz und glänzend und schien aus dem Rücken unzähliger Ameisen geformt zu sein. Er fraß die Blütenblätter in qualvoller Langsamkeit auf. Ich wollte rufen, dass sie aufhören oder sich beeilen sollten. Es tat mir weh, diese schönen Blütenblätter so langsam dahinschwinden zu sehen, als würden sie von einer tückischen Krankheit verzehrt.

Dann, in einer blitzartigen Erleuchtung, erkannte ich zu meinem Entsetzen, dass dieses schwarze Ding ja mich selbst verschlang. Ich war die Blume, und dieses fremde kriechende Etwas fraß mich auf! Ich schrie und kreischte – ich kann mich nicht mehr genau erinnern. Die Angst und der Ekel verdrängten alles andere. Ich hörte meinen Führer sagen: ‚Ruhig bleiben – immer mitgehen, nicht auflehnen, mitgehen.' …Ich fühlte, wie ich mich in dieser entsetzlichen Erscheinung auflöste. Mein Körper schmolz in Wellen dahin, vereinigte sich mit dem Kern dieses schwarzen Etwas, mein Geist wurde vom Ich, vom Leben, ja sogar vom Tode befreit. In einem einzigen kristallklaren Augenblick erkannte ich, dass ich unsterblich war. Ich fragte: ‚Bin ich tot?' Aber diese Frage hatte gar keinen Sinn. Plötzlich war strahlendes Licht und die schimmernde Schönheit der Einheit" (S.106f.).

Der englische Schriftsteller Aldous Huxley sah in psychedelischen Substanzen ein Mittel, die im Menschen angelegten, jedoch ungenutzten Potentiale zu erschließen. In einem Brief an Albert Hofmann gibt er der Hoffnung Ausdruck, eine angewandte Mystik könne den Menschen dazu verhelfen, „Einsichten aus der ‚anderen Welt' für die Angelegenheiten dieser Welt nutzbar zu machen" (S.178). A. Hofmann hingegen wirft die Frage auf, ob das tiefe Eingreifen der Halluzinogene in das Erleben der Realitätssicht nicht eine unerlaubte Grenzüberschreitung bedeuten könnte? Öffnen die Drogen tatsächlich nur ein zusätzliches Fenster in andere Welten oder verändern sie vielmehr den Erlebenden, seinen innersten Wesenskern? Ist der Wesenskern des Menschen tatsächlich unangreifbar, oder kann das geistige Zentrum der Persönlichkeit, das Selbst, einen Schaden erleiden?

Die mögliche Heil- und Ganzwerdung kehrt sich um in ihr Gegenteil bei zu hoch dosiertem und zu häufigem Gebrauch. In stark wirkenden Substanzen ist immer beides enthalten: Nutzen und Gefahr, Gewinn und Verlust, Himmel und Hölle. Drogen können in beide Richtungen weisen: zu Rausch und Erkenntnis oder zu Delirium und Zerstörung. Die kategorische Ablehnung bewusstseinsverändernder Drogen basiert auf Berichten, die einen falschen Umgang mit den hochwirksamen Substanzen anprangern.

Die Gefahr der Abhängigkeit ist regelmäßig dort anzutreffen, wo ein Mittel anfangs heilsame Wirkungen für Körper und Psyche zeigt. Die Gefährlichkeit basiert im Grunde auf der Wirksamkeit einer Substanz. Eine Gefährdung ist immer dann gegeben, wenn die innere Stabilität einer Psyche nicht ausreicht, den Missbrauch einer Droge zu verhindern. Bei ungenügender Verankerung in der Realität kann ein Abdriften in psychedelische Scheinwelten erfolgen. Halluzinogene werden als Fluchtmittel aus der Alltagswelt benutzt und damit zweckentfremdet. Der Missbrauch führt in die Isolation oder im ungünstigen Fall zu einem psychotischen Zusammenbruch.

Der Umfang des weltweiten Drogenkonsums zeigt aber, wie groß das Bedürfnis nach grenzüberschreitenden Erfahrungen ist. Der Rausch wird als ozeanische Erinnerung an Anfang und Ende des Lebens beschrieben, der uns mit allen Erscheinungsformen des Lebens vereint. Die Natur des Menschen verlangt offenbar nach einem Evolutionsschritt, der die engen Mauern des bisher Bekannten überwindet.

Verbindungen zur unsichtbaren Welt

Engel und Dämon:

Die Engel haben zwei Gesichter.

Schutzengel und Schutzgeister

Zu allen Zeiten wurden in zahlreichen Erzählungen und Berichten schützende sowie übelwollende unsichtbare Geister, die einen Einfluss auf Menschen ausüben, erwähnt. Der lateinische *Genius* war ein Schutzgeist, der einen bestimmten Menschen sein Leben lang begleitete. Die Schutzbefohlenen wurden durch intuitive Eingebungen oder günstige Schicksalsfügungen vor üblen Einflüssen bewahrt.

Das Gespräch zwischen Engeln und Menschen gehört zu den mystischen Geheimnissen. Die Engel gestalten das Schicksal der Menschheit entscheidend mit und sind befähigt, unter Umständen drohendes Unheil abzuwenden. Übernatürliche Kräfte wirken in den Engeln, daher üben sie einen großen Einfluss auf die Schöpfung aus.

75

Der Schutzgeist greift – einem kosmischen Gesetz entsprechend – nur dann ein, wenn er von dem Hilfebedürftigen angerufen wird. Befindet sich der Betreffende mitten in einem für ihn wichtigen Lernprozess, dann wird er womöglich Erfahrungen ausgesetzt bleiben, die sehr unangenehm sein können. Alois Winklhofer stellt die Frage, ob neben dem Schutzengel auch Schadengel den Menschen beigesellt sind? Der römische Taufritus, der einen eindrucksvollen Exorzismus-Text enthält, lässt die Vermutung zu, dass jeder Mensch einen Engel der Verfolgung an seiner Seite hat (S.145). In der Bibel züchtigen Engel, unter ihnen die Würgeengel, auf Gottes Geheiß unbotmäßige Menschen.

Priester und Medien üben eine Mittlerfunktion aus. Dies bringt Joseph von Görres in der *Christlichen Mystik* zum Ausdruck. Um einflussreiche Götter für die Menschen zu gewinnen und ihren Zorn zu besänftigen „bedarf es solcher, die mit ihnen in engerem Verbande stehen. Diesen müssen Gesichte von dem Verborgenen zu teil werden, damit sie ihren Wunsch und Willen verstehen; sie müssen zu ihnen in einen aktiven Rapport gestellt erscheinen... Seher also nach der einen Seite, Magier nach der anderen, sind es somit die Priester, die ihrem Dienste sich hingeben."

Fanny Moser fragt nach der Definition eines Schutzgeistes vom wissenschaftlichen Standpunkt aus. Kaum jemand bestreite, dass es warnende und hilfreiche Instanzen in der Psyche eines jeden Menschen gibt, aufgrund einer Fülle erdrückender Beweise, meint sie. Demzufolge lasse das Unterbewusstsein auf verschiedenartige Weise dem Oberbewusstsein Mitteilungen zukommen über Ereignisse, die außerhalb seines Gewahrseins liegen. Das Unterbewusstsein erscheine dabei oft in einer „Rolle als Schutzgeist. Die Mittel und Wege, deren es sich bedient, sind je nach Veranlagung... sehr verschieden... Bald sind es die Gedanken, Gefühle und Empfindungen, die es, oft in symbolischer Weise, beeinflusst, bald ruft es entsprechende Halluzinationen hervor oder veranlasst entsprechende Handlungen. Die Ursache bleibt dabei dem Oberbewusstsein verborgen" (S.246).

In vereinfachender Weise wird der Schutzgeist ohne weiteres dem persönlichen Unterbewusstsein zugeordnet, wie die Argumentation Fanny Mosers zeigt. Das Unterbewusstsein scheint ein Reservoir mit unerschöpflichen Möglichkeiten zu sein. Es hat die Funktion eines riesigen, magischen Sees, aus dem Bekanntes und Unbekanntes, Banales und Geheimnisvolles, Hässliches und Schönes hervorquillt. Tiefergehende, gründliche Untersuchungen scheinen sich zu erübrigen. Doch wenn komplexe Inhalte in eine einfache Schablone gepresst werden, ist die Folge davon, dass dabei maßgebliche Komponenten übersehen werden. Die Vielzahl an Berichten von Medien und Künstlern, denen es gelang, tiefer in die geheimnisvolle Welt des Unter- und Überbewusstseins vorzudringen, kann hierbei als Anhaltspunkt dienen.

Bei Alfred J. Bierach wird der englische Dichter und Maler William Blake erwähnt, der zur Entstehung seiner Werke folgendes vermerkt: Er habe sie direkt nach Diktat geschrieben, sogar gegen seinen Willen und ohne Überlegung (S.57f.). Die Dichtungen und Gemälde des Künstlers sind von mystischen Inhalten und visionären Bildern geprägt. Paola Giovetti schreibt: „Schon in seiner Kindheit hatte Blake Visionen von Engeln und Geistern, und er erklärte später, von einem Engel das Malen gelernt zu haben. Die Erscheinungen übernatürlicher Wesenheiten blieben ein konstantes Element seines Lebens und Schaffens.

So gab er an, fast täglich Jesus zu sehen und viele seiner Werke nach dessen Diktat geschrieben zu haben. In seinem epischen Gedicht *Jerusalem* erklärt er beispielsweise, *er selbst sei nur ‚der Sekretär' gewesen – die Schöpfer des Gedichts lebten im Jenseits"* (S.215). Die Gemälde und Radierungen sind nach Angaben des Künstlers Kopien seiner inneren Schauungen, welche die Quelle seiner künstlerischen und religiösen Inspirationen bildeten. Intuition und Vorstellungskraft waren für ihn das zuverlässigste Erkenntnismittel.

Die Erlebnisse von Gerda Johst hingegen zeigen, dass manche ‚Engel' nicht gerade zartfühlend mit ihren Schützlingen umgehen.

Aus ihrem persönlichen Erfahrungsbericht ist Folgendes zu entnehmen: Der Engel, der ihr zum Schutz und zur ‚Erziehung' gesandt worden war, nannte sich *Klarissa*. Die gestrenge *Klarissa* zwang ihren Schützling, beim Gebet niederzuknien, was ihr selbst niemals in den Sinn gekommen wäre, wie Johst berichtet: „Klarissa schloss mich nicht nur seelisch auf, sondern bildete mich auch geistig aus und beherrschte mich körperlich mit ungeheurer Kraft. Griff sie in mich ein, so war es mir unmöglich, ihr zu widerstehen. Sie konnte mich durch ihren Willen in die Gebärden der Demut zwingen und so darin bannen, dass ich zu keiner eigenen Bewegung mehr fähig war, bis sie mich löste" (S.29).

Die ‚Demutsgesten' wurden von noch eindrucksvolleren Demonstrationen begleitet. „Einmal nachts", erzählt G. Johst, „erlebte ich es, dass ein Stromschlag wie ein Kugelblitz in mich einfiel und sich dann im ganzen Körper gleichmäßig verteilte. Das war so heftig, dass ich glaubte, man könne auf solche Weise sterben. Doch empfand ich keine Angst dabei, sondern fühlte mich in Gottes Liebe und in Klarissas Armen wunderbar geborgen" (S.57).

Dem Engel *Klarissa* folgte der Schutzengel *Sixtus*. Dieser erklärte, Engel bestünden aus ‚Leichtatomen', aus allerfeinster Materie, die einen Körper bilde. Dieser Körper sei nach den gleichen Gesetzen aufgebaut wie der menschliche Körper. G. Johst erlebte es mehrmals, „dass eine Kraft mich erfasste, die stärker war als die Einstrahlung Klarissas." Eines Tages, sie hatte sich gerade hingelegt, „fühlte ich mich plötzlich wie von einem starken Luftsog erfasst und hochgezogen, wohl 20 - 30cm hoch. Ich sank wieder nieder, wurde nochmals erhoben und hörte dabei die Worte: Erfühle die Kraft deines Gottes!" (S.52). Dieses eindrucksvolle Erlebnis ist geeignet, Ehrfurcht und Unterwürfigkeit hervorzurufen. Auch Hildegard Gespert erlebte Ähnliches. In ihrer Broschüre *Prüfet die Geister!* hat sie ihre persönlichen Erfahrungen niedergelegt. Engel haben zwei Gesichter, so sagt man. Je nachdem, ob das Bewusstsein Schatten oder Licht aussendet, werden Engel oder Dämonen wirksam.

In medialen Kundgaben nehmen die geistigen Übermittler nicht selten die Namen von Heiligen oder berühmten Persönlichkeiten an. Allan Kardec befragt in *Das Buch der Medien* seine geistigen Informanten zu diesem Sachverhalt. Die Auskunft ist sehr aufschlussreich: „Sie nehmen jene Namen an, die auf den Menschen in Hinsicht auf seinen Glauben den größten Einfluss hervorbringen" (S.225). Christian.A. Vulpius beschreibt in einer fiktiven Erzählung die Erlebnisse des spanischen Grafensohnes *Armidoro*, der auf seinen Besitzungen in Bengalen eine Vision erlebt. Ihm offenbart sich in feierlichem Lichtglanz *Buddru*, der Gott der Versöhnung, der zwischen *Wischnu* und den Menschen vermittelt. Der Gott ist dem Europäer Armidoro gewogen, seines „reinen, frohen Herzens wegen". Er kündigt an, einen seiner Schutzgeister zu entsenden, welcher ihn „hülfreich... überall umschweben soll" (S.195f.).

Der Schutzgeist erscheint in Gestalt einer anmutigen, kunstvoll geschmückten Bajadere, an welcher der Graf während einer Tanzdarbietung am Vorabend großen Gefallen gefunden hatte. Die schöne Frauengestalt spricht zu ihm: „Denn die feinsten und wohlgefälligsten Gestalten wissen wir anzunehmen, wenn wir, die Menschen zu entzünden, ihnen erscheinen." Sie fährt fort: „Ich bin dir nun zugegeben, dich zu umschweben, zu trösten und zu erfreuen, wenn du mich um dich haben willst." Auf Buddrus Geheiß, überstrahlt von seiner Gewalt, habe sie sich verkörpert. Nur ein reines, stilles Leben mache die Menschen würdig, Schutzgeister von Angesicht zu sehen und Umgang mit ihnen zu pflegen.

Ein Händedruck der Schönen geht Armidoro wie ein elektrischer Schlag durch alle Glieder. Bevor die Erscheinung entschwindet, teilt sie dem verdutzten Armidoro mit: „Deine Prüfungszeit beginnt". Hier wird deutlich, dass die Visionen des Grafen von einem tieferen Sinn erfüllt sind, der nicht sogleich zutage tritt. So wie der Weise sich im Tod wieder mit dem höchsten Wesen vereint, so vereinigt sich der Schutzgeist mit reinen, auserwählten Menschen.

Die Einflussnahme von Schutzgeistern besteht u.a. darin, ihren Schutzbefohlenen hilfreiche Gedanken einzugeben. Sogar tagsüber kann ein Schutzgeist in Erscheinung treten, sofern dies erwünscht ist. Schutzengel und Schutzgeister unterscheiden sich in der Rangfolge. Die Engel gehören einer höheren Rangstufe an, während Schutzgeister den Menschen, die sie bewachen, näher stehen. Der chinesische Geistlehrer Yan Su Lu, mit dem Eugene G. Jussek durch Vermittlung eines Mediums in Kontakt kam, äußert sich zu Schutzengeln wie folgt: Sie sind „Energieformen, die einen jeden Menschen umgeben und die sich ihm aus unterschiedlichen Gründen zuwenden. Die einen dieser Geistwesen stehen der spirituellen Entwicklung und Erkenntnisfähigkeit des Menschen vor, andere weisen auf Gefahren und Krisen hin. (In: Begegnung mit dem Weisen in uns, S. 125f.)

Mitunter retten die Engel Menschen aus einer drohenden Gefahr, doch greifen sie in der Regel nicht direkt in die Geschehnisse ein, um die freie Willensentscheidung des Individuums zu gewährleisten. „Diese Wesen stehen als Lehrer, Ratgeber und Führer zur Verfügung, wenn man sie ruft – entweder mit Hilfe der Meditation oder durch ein Gebet. Das ist ihre spezifische Aufgabe." F. Bardon beschreibt, wie magisch geschulte Menschen mittels Übungen eine Begegnung mit Geistführern und Schutzengeln herbeiführen können. Zu diesem Zweck befragen sie die Geistführer, wann und unter welchen Bedingungen ein Kontakt mit ihnen herbeigeführt werden kann. Dann steht ihnen zukünftig die Möglichkeit offen, „von Mund zu Mund, von Ohr zu Ohr" mit ihnen in Verbindung zu treten.

Schutzgeister gehören der gleichen Seelenfamilie an wie ihre Schützlinge, obwohl sie nicht mit ihnen identisch sind. Diese Informationen übermittelt die mediale Autorin Varda Hasselmann (S.175f.). Geister sind nicht mehr der Materie verhaftet und daher befreit von Ängsten oder Leidenschaften. Jedem Geistwesen steht ab einer bestimmten Entwicklungsstufe die Möglichkeit offen, sich mehreren Schützlingen zuzuwenden. (S.144). Doch nicht jeder Mensch steht in Verbindung mit einem persönlichen Schutzengel. S. Wallimann erwähnt einen besonderen Schutzengel, den sie mit dem *Torhüter* gleichsetzt. Dieser Hüter bewacht die Schwelle zu höheren geistigen Entwicklungsstufen und verhindert, dass ein Mensch vorzeitig und übereilt den rein geistigen Daseinsbereich betritt.

Auf die Frage: „Was ist der Unterschied zwischen einem Schutzengel und einem Geistführer?" erhält Jan van Helsing auf medialem Weg die Antwort: „Der Schutzengel ist der Engel, der immer bei dir ist, der die Seele fortwährend begleitet. Geistführer wiederum sind Seelen, die auch schon als Mensch inkarniert waren, die aber die Seele zusätzlich begleiten und bei einer Tätigkeit unterstützen. Sie sind meist zu bestimmten Lebensabschnitten bei der Seele, wenn sie eine bestimmte Art des Berufs oder eine bestimmte Entwicklung durchläuft." (In: Wer hat Angst vor'm schwarzen Mann? S.143.)

Die speziellen Erfahrungen des Geistführers aus dessen vergangenen Inkarnationen kommen dem mit ihm in Verbindung stehenden Menschen zugute. Auch die persönlichen Ahnen können die Funktion eines Geistführers übernehmen. Die besonderen Interessen des Individuums werden bei der Auswahl berücksichtigt. Das Wesen entfernt sich, sobald der Mensch sich anderen Bereichen zuwendet.

Dämonische Helfer

Dämonen sind aus dem gleichen Stoff gewoben
wie die Engel.

In den Vorstellungen der Antike wurden Dämonen als Boten angesehen, die als Mittler zwischen Göttern und Sterblichen tätig waren. Die dämonischen Geister überbrachten den Göttern die Mitteilungen der Menschen und näherten sich den Menschen im Auftrag der Götter. Somit standen sie in der Mitte zwischen beiden Polen und füllten den Zwischenraum aus. Die Weihen der Priester, die Opfer, Beschwörungen, die Zauberei und Weissagungen kamen mit Hilfe von Dämonen zustande. Platon nennt im *Gastmahl* alle Weissagung einen „Verkehr zwischen Göttern und den Menschen".

Marie-Louise von Franz bezieht sich auf *Apuleius*, wenn sie berichtet: „…im Zwischenreich der Luft sind Luftwesen, die die Griechen ‚*daimones*' nennen, die Gebete hin- und hertragen, sowie Opfer und göttliche Verkündigungen… Sie sind es, die die wunderbaren Wirkungen der Magier und alle hellseherischen Geschehnisse in den Träumen herbeiführen…" (S.81). Diese Luftwesen verfügen über einen feinstofflichen Körper, der den Wolken ähnlich ist. Mit den höheren Göttern teilen sie das ewige Leben, mit den niederen die irdischen Leidenschaften. Sie neigen zum Zorn, sind aber auch günstigen Einflüssen zugänglich.

Manche dieser Dämonen übernehmen die Aufgabe eines persönlichen Schutzgeistes. In der lateinischen Vorstellung ist dies der *genius*, der Körper und Seele verbindet. Er hat die Aufgabe eines Helfers in der Not, aber auch eines Wächters und ständigen Beobachters. Er ist Zeuge aller Handlungen und tadelt mutwillige, boshafte Taten. Bemerkbar macht er sich in Träumen oder durch bestimmte Zeichen.

Ein bekannter Fall aus der Antike ist *Sokrates*, von dem gesagt wurde, dass er Umgang pflegte mit einem vertrauten Geist (*daimonion*), der ihm Auskunft erteilte über persönliche Angelegenheiten und zukünftige Ereignisse. Sokrates selbst bezeichnete seine innere Stimme als sein *daimonion*. Er behauptete, von früher Jugend an habe er regelmäßig eine Stimme vernommen, die ihm etliche Warnungen zukommen ließ, ihn aber nicht antrieb, bestimmte Dinge zu tun. (Vgl.: Platon, Apologie 40b und Plutarch: Über den Schutzgeist des Sokrates.)

Ein dämonisches Zeichen hinderte Sokrates an der Ausführung gewisser Unternehmungen. Die ‚dämonische Stimme' warnte ihn von Zeit zu Zeit oder brachte ihn mitten in einem Satz zum Schweigen. Etwas *Göttliches und Dämonisches* widerfahre ihm, behauptete der Philosoph. Aus den *Memorabilia* Xenophons geht hervor, dass dieser Daimon ihn davor warnte, seine Verteidigungsrede vor Gericht vorzubereiten. „Seine innere Stimme sagte ihm, dass eine reine Hingabe an den Ernst des Augenblicks würdiger und zuträglicher sei als eine diese Hingabe beeinträchtigende Vorbereitung." Das Daimonion zeigte dem Sokrates an, „was zu tun nötig ist und was nicht" (vgl.: J. Zutt, S. 134).

Über seine Verteidigungsrede, im Angesicht des Todes, sagte Sokrates über sein Daimonion: „...heute, wie wohl ich doch zum Gericht, zum Todesurteil ging, heute hat es geschwiegen..." (vgl.: J. Pieper, S.66). Auch nach seiner Verurteilung zum Giftbecher sprach seine innere Stimme nicht mehr zu ihm. Bis dahin hatte sein Schutzgeist ihn immer in kniffligen Angelegenheiten beraten. Daraus schloss Sokrates, dass er sich dem Giftbecher nicht durch die Flucht entziehen dürfe.

Auch die Theosophin Annie Besant hat sich mit der Stimme des Sokrates, die für sie in die Kategorie des Hellhörens gehört, befasst. Der Philosoph „sagte, eine Stimme, die ihn gewöhnlich warnte, wenn er im Begriff stehe, einen Irrtum zu begehen, habe ihn nicht gewarnt, als er die Rede zu halten ging, die seinen Tod herbeiführte, und während er die Rede hielt und Dinge sagte, die sein Todesurteil veranlassten, schwieg die Stimme; als er ans Ende seiner Rede kam – dieser Rede, die sein Todesurteil bedeutete – erklärte er daher, da die Stimme ihn nicht unterbrochen habe, so bedeute dies für ihn, dass der Tod kein Übel sei..." (S.87).

Folgt man der positiven Einschätzung von Annie Besant, dann sah Sokrates den Tod als Übergang zu einem höheren Dasein und es bestand nicht länger ein Grund, diesen zu meiden. Das nicht zu erschütternde Gottvertrauen Sokrates seinem Daimonion gegenüber wirft allerdings einige Fragen auf: Sollte ein denkender Mensch in blindem Vertrauen zu seinem inneren Ratgeber tatsächlich alle Vorsicht außer Acht lassen? Was wäre, wenn der Daimon ihm eine Falle gestellt hätte, um zu prüfen, wie weit der Philosoph in seinem blinden Vertrauen gehen würde? Der Betreffende hätte sein Leben geopfert für einen fragwürdigen Zweck...

Ein Grundsatz bei Paolo Coelho im Hinblick auf den Kontakt mit inneren geistigen Instanzen lautet: *Dem Dämon nicht die Führung überlassen!* Der Dämon ist ein Freund, doch naive Leichtgläubigkeit diesem ‚dunklen Bruder' gegenüber ist keineswegs angebracht. Die fehlende Übernahme von Eigenverantwortung kann einen Gläubigen geradewegs auf einen Irrweg führen. Das Ende des Sokrates deutet m. E. in diese Richtung.

Die griechischen Götter wurden im Christentum mit einer negativen Bedeutung versehen; sie wurden zu Teufeln und Dämonen (*daimonia*). Diese übten dennoch einen gewissen Reiz auf die Gemüter der Menschen aus. Der im 18. Jahrhundert lebende italienische Musiker Guiseppe Tartini behauptete, im Traum einen Pakt mit dem Teufel geschlossen zu haben. Wie er bekannte, „bot sich ihm im Traum der Teufel als Diener an, falls ihm der Musiker half, aus einer Flasche zu entfliehen. Nachdem der Teufel seine Freiheit zurückerlangt hatte, reichte Tartini ihm seine Geige." (In: Traum und Traumdeutung, S.46.) Er hörte den Fürsten der Finsternis zu seinem großen Erstaunen eine Sonate von vollendeter Schönheit spielen, die seine kühnsten Vorstellungen übertraf. Nach dem Erwachen schrieb er eilig alle Noten nieder, die er in seinem Gedächtnis bewahrt hatte. Daraus entstand sein berühmtestes Werk, die *Teufelstrillersonate*. Doch diese reicht nach Auskunft des Komponisten bei weitem nicht an die Meisterschaft des im Traum gehörten Spiels heran.

Wesen der unsichtbaren Sphären können anscheinend sehr unterschiedlich und vielgestaltig erscheinen. Vor einigen Tagen sah eine hellsichtige Freundin ein ‚grünes Flatterwesen', das sich in etwa 1m Entfernung über ihrem Kopf befand. Die diesbezügliche Frage an die Geistwelt lautet:

Was hat das Erscheinen des ‚Flatterwesens' zu bedeuten?

Wesen dieser Art gibt es in großer Anzahl und Fülle. Sie nehmen den Raum ein, der gemeinhin als unbelebt gilt, da sie unsichtbar sind. Wesen dieser Art kommen leicht in Kontakt mit Menschen, denn sie dienen ihnen auf vielerlei Weise. Ihr Bewusstsein ist geschult; sie können ihnen deshalb mit Rat und Tat zur Seite stehen. Ein Mensch, der eine Verbindung mit einem dieser Wesen hergestellt hat, wird gut versorgt mit Informationen jeder Art.

Nun sind die Wesen allerdings nicht ganz uneigennützig; sie wollen belohnt werden für die Mühen, die sie auf sich nehmen; für die Leistungen, die sie erbringen. Genauer gesagt, schätzen sie es nicht, wenn man ihre Gaben als selbstverständlich hinnimmt. In ihrem Wesen sind sie rechtschaffen und großmütig, doch können sie sich auch zu Launen hinreißen lassen. Wird eines dieser Wesen gereizt, dann neigt es dazu, schnell die Kontrolle über sich zu verlieren. Sie gelten daher als rachsüchtig und unberechenbar, da sie ihren vermeintlichen Gegner auch großen Schaden zufügen können.

Diese Wesen werden auch Elfen, Nixen oder Wichtelmännlein genannt. Seit alters her kennt sie der Mensch und unterhält Beziehungen zu ihnen. In der Regel besitzen sie keine fest umrissenen Formen und sind daher leicht zu verwechseln. Nur ungern begeben sie sich in die Nähe von Menschen, die ihnen schon viel Schaden zugefügt haben. Eine Ausnahme davon bilden Menschen mit spirituellen Neigungen, denen sie sich gern zugesellen. Ja, diese Menschen ziehen sie magisch an, weil lichtvolle Ströme von ihnen ausgehen.

Hat eines dieser Wesen einen Menschen auserkoren, dann ist er bereit, eine tiefe Beziehung zu ihm einzugehen, die umso enger wird, je länger diese Beziehung dauert. Der Kontakt findet statt über telepathischen Austausch, bei dem das Wesen versucht, die Neigungen ‚seines' Menschen zu erkunden. Es ist bestrebt, diesem in zuvorkommender Weise Unterstützung zu bieten bei allen seinen Unternehmungen und Vorhaben. Doch nicht nur das: Es kann ihm auch bei schwierigen Unternehmungen helfen, an die er sich sonst nie herangewagt hätte.

Dem Wesen stehen Informationen zur Verfügung, die normalerweise nur mit Mühe zu erwerben sind. Diese Informationen stellt es gerne zur Verfügung, wenn dafür ein gewisser Ausgleich erfolgt. Dieser Ausgleich ist eine prekäre Angelegenheit, denn nicht immer verstehen die Menschen, was es damit auf sich hat. Das Wesen will nicht nur die Neugier eines Menschen stellen, sondern ihm bei seiner Weiterentwicklung behilflich sein und mit

Rat und Tat zu Seite stehen. In diesem Fall ist es ein Freund und Helfer in sehr verlässlicher Weise. Ein Mensch, dem ein solches Wesen hilft, ‚zahlt' ihm in Form von Gunstbezeigungen das zurück, was er bekommen hat.

Eine Beziehung wird aufgebaut, an der jeder seinen Anteil, und auch jeder seinen Vorteil hat. Verläuft die Beziehung in glücklichen Bahnen, bereichert sie beide Seiten gleichermaßen und niemand kommt zu Schaden. Das Wesen hat an Struktur und Form gewonnen; es ist angefüllt mit Energie und Licht. Sein ‚Erzeuger' hingegen hat an vielfältigem Wissen hinzugewonnen.

Das Wesen nimmt die dargebotenen Gaben in sich auf und gewinnt an Eigenständigkeit. Es wird unabhängig von dem, der es erzeugt und mit Leben erfüllt (beseelt) hat. Zwar hatte es vor dem Zusammentreffen mit dem Menschen auch schon eine eigene Existenz, doch war diese unvollkommen und amorph. Das Wesen glich einer Flamme, die erlischt und keine Dauer hat. Erst in der Verbindung mit einem Menschen gewinnt es feste, dauerhafte Strukturen, die sich im Wind nicht von selbst wieder auflösen. Hierzu benötigt es eine bestimmte Art von Energie, wie sie nur dem Menschen zu Eigen ist.

Trennt sich das Wesen irgendwann einmal wieder von seinem ‚Erzeuger'?

Ein Mensch, der ein solches Wesen ‚erschafft', kann mit ihm auf Dauer verbunden bleiben oder sich von ihm lösen, wenn er das wünscht. Eine Loslösung geschieht in beiderseitigem Einvernehmen. Wünscht nur das Wesen eine Loslösung, kann der Mensch es dennoch binden und fesseln nach seinem Wunsch und Willen. Zeigt hingegen das Wesen übergroße Anhänglichkeit, kann es ebenfalls mit gewissen Mitteln dazu gebracht werden, zu gehen.

Wie sehen die Mittel aus?

Das Wesen kann genötigt werden durch Eingreifen übernatürlicher Mächte oder durch gewisse Übungen. Diese Fälle kommen aber nicht häufig vor. Normalerweise verabschiedet sich das Wesen zu gegebener Zeit, und friedlich gehen beide auseinander.

Verläuft die Beziehung asymmetrisch, kann keine Übereinstimmung erzielt werden zwischen Wesen und dem Menschen, kommt es zu außergewöhnlichen Entwicklungen. Das Wesen bemüht sich zwar, den Menschen auf dem rechten Weg zu halten, gibt aber nach, dessen Wünschen und Vorstellungen entsprechend. Hier nun entsteht ein breites Feld für Irrtümer und Fehlentwicklungen, die wir nicht alle benennen können.

Ist Jemand in der glücklichen Lage, sich mit uns in Verbindung setzen zu können, dann kann er seine Irrtümer wenigstens zum Teil hinterfragen. Nicht allen geht es so und sie kommen daher weit vom Wege ab. Um auf das nächtliche Erlebnis zurückzukommen: Das *Dritte Auge* im Stirnzentrum ist der Dreh- und Angelpunkt der geistigen Entwicklung. Hier verläuft die Grenze zwischen dem Diesseits und dem Jenseits, der Schwelle zur geistigen Welt.

Nicht jedes Wesen, das mit einem Menschen in Verbindung tritt, respektiert seine Grenzen und seine Bedürfnisse. Es existieren Unterschiede in den Planungen und Zielsetzungen gegenüber den Menschen. Wesen versuchen daher, Zugang zu Menschen zu erhalten, gemäß ihren eigenen Plänen und Zielsetzungen, die nicht unbedingt mit denen des Menschen in Übereinstimmung sind. Hat eine Person solche ‚Gäste' eingeladen, dann benutzen diese sie für eigenen Zwecke. Die Person ist in der Regel außerstande zu erkennen, welche Rolle sie dabei spielt, welchen Zweck sie erfüllt.

Eine Person, der dieses widerfährt, ist sich, wie gesagt, der Rolle, die sie spielt, meist nicht bewusst. Sie wird zum Spielball der Launen von Wesen, deren Existenz sich ihrer Kenntnis entzieht, von denen sie nicht einmal weiß, dass es sie gibt.

Können sich diese Wesen auch annähern, ohne eingeladen worden zu sein?

Der Spielraum dieser Wesen ist größer, als gemeinhin bekannt isst. Sie sind durchaus auch in der Lage, sich ohne Einverständnis einer Person anzunähern. Hierzu benötigen sie allerdings die Erlaubnis von anderer Seite aus dem geistigen Bereich. Menschen sind so-lange geschützt, wie es für ihren Fortschritt not tut und diesen be-günstigt. Extreme Lebenssituationen, in denen der Schutz eben-falls versagt, kommen zum Glück nicht allzu häufig vor und sind ein eigenes Kapitel.

Welchen Zweck verfolgen die Wesen?

Der Schutz hat versagt in dem Augenblick, in dem diesen Wesen der Zugang gestattet wird. Um mit ihnen zu kooperieren, bedarf es einer steten Aufmerksamkeit von seiten des Menschen. Sie sind trickreich und erfinderisch genug, um die uneingeschränkte Auf-merksamkeit auf sich zu ziehen. Dies erreichen sie u. a., indem sie ein Wissen vermitteln, das nicht das Ihre ist und indem sie eine Person glauben machen, immer nur das Beste für sie zu wollen. Indem sie freundschaftlich und wohl gesonnen daherkommen, ge-lingt es ihnen, Vertrauen zu gewinnen, das nicht angebracht ist. - Ist die Verbindung einmal fest genug, so sind sie durchaus im-stande, auch andere Seiten von sich zu zeigen, die unangenehm sind.

Das Wesen in dem nächtlichen Erleben war ein Hinweis darauf, wie sehr es diesen Wesen bereits gelungen ist, eine unwillkomme-ne Verbindung zu knüpfen.

Wie kann das geschehen?

Indem es immer wieder Mittel und Wege findet, die Aufmerk-samkeit des Betreffenden zu erregen und auf sich zu ziehen. Es verbindet sich, sobald man sich ihm in freundschaftlicher Weise zuwendet. Die Wesen, die sich in dieser Weise zu verbinden trach-ten, gehören nicht zu den freundlichen Elementarwesen, von de-nen auch etliche existieren.

Wie kann man sich gegen die unfreundlichen Wesen zur Wehr setzen?

Man kann sie, indem man sie ignoriert, zumindest auf Abstand halten. Doch sich ganz von ihnen zu lösen wird erst dann gelingen, wenn dieser Teil der Entwicklung bewältigt wurde. Wenn es gelingt, zu ergründen, welche Entwicklungsschritte bisher übersehen wurden. Mehr können wir jetzt im Moment nicht sagen.

Nur soviel: Die Wesen sind nicht daran interessiert, Menschen zum Spielball zu machen, und auch nicht, die Hindernisse aus dem Weg zu räumen. Wesen dieser Art streben danach, sich um jeden Preis mit einem Menschen zu verbinden.

Wo liegt ihr Vorteil dabei?

Sie gewinnen an Stärke und sind die alleinigen Nutznießer. (!)

Können sie einem Menschen ernsthaften Schaden zufügen, z. B. in physiologischer Hinsicht?

Ist es diesen Wesen gelungen, sich festzusetzen, dann können sie im Organismus schalten und walten, wie es ihnen beliebt. Sie sind nämlich imstande, wichtige Schlüsselpositionen im Körper zu besetzen, was ihnen weitreichenden Einfluss gestattet.

Sicher ist es für Menschen in einer derartigen Situation schwierig, sich von dem quälenden Einfluss zu befreien. Daher ist es von großer Bedeutung, gleich zu Beginn eines Kontaktes zu unterscheiden, mit *wem* eine Verbindung besteht und welche Absichten die betreffende Wesenheit verfolgt. Eine gut entwickelte Intuition ist in einem solchen Fall unerlässlich, um die Spreu vom Weizen zu trennen.

Die göttliche Dualität

Demon est Deus Inversus.
(Der Dämon ist ein umgekehrter Gott.)
Helena P. Blavatsky

In der Philosophie des Altertums wurden Gut und Böse als Zwillingsbrüder dargestellt, geboren aus ein- und derselben Quelle der Natur. Dem Drachen der Finsternis wurde der Drache des Lichtes entgegengestellt. Die menschliche Psyche galt bereits früh als Schauplatz des Kampfes geistiger Mächte. Bereits im 2. Jhdt v. Chr. findet sich die Lehre, dass in der menschlichen Seele zwei Engel wohnen: der Engel der Gerechtigkeit und der Engel der Dunkelheit. Anzeichen für das Wirken der Engel in einem Menschen sind dessen Eigenschaften. Entweder ist sein Verhalten geprägt von Langmut, Großzügigkeit und Wohlwollen, oder er wird beherrscht von Jähzorn, Stolz und Geiz.

Der Gott *Shiva* der hinduistischen Mythologie wird als der große Zerstörer und Erneuerer verehrt; ein Sinnbild dafür, dass Gut und Böse in diesem Weltbild nicht zu trennen sind. H.P. Blavatsky erinnert daran, „dass bei jedem Volke mit Ausnahme der christlichen Nationen der Teufel bis zum heutigen Tag kein schlechteres Wesen ist als der entgegengesetzte Aspekt in der doppelten Natur des sogenannten Schöpfers." (In: Die Geheimlehre, S.91) Das teuflisch Böse wurde im Christentum gebraucht als Sündenbock, um eine Erklärung für unübersehbare Grausamkeiten und Ungerechtigkeiten zu finden. Die Vorstellung eines gütigen Vaters im Himmel schloss alle negativen Eigenschaften aus.

Dion Fortune bezieht sich auf die jüdische Kabbala, wenn sie einen lichten und einen dunklen Engel in der menschlichen Seele erwähnt, der sich hinter der rechten bzw. linken Schulter des Menschen befindet. Während die dunkle Seite die Seele in Versuchung führt, schickt die helle ihr inspirierende Ideen. Paola Giovetti erwähnt eine Hellseherin, die bei fast jeder lebenden Person einen Engel an deren rechter

Seite wahrnehmen kann. Bei Geistlichen hingegen tritt eine merkwürdige Besonderheit auf: Der Engel steht an ihrer linken Seite (S.89).

Bei Gerda Johst beherrscht *Luzifer* die Schattenwelt als ordnender Geist. Sein Wesen ist schillernd und unergründlich, voller Schönheit, doch ohne die warme Ausstrahlung der göttlichen Liebe. Er „durchleuchtet erbarmungslos die menschlichen Seelen" (S.242). Von Gott bekam Luzifer die Aufgabe, unbotmäßige menschliche Seelen abzusondern und einer Strafe zu unterziehen. Die Bestrafung soll die Seelen in ihrem Kern verwandeln. Sobald Gott in den Herzen wohnt, wird der luziferische Einfluss vergehen.

Derartige Vorstellungen entsprechen weitgehend der theosophischen Anschauung, die sich grundsätzlich vom christlichen Bild des Satans unterscheidet. Luzifer sei der Sohn Gottes, behaupten die Theosophen; er stehe sogar noch höher als der *Jehova* des Alten Testaments Satan wird nicht als böse, sondern als antagonistisches Prinzip aufgefasst. Auch er ist eine göttliche Manifestation. Die Begriffe Gott und Teufel gehen im Sanskrit auf die gemeinsame Wurzel *deva* und *daeva* zurück. Für Helena P. Blavatsky ist Satan lediglich ein anderer, entgegengesetzter Pol der einen Gottheit. Er entspricht daher nicht ausschließlich dem bösen Prinzip: „Es ist Satan, der der Gott ist unseres Planeten und der Einzige Gott", betont sie (in: Die Geheimlehre, S.89f.).

Den verschiedenen lichtvollen und schrecklichen Gottheiten bzw. Archetypen begegnen auch Menschen, die bewusstseinserweiternde Substanzen einnehmen. Stanislav Grof beschreibt eine psychedelische Sitzung unter LSD-Einfluss, in der eine Begegnung mit *Christ* und *Antichrist* stattfindet: „Ich spürte die Gegenwart einer dämonischen Existenz unmittelbar neben Christus. Es war der Antichrist! Auch er war Teil der kosmischen Reise. Alle Hitler der Welt, alle despotischen Herrscher und Tyrannen waren Manifestationen oder Personifizierungen dieses bösen Prinzips. Mir fiel es schwer zu begreifen, wie dicht Christus und der Antichrist beieinander waren. Es war sehr verwirrend. Wie konnte man wissen, wer der eine war und wer der andere?!... Spirituelle Güte und Bösartigkeit waren einfach nur die beiden Seiten ein- und derselben Münze" (S.163).

Im Gewand eines Versuchers, Lügners und Mörders tritt Satan vor allem in der Bibel auf. Dort ist er bestrebt, die Menschen von Gott zu entfernen. Indem er göttliches Handeln täuschend echt nachahmt, dehnt er seinen Herrschaftsbereich über die gesamte Erde aus; seine Macht wird nur begrenzt durch die Macht Gottes. Sein letztes Ziel ist es, Menschen unter seinen Herrschaftsbereich zu bringen und seinen Einfluss geltend zu machen, um sie von der Erlösung fernzuhalten.

Darüber hinaus existieren nach Auffassung von Theosophen im Reich, das zwischen Gott und Menschen liegt, verschiedene Arten von Genien. Ihr jeweiliger Rang wird durch das Ausmaß an Lichtfülle bestimmt, das einem jeden gewährt ist. Helena P. Blavatsky bezieht sich mit dieser Feststellung auf die Ophiten[4] (S.86). Diese Beschreibung lässt den Schluss zu, die lichtvollen Genien den Engeln zuzuordnen, die lichtarmen Wesen dagegen den Dämonen. Satan wird von Blavatsky bezeichnet als „Widersacher, als die entgegenwirkende Kraft, die zum Gleichgewicht und zur Harmonie der Dinge in der Natur notwendig ist, wie der Schatten notwendig ist, um das Licht noch heller zu machen..." (S.39).

Die friedvollen Gottheiten, die buddhistischen Gläubigen in der meditativen Versenkung erscheinen, haben eine Entsprechung in den zornigen Gottheiten, die Angst und Schrecken verbreiten. Ohne diese Entsprechung könnte es keine Freiheit von der dualistischen Denkweise, von der Vorstellung des ,Gut' und ,Böse' geben. Selbst sanfte, weibliche Göttinnen können zuweilen als *Dakini*, als Gottheit von grimmiger Erscheinungsform, auftreten. Den meisten Gläubigen ist bewusst, dass sich die furchterregende Gestalt der Götter gegen die üblen Neigungen in ihrem Geist richtet und gegen das persönliche Ego, das zerstört werden soll, bevor sie zur Erleuchtung gelangen. Die Schrecken erregenden Gestalten sind nicht nur die Verkörperung

---

[4] Ophiten (Schlangenbrüder): eine gnostische Sekte, in der die Schlange als Urbild des Bösen wie auch als Mittlerin wahrer Erkenntnis verehrt wurde.

von Leidenschaften, Begierden und Täuschungen, sondern ihnen wohnen auch die Kräfte der Verwandlung inne (vgl.: J. Blofeld, S.118f.).

Die Furcht erregenden Gestalten sind mehr als nur um symbolische Erscheinungen. Der Yogi erlebt diese Gestalten als lebendige Realitäten voll feuriger Energie und Bewegung. Es geht nicht darum, lediglich Bilder zu schauen; alles ist Teil einer gewaltigen psychischen Erfahrung, die das Ego zermürben soll: „Die dunklen Anlagen, die in den Bewusstseinstiefen des Adepten auf der Lauer liegen, müssen zuerst ans Licht gebracht, in ihrer Natur erkannt und dann zerstört werden" (S.120). Die üblen Neigungen in der Seele müssen nach Auffassung der Buddhisten bekämpft werden mit Kräften, die ebenso erbarmungslos und unerbittlich sind wie das Ego. Die Beschränkung der Kontemplation auf friedvolle Gestalten wäre ein ungenügendes Hilfsmittel gegen die Gewalt der Leidenschaften.

Gut und Böse werden in der vorchristlichen Denkweise dargestellt als Zwillinge. Ein altes Sprichwort lautet „*Demon est Deus Inversus*". Der Dämon wird als Gegenpol (Umkehrung) des Gottes angesehen. In der Natur ist das Böse eine entgegenwirkende Kraft, die Widerstand, Rückwirkung und Gegensatz bedeutet. Um das Gleichgewicht zu erhalten, verlangt das kosmische Gesetz den Ausgleich der Kräfte. Die gemeinsame Wirkung der beiden gegensätzlichen Kräfte vermag letztendlich Harmonie zu erzeugen.

Bereits in einem alten Text der islamischen Mystik erzählt *Gazzali*, „dass Gott für das Herz des Menschen einen Engel geschaffen hatte, der heißt ‚Eingeber' und sein Anruf ‚Eingebung' (Inspiration). Und er sandte auch einen Teufel, der heißt ‚Einflüsterer' und sein Anruf ‚Einflüsterung'." Der Teufel sitzt am linken Ohr des Herzens und der Engel am rechten; und beide umwerben den Geist des Menschen.

Nach Auffassung des griechischen Heilers Daskalos befinden sich Engel und Dämonen keineswegs in Konflikt miteinander. Lediglich im menschlichen Bewusstsein findet ein Kampf statt, doch in der Natur arbeiten sie zusammen: „…Ich habe betrachtet, dass sie im Unterbewusstsein des einzelnen verschiedene Positionen beziehen, um uns die Bedeutung von Gut und Böse zu erschließen", erläutert Daskalos geheimnisvoll. (In: Kyriacos C. Markides; Der Magus von Strovolos, S.237.)

Das Wort Engel, griech. *ángelos*, bedeutet Bote. Die Funktion der Engel als Mittler zwischen Himmel und Erde ist in vielen religiösen Traditionen anzutreffen. „Engel sind Geister, aber sie sind nicht deswegen Engel, weil sie Geister sind. Sie werden zu Engeln, wenn sie entsandt werden", bemerkte Kirchenvater Augustinus. In vielen Glaubenslehren und Mythen finden sich übernatürliche Wesen, die als Führer und Beschützer auftreten. Sie werden als Zwischenwesen beschrieben, die auf halbem Wege zwischen dem Heiligen und dem Irdischen, zwischen Himmel und Erde, angesiedelt sind. Hier finden sich Halbgötter und Heroen, Naturgeister und dämonische Wesen.

Die Grenze zwischen unsichtbaren, metaphysischen Wesenheiten und Göttern ist in polytheistischen Religionen fließend. Paola Giovetti erwähnt die in Pakistan beheimateten *Nats*, „Geister, die in der Nähe des Menschen – und bisweilen auch in seinem Körper – leben; ihre Zahl ist unendlich und ihre Bedeutung mannigfaltig. Ihre Anwesenheit, die sich nicht selten durch allerlei übernatürliche Ereignisse bemerkbar macht, wirkt sich in der Regel wohltätig aus - zumindest nachdem diese mächtigen Wesenheiten durch entsprechende Riten freundlich gestimmt worden sind. Es fehlt indes auch nicht an bösartigen und feinseligen *Nats*" (S.12f.).

Bei Platon wohnt dem dämonischen Element die Kraft des Übernatürlichen und Unsterblichen inne, wie es im *Gastmahl* heißt. Gott gesellt sich nicht unmittelbar zu den Menschen. Aller Verkehr und alle Zwiegespräche vollziehen sich – im Wachen wie im Schlaf – durch Vermittlung des dämonischen Prinzips. Dämonen gibt es viele und von mancherlei Art. Diese Wesen sind den Menschen näher, als sie ahnen. Im Prolog des Dramas *Der Engel des Kain* von L. Santucci belehrt ein weiß gekleideter Engel die Anwesenden: „Vielleicht könntet ihr unsere Gegenwart nicht ertragen, wenn ihr so an uns dächtet, wie wir wirklich sind, ganz nah bei euch, in jedem Augenblick, in jedem Augenblick!… Ob ihr nun daran denkt oder nicht, wir sind bei euch, ihr Getauften, in der bestimmten und unabänderlichen Weise, die Gott gewollt hat, immer, immer. Ohne eine Ablenkung, ohne eine Ruhepause!" (in: Paola Giovetti, S.10).

Die Wesen der feinstofflichen Ebenen sind bei weitem nicht ausnahmslos Engel oder hochentwickelte Seelen. Unter ihnen befinden sich viele Seelen, die einst auf der Erde inkarniert waren. Sie haben die physikalische Ebene hinter sich gelassen und besitzen daher einen gewissen Vorsprung vor der Menschheit auf der evolutionären Entwicklungsstufe. Daher haben sie keinen Anspruch auf Verehrung oder Unterwürfigkeit; sie sind die älteren Schwestern und Brüder, die sich auf dem gleichen Pfad befinden wie der andere Teil der Menschheit auch. Je mehr sich spirituelle Menschen ihrer Vervollkommnung angenähert haben, desto größer ist ihr Verständnis und desto mehr sind sie bereit, Verantwortung zu übernehmen.

Die Verwirklichung eines Menschen wurde oft in der Gestalt eines Engels dargestellt. Engel symbolisieren jene Eingeweihte, die kraft ihrer hohen Entwicklungsstufe und Reinheit mit dem Schöpfer eins geworden sind und im ewigen Licht leben, aber dennoch weiter unter den Menschen weilen. Ein Dämon ist für Daskalos ein unvollständiger Gott, wobei die Einseitigkeit gewisser Charakterzüge seine Ganzwerdung verhindert hat.

Für Walter E. Butler hingegen sind Engel die Beherrscher der Elemente; leitende Intelligenzen, denen der „Ozean des sich entfaltenden Lebens" untersteht (S.282). In den östlichen Religionen werden sie *Devas* oder die ‚Leuchtenden' genannt. Man betrachtet sie als die waltenden Kräfte hinter allen Naturerscheinungen. „Viele Grade und Erscheinungsformen dieser Wesen sind bekannt. Ihre Rangordnung erstreckt sich von den großen Sonnenengeln bis hinunter durch zahllose Ebenen zu den unendlich vielen Bewusstseinsgraden, die den Zellen physischer Körper innewohnen und sogar noch in den Bereichen jenseits der atomaren Systeme zu finden sind" (S.301). Das Leben auf unserem Planeten stehe unter der Kontrolle dieser Wesen, meint Butler. Das Fühlen und Denken der Menschheit werde bis zu einem gewissen Grade von ihnen beeinflusst. Heilige, die von christlichen Anhängern angerufen werden, waren zumeist während ihres Erdenlebens ein Kanal für bestimmte Aspekte dieser Kräfte.

Die Elementarkräfte werden von Butler als nicht-materiell beschrieben. Die sichtbaren Elemente des physischen Plans sind Ausdruck bzw. Kanal für dahinter liegende geistige Kräfte. Das elementare Leben ist nicht individualisiert; kleine Wellen auf dem Kamm der elementaren Lebenswoge erwecken lediglich den Eindruck, als seien sie individuell und unabhängig. Doch obwohl sie über besondere paranormale Kräfte verfügen, sind es nur maskenhafte Gebilde, die auf der Stufenleiter der Evolution nicht an die Menschen heranreichen, behauptet Butler.

Jeder Versuch, mit diesen Wesen Übereinkünfte oder Verträge abzuschließen und sie zu veranlassen, sich für persönliche Interessen einzusetzen, bringt die Betreffenden zwar in Verbindung mit ihrer Lebenssphäre. Es macht sie aber zu Sklaven, nicht zu ihren Meistern. Kommen Menschen aber als Lichtträger zu den noch unterentwickelten Lebensformen, dann fungieren sie als Kanäle, durch welche die Energieströme der lichtvollen ‚Könige der Elemente', der *Devas*, hindurchfließen können. Ein Meditierender kann nur Mitarbeiter dieser Mächte werden, wenn er in der Meditation emporsteigt zu jener geistigen Ebene, die ihrer Natur und ihrer spirituellen Höhe entspricht. Wenn das persönliche Selbst des Übenden nach und nach abstirbt, wird es eins mit den Beherrschern der Elemente und hat Teil an ihrer Macht. Er will selbst nichts mehr besitzen und wird dadurch alles gewinnen.

Butler steht mit dieser Ansicht in direktem Gegensatz zu Hermann Rudolph, der vor der Aufgabe der menschlichen Individualität warnt. Der Theosoph Rudolph macht keinen Hehl aus seiner Überzeugung, dass unsichtbare Wesen höherer Seinsebenen existieren und einen Einfluss auf die Menschen ausüben. Die Anbetung von Göttern, auch *Devas* genannt, ist in der monotheistischen abendländischen Religion untersagt. Dies hat einen guten Grund, denn die Anbetung der *Devas* hat schädliche Auswirkungen. Mediale Menschen verlieren ihre Individualität *„und damit die Möglichkeit, die Vereinigung mit Gott* *und Unsterblichkeit zu erlangen, indem die Devas (Götter) von dem Tugendkörper (Kausalleib) des Mediums Besitz ergreifen"* (in: Gefahren des Okkultismus, S.16.f.).

Der *Kausalkörper* wird von Annie Besant mit dem Überbewusstsein gleichgesetzt. Dieses Bewusstsein ist oberhalb der Mentalebene angesiedelt; einem Bereich, aus dem nur selten eine Kunde in die Menschenwelt dringt. Geniale Menschen haben manchmal Zugang zu den inspirierenden Bereichen des höheren Bewusstseins. Der Kausalkörper ist für A. Besant „die dauernde Schatzkammer, worin alle Erinnerungen aufbewahrt bleiben" (S.119). Durch bestimmte Übungen, die einen spirituellen Fortschritt in Gang setzen, sind einige Menschen in der Lage, bewusst im Kausalkörper zu verweilen.

Lernende auf dem geistigen Pfad, die einseitig nach Wissen und Macht streben, erkennen häufig die Natur der Devas nicht, sondern halten diese unter Umständen für *Meister der Weisheit*. Schon mancher ist den Devas verfallen, die, wenn sie verehrt werden, ihr erweitertes Wissen und ihre Macht den Anhängern mitteilen. Den Devas wird sogar die geistige Leitung über religiöse Bewegungen übertragen, ohne dass sie in ihrem wahren Wesen erkannt werden.

Übersinnliche Erscheinungen können eine Quelle der Täuschung sein. Viele Medien geben ihre Macht ab an Wesen, die sie nicht kennen und deren Unterscheidungsmerkmal zu Menschen lediglich ihre Unsichtbarkeit ist. Rudolf Steiner erläutert: „Es kann der Seele in der übersinnlichen Welt ein Wesen entgegentreten, dass mit Recht als böse bezeichnet werden muss, und welches doch in einem solchen Bilde sich offenbart, welches man ‚schön' nennt, wenn man die Vorstellung eines ‚Schönen' anwendet... In einem solchen Falle wird man erst richtig schauen, wenn man bis zum Innengrunde des Wesens durchdringt. Dann wird man erleben, wie die ‚schöne' Offenbarung eine Maske ist, die nicht dem Wesen entspricht; und man wird dann das, was man nach Vorstellungen aus dem Sinnensein als ‚schön' empfinden wollte, mit besonderer Stärke als Hässlichkeit ansprechen. Und in dem Augenblicke, wo dies gelingt, ist das ‚böse' Wesen auch nicht mehr imstande, die ‚Schönheit' vorzutäuschen. Es muss sich für einen solchen Beschauer in seiner wahren Gestalt enthüllen, die ein unvollkommener Ausdruck dessen nur sein kann, was es im Innern ist" (zitiert in: Flensburger Hefte. Hellsehen, S.121f.).

Jan van Helsing nennt in seinen medialen Texten die Dämonen *Schmerzengel der dunklen Macht*, da sie sich von schmerzlichen Empfindungen, von Trauer und Leid nähren. Der dunklen Seite ist daher daran gelegen, das Angst- und Leidpotential unter den Menschen zu erhöhen. (Vgl.: Wer hat Angst vor'm schwarzen Mann? S.142.) Das dunkle Reich, das *Schattenreich*, ist eine Frequenz niederen Ursprungs und weit entfernt von lichtvollen Energien. Aufgabe dieser Macht ist es, den dunklen Teil im Menschen zu beleuchten. „Ein jeder trägt diese Kraft, das Dunkle, in sich. So ist Luzifer oft ein Spiegel der Seele im Sein, die Fratze des Dämons. Die Fratzen der Dämonen spiegeln oft das innere Bild." Und: „Luzifer ist nicht in Gestalt eines Teufels zu sehen, sondern im Gefühlsbereich – Gefühle, weit entfernt vom göttlichen Sein. Deswegen ist es wichtig, das Licht in sich zu entzünden und die Luziferkraft zu verbannen, was bedeutet, sie ins Licht zu tauchen" (S.147).

Das Dämonische ist dem Schatten zugehörig. Es ist nicht lichtvoll, sondern unterentwickelt. Es leuchtet nicht so hell wie das Göttliche und ist daher noch in der Entwicklung begriffen. Dennoch ist es nicht als das böse Prinzip anzusehen. Diejenigen, die mit der dunklen Macht verkehren, sind noch nicht frei von Wünschen. Sie erwarten sich einen Vorteil davon. Die Aufgabe des Dämons ist es nun, die Betreffenden solange zu quälen, bis sie endlich aufwachen und sich dem Licht zuwenden. Die Begegnung mit dem Dämon, so interessant sie sich bisweilen gestaltet, ist auf längere Sicht gesehen zerstörerisch, da sie die Lebenskraft aufsaugt (S.202).

Dämonen kann man auch als ‚Prüfungsengel' bezeichnen, da diese Wesen den Menschen prüfen, ob er ausreichende Stärke besitzt und genügend Licht in sich trägt. Von einer höheren Warte aus gesehen dient auch das Dämonische dem Licht: „Steht der Mensch nur im Licht, so wird er verbrennen, da seine Körperstruktur das Licht nicht ertragen kann. Deshalb benötigt er den Schatten… das Dämonische wird gebraucht, da es dem Schatten entspricht. Da sich beides reibt, entsteht Energie, durch die es zu einem Knall kommt und somit auch zu einer Entwicklung. Letzten Endes wird beides vereint sein" erläutert van Helsing, der Mitteilungen von einem medialen Ratgeber empfängt.

„Außer den Naturkräften, die uns umgeben,… gibt es grundsätzlich zwei Kräfte an unserer Seite: einen Engel und einen Dämon" erklärt Paolo Coelho (S.58f.). Der Engel oder Schutzgeist steht einem Individuum in schwierigen Situationen zur Seite. Der Dämon ist ebenfalls als Engel anzusehen, doch er hat einen rebellischen Geist. Coelho nennt ihn einen Boten, denn er ist der Mittler zwischen Mensch und Welt. „Sein Wirken beschränkt sich nun auf die materielle Ebene. Wenn wir ihn vertreiben, verlieren wir all das Gute, das er uns zu lehren hat, denn er kennt die Welt und die Menschen. Aber wenn wir uns von seiner Macht faszinieren lassen, beherrscht er uns und macht uns eine Auseinandersetzung unmöglich.

Die beste Art, mit unserem Boten umzugehen, ist, ihn als Freund zu akzeptieren. Seine Ratschläge anzuhören und, wenn nötig, um seine Hilfestellung zu bitten. *Aber wir dürfen ihm niemals die Führung überlassen.*" Die Kommunikation mit dem Boten kann sehr produktiv sein, wenn es dem Schüler gelingt, mit ihm seine Probleme zu erörtern und dabei zu unterscheiden, was tatsächlich hilfreich und was eine Falle ist. „Halte dein Schwert immer bereit, wenn du mit ihm sprichst", diesen Rat erhält Coelho von seinem spirituellen Führer. Hilfestellung kann der Bote nur dann geben, wenn der betreffende Mensch sich darüber im Klaren ist, was er letztendlich erreichen will.

In kosmischen Dimensionen trägt das Dämonische andere Namen als diejenigen, die negativ besetzt sind. „Wer sagt denn, dass der Schatten schädlicher ist als das Licht?" fragt Jan van Helsing. „Sicher benötigt ihr das Licht der Blüte wegen, doch die Nacht ist der Erholung wegen, damit sich das Licht befreit, damit sich das Licht erholt" (S.189). Das Wissen um die dunkle Macht ist wesentlich, um zu erkennen, dass Schatten existieren. Die meisten Jünger, die sich auf den Lichtpfad begeben, begegnen unterwegs der dunklen Kraft. „Es ist Teil des menschlichen Entwicklungsweges, diese Kraft mindestens einmal direkt konfrontiert zu haben, sie zu erkennen, sie zu spüren und nicht zu fürchten" (S.195).

Im Geist eines Menschen können engelhaft anmutende Gestalten entstehen. Die Liebe für eine bestimmte Person umgibt diese wie eine schützende Hülle, die dazu dienen kann, niedere Geistenergien fernzuhalten. Gedanken können sich, wenn sie lange genug in eine Richtung gelenkt werden, zu individuellen Wesenheiten und Geistern verdichten, welche die astrale Welt bevölkern und ständig auf ihren Urheber zurück wirken. Jeder Mensch ist von vielen Wesenheiten umgeben, auch *Elementale* genannt; – der eine von Engeln, der andere von Dämonen, – die ihren Erzeuger beständig, ihrer Natur entsprechend, beeinflussen. Die Unwissenden leben in der Einbildung, völlig frei zu sein, und geraten doch in Wahrheit in eine Abhängigkeit von ihrer niederen Natur, die sie beherrscht und leitet.

Eine aufgeklärte Sichtweise sieht den Dämon in einem neuen Licht: Er repräsentiert weder einseitig das Gute noch das abgrundtief Böse. Dämonen sind Hüter von Geheimnissen, die sie unter Umständen den Menschen zugänglich machen. Sie besitzen Macht über materielle Belange und können daher in dieser Hinsicht wertvolle Hilfestellung leisten. Es sind gefallene Engel, die immer zu Bündnissen bereit sind. Ein *Bote* ist dazu da, Menschen auf die Probe zu stellen; ihren Willen, ihre Geschicklichkeit und ihren Einsatz zu prüfen. Fast könnte man sagen, er ist ihnen letzten Endes dabei behilflich, sich weiter zu entwickeln und zu vervollkommnen.

Bei Jan van Helsing erfährt man: „*Das Leben ist derart fein gesponnen, dass die Dunkelheit vom Licht nicht zu trennen ist – es ist eine Einheit*" (S.197). Dabei gilt der Grundsatz:

Der Dämon und Gott sind in allen.

Geistige Helfer

Nichts ist, wie es scheint. Stelle alles in Frage.

Als Geisthelfer wird eine Wesenheit angesehen, die dabei hilft, einen Jünger auf den Weg der spirituellen Schulung vorzubereiten. Die Schranke zum Unbewussten wird bei medialen Menschen zunehmend durchlässiger. Die Inhalte der unterbewussten Psyche drängen deutlicher in das Tagesbewusstsein, was einerseits die Kommunikation intensiviert, doch auch die in der Psyche angelegten Probleme sichtbar werden lässt. Unverarbeitete seelische Schwierigkeiten bilden ein bedeutendes Hindernis auf dem spirituellen Pfad.

Der Geisthelfer wird häufig als Teil des Unterbewusstseins wahrgenommen, tritt aber ungleich deutlicher in Erscheinung. Er macht sich über plötzliche Eingebungen, intuitive Wahrnehmungen oder Gefühlsaufwallungen bemerkbar.

Ob es möglich sei, so tief in die eigene Psyche hinab zu steigen, um jenem ‚Meister und Ratgeber' zu begegnen und dessen Hinweise und Belehrungen in das Licht des Bewusstseins zu heben? fragt Paola Giovetti (S.140). In diesem Zusammenhang erwähnt sie C.G. Jung. Dieser traf bei der introspektiven Beobachtung der eigenen Psyche einen Geistfreund, den er *Philemon* nannte. Seine inneren Erfahrungen, die in Bildern, Phantasien und Träumen aus der unbewussten Psyche aufstiegen, hielt er in seinem *Roten Buch* fest, das er mit kunstfertig gestalteten Bildern kolorierte. Seinen Geistfreund Philemon zeichnete er als weisen Alten mit riesigen Flügeln und Heiligenschein. Dieser Geistfreund in seinem Innern veranlasste Jung, nach eigener Aussage, zu seiner berühmten Theorie des kollektiven Unbewussten.

Auch in *Traum und Traumdeutung* wird diese kreative Phase Jungs erwähnt: „Auf der Suche unterstützte ihn zeitweise eine Phantasiegestalt namens *Philemon*, die ihm als Führer und Gesprächspartner diente" (S.70). Dieses geflügelte Wesen gewann mit der Zeit immer mehr an Konturen und Konsistenz. Für Jung wurde Philemon zu einem echten Gesprächspartner, der ihm tiefgehende Erkenntnisse vermittelte, die er auf anderem Wege wohl kaum gewonnen hätte. „*Philemon* und andere Phantasiegestalten brachten mir die entscheidende Erkenntnis, dass es Dinge in der Seele gibt, die nicht ich mache, sondern die sich selber machen und ihr eigenes Leben haben. *Philemon stellte eine Kraft dar, die ich nicht war.* Ich führte Phantasiegespräche mit ihm, und er sprach Dinge aus, die ich nicht bewusst gedacht hatte. Ich nahm genau wahr, dass er es war, der redete, und nicht ich. Er erklärte mir, dass ich mit den Gedanken so umginge, als hätte ich sie selbst erzeugt, während sie nach seiner Ansicht ein eigenes Leben besäßen wie Tiere im Walde, oder Menschen in einem Zimmer, oder wie Vögel in der Luft", schreibt C.G. Jung (in: Erinnerungen, Träume, Gedanken).

Jung erkannte Philemons Anderssein und kam zu der Überzeugung, mit jemandem in Kontakt zu stehen, der über einen eigenständigen Charakter und eine autonome Weisheit verfügte: „*Psychologisch stellte Philemon eine überlegene Einsicht dar. Er war für mich eine geheimnisvolle Figur. Zuzeiten kam er mir fast wie psychisch real vor. Ich ging mit ihm im Garten auf und ab, und er war mir das, was die Inder als Guru bezeichnen.*"

Philemon war demzufolge keineswegs ein Produkt der eigenen Phantasie, sondern er erlangte eine Bedeutung über die individuelle Psyche hinaus. Der weise Alte trat Jung objektiv gegenüber und machte ihn auf Dinge aufmerksam, die ihm zuvor nicht bewusst waren und die eine Bereicherung seiner Kenntnisse darstellten. Er wies Jung auf die psychische Objektivität, auf die Wirklichkeit der Seele, hin und verdeutlichte den Unterschied zwischen seinem Ich und einem gedanklichen Objekt. Jung erfuhr dabei auch Dinge über sich selbst, die eine tiefenpsychologische und manchmal schmerzliche Verarbeitung erforderten.

Den Ausführungen des Psychoanalytikers Jung als einem wissenschaftlich geschulten Geist kommt ein besonderer Stellenwert zu. Er war fähig, Phantasie und Wirklichkeit streng voneinander zu trennen und kannte aufgrund seiner psychoanalytischen Ausbildung die eigene Psyche gut genug, um die Objektivität einer fremden Einflussnahme feststellen und beurteilen zu können. Daher sind seine Äußerungen besonders wertvoll im Zusammenhang mit der Authentizität von Erfahrungen, die von der allgemeinen Auffassung der Seele abweichen.

Bei näherer Betrachtung ähnelt die Verbindung eines geistigen Helfers mit einem medialen Menschen der einer psychoanalytischen Beziehung: Wie der innewohnende Geist ist auch der Analytiker, der hinter dem Klienten sitzt, für diesen während der Behandlung unsichtbar. Daher wirkt er als neutraler Spiegel, auf den der Klient die Inhalte seines Unterbewusstseins projiziert. Eine liegende, entspannte Haltung hilft dem Klienten, möglichst unverstellt die Inhalte und Eigenschaften seines Unterbewusstseins bis in die feinsten Verästelungen sichtbar werden zu lassen.

Auch ein Geistführer bzw. geistiger Helfer ist fähig, jede noch so kleine Regung im spirituellen Jünger wahrzunehmen. Dabei kann er sogar effektiver sein als ein Therapeut, da ihm das Unterbewusstsein nicht verschlossen ist. Er reagiert auf die Regungen sowohl des Wachbewusstseins als auch des Unterbewusstseins, so dass sich eine lebendige Wechselbeziehung ergibt, auch wenn diese von dem Betreffenden nicht immer in aller Deutlichkeit erkannt wird.

Penny McLean berichtet ebenfalls über Geisthelfer und ihre Beziehung zu medialen Menschen. Um das höhere Selbst erreichen zu können, ist die Hilfe von Mittlern notwendig. Diese werden *Geisthelfer* oder *Schutzgeister* genannt. Sie machen sich bemerkbar als Stimmen im Kopf des Mediums. Penny McLean lernt mit der Zeit, die Stimmen zu unterscheiden. Der Geisthelfer erklärt ihr, er verfüge über vielfältigere Erfahrungen und einen besseren Überblick als die Menschen. Er stellt seine Verbindung mit einem Menschen als ‚Teamwork' dar; keineswegs wünsche er, als Heiliger aufzutreten und angebetet zu werden. Geisthelfer ähneln den Menschen in vielerlei Hinsicht, denn in der Vergangenheit haben sie den gleichen Weg zurückgelegt wie sie. Ihr Reifegrad entspricht in etwa dem des Schützlings, den sie begleiten. In ihren Entscheidungen sind sie abhängig von Geistwesen, die ihnen übergeordnet sind. (Vgl.: Zeugnisse von Schutzgeistern, S.99f.)

Steht ein Mensch den Hilfestellungen der Schutzgeister bzw. Geisthelfer ablehnend gegenüber, kann es geschehen, dass sich diese entfernen und der Betreffende unter den Einfluss niederer Geistwesen gerät, die darauf aus sind, allmählich die Oberhand zu gewinnen. Ein wichtiges Ziel der spirituellen Schulung besteht deshalb darin, den Kontakt zu den Geisthelfern zu verbessern. Im Normalfall dringen die Eingebungen des Unterbewusstseins eher verschwommen in die bewusste Wahrnehmung. Geistesschüler lernen nach und nach, die innere Stimme immer besser zu verstehen. Der Kontakt soll ihnen helfen, frei zu werden von Irrtümern und übertriebenen Reaktionen, denen Menschen normalerweise immer wieder unterliegen.

Der geistige Helfer hat somit, ähnlich wie der Psychoanalytiker, die Rolle eines Spiegels, der dem Probanden seine Vorzüge, aber auch seine Fehler deutlich vor Augen führt. Hat der Übende das begriffen, sind ihm im günstigen Fall die Mittel an die Hand gegeben, die Hindernisse, die seinen Weg verstellen, zu bewältigen. Mit einem Individuum, das sich für den geistigen Weg öffnet, wird nicht ein einzelner Helfer, sondern ein Kreis von Geistlehrern einen Kontakt herstellen.

Eine mediale Botschaft aus der geistigen Welt hierzu lautet:

Die vorübergehende Verbindung mit einem Geisthelfer ist für die spirituelle Schulung in manchen Fällen unerlässlich, auch wenn sie lästig ist. Sie tritt an die Stelle eines äußeren Lehrers und bewahrt die Probanden vor Fallstricken. Sie könnten ohne sie nicht bestehen. Diese Form der Unterrichtung wird gewählt, damit jemand auch ohne sichtbaren Lehrer Unterweisung erfahren kann. Das Ziel ist die Stärkung der Persönlichkeit. Je besser der Kontakt ist, desto schneller ist dieser Teil der Unterweisung beendet. Dann ist der spirituelle Sucher frei, die weitere Richtung zu bestimmen. Kannst er sich nicht entscheiden, wird ihm dabei Hilfe zuteil.

Die Geisthelfer sind Übersetzer und Vermittler der Einflussnahme und Botschaften aus der geistigen Welt. Sie können einen Probanden weitgehend abschirmen, aber auch mehr Offenheit erlauben, seinem Entwicklungsstand entsprechend. Geisthelfer haben die Gabe, aus den Augen des Betreffenden zu sehen, (!) was in Zeiten, wenn er in Gefahr gerät, von großem Nutzen für ihn sein kann. Sie könnten bspw. gezielt Energien gegen potentielle Angreifer richten. (?) Sie können dem Betreffenden präzise Warnungen zukommen lassen, falls sich in seinem Umfeld eine Gefahrenquelle befindet.

Viele empfinden die Anwesenheit der ‚Helfer' als lästig... Es gibt sicher auch Bedenken gegen die Vorstellung, dass ein fremdes Geistwesen durch die Augen eines mit ihm verbundenen Menschen sieht.

Die Anwesenheit eines fremden Geistwesens in einem Organismus soll die Probanden den Wert der Unabhängigkeit erkennen lassen. Die Neigung, in psychische Abhängigkeit zu geraten, hindert sie auf ihrem Weg. Nur wenn sie den Wert völliger Unabhängigkeit ermessen können, sind sie frei, ihren eigenen Weg zu wählen. Auch das Wahrnehmungsvermögen verbessert sich gründlich. Am Ende des Weges werden sie den Wert einer solchen Vorgehensweise erkennen.

Jedwede Handlung kann mit dem Hinweis auf zukünftige nutzbringende Wirkungen legitimiert werden, auch wenn sie gegenwärtig als äußerst zweifelhaft erscheint.

Ein Schüler kann die Verantwortung für seine Denkweisen und Haltungen nicht an die Geistlehrer abgeben. Ihre Bemühungen zielen darauf, ihm die Denkweisen vor Augen zu führen, die ihn an einer Weiterentwicklung hindern. Sobald der Zweck erfüllt ist, lassen sie davon ab.

Als erstes sollte er lernen, nicht zu reagieren auf sogen. ,negative Energien'. Die Geistwesen erscheinen nur deshalb als unangenehm, weil die eigenen negativen Emotionen auf sie projiziert werden, die bei ihnen entsprechende Gegenreaktionen hervorrufen. Jeder sollte sich vor irrigen Annahmen hüten. Sie könnten sich sonst bewahrheiten aufgrund der Tatsache, dass er daran glaubt.

Hier stellt sich die Frage, wie groß die Gefahr der Fremdbestimmung durch ein Geistwesen ist. Die Beziehung basiert auf einer Wechselwirkung zwischen Schüler und Helfer. Doch was geschieht, wenn der Lernende dem Geisthelfer die Führung überlässt? Falls ein Übender ein ausgeprägtes Autoritätsdenken mitbringt, wird er dementsprechende Erfahrungen machen und tyrannische Verhaltensweisen bei den geistigen ,Helfern' antreffen. Dann kann es sehr schwierig sein, aus dem selbst geschaffenen Teufelskreis hinauszugelangen.

Von manchen Geisthelfern gehen immer wieder Provokationen aus, auf die der Übende seinem Temperament entsprechend reagiert. So kann es zu einer jahrelang andauernden Auseinandersetzung kommen, falls es dem Übenden nicht gelingt, eine angemessene Distanz herzustellen. Das angestrebte Ziel besteht letzten Endes darin, beim Jünger Gleichmut zu erzeugen und in jeder erdenklichen Situation die Selbstbeherrschung zu wahren. Dies wird wohl kaum in jedem Fall erreicht. Starke Gefühle auf ein Mindestmaß zu reduzieren, ist sicher nicht jedermanns Sache.

Geistlehrer haben die Funktion eines *Wächters am Tor*, der den Zugang verwehrt, wenn ein Entwicklungsschritt nicht vollzogen wurde. Im günstigen Fall gelingt es dem Pobanden, sich mit der Zeit freizumachen von jeder Abhängigkeit und seine Zielsetzungen selbst zu bestimmen. Das Ziel einer spirituellen Entwicklung ist letztendlich Unabhängigkeit auf einem Niveau, das im normalen Leben kaum zu erreichen ist.

Um ein hohes geistiges Niveau zu erreichen, ist die konsequente Durchführung von Übungen erforderlich. Eine Ausrichtung der Gedanken auf höhere Geistebenen hilft dabei, die Schwingung anzuheben.

Eine weitere Frage an die geistige Welt lautet:

In der esoterischen Literatur ist manchmal von einem ‚Edelreis' die Rede, das unentwickelten Geistern ‚aufgepfropft' wird. Was ist damit gemeint?

Menschen mit sehr niedrigem Schwingungsniveau erhalten so die Möglichkeit einer spirituellen Höherentwicklung, falls sie dies wünschen. Die Modalitäten sind ihnen bekannt, ihre Zustimmung wurde eingeholt.

Verharrt ein Proband in einer ablehnenden Haltung, dann unterscheidet er nicht genügend zwischen Energien mit niedriger Schwingung, die ihn benutzen, und Geisthelfern, die ihm durchweg günstig gesonnen sind. Diese mangelnde Unterscheidungsfähigkeit resultiert aus einer Verstrickung mit der materiellen Ebene. Geisthelfer sind durchaus in der Lage, ohne einen Menschen zu existieren; sie können ein Licht sein auf dem Weg. Doch es liegt an jedem selbst, das Licht zu erkennen, das auch in dunklen Nächten immer bereitgehalten wird.

Geisthelfer unterscheiden sich in erster Linie in der Schwingungsfrequenz von den niedrigen Energien, was verhältnismäßig leicht zu erkennen ist. Der Kontakt mit Geisthelfern ist angenehm; man fühlt sich auch hinterher noch wohl dabei. Sie haben das Bestreben, Menschen dem Licht näher zu bringen, entgegen der niederziehenden Gewalt der negativ wirkenden Kräfte. Wenn ihnen Vertrauen entgegengebracht wird, können sie einen Bedrängten aus der Umklammerung befreien. Lediglich eine ablehnende Haltung hindert sie daran, den Betreffenden entgegen zu kommen.

Wie kann der Kontakt mit den negativ wirkenden Kräften verhindert werden?

In einer geistigen Entwicklung sind immer unterschiedliche Kräfte bzw. Mächte ‚am Start' die - abhängig von der Schwingungshöhe des Individuums - einen Einfluss ausüben. Dieser führt dann zu unheilvollen Konsequenzen, wenn die negativen Strömungen über einen längeren Zeitraum andauern. Hier gilt: Je intensiver die negative Schwingung, desto unheilvoller wird der Einfluss seitens der geistigen Welt.

Viele befinden sich - bildlich gesehen - auf einer Schaukel, welche sich vom Zustand des Ausbalanciertseins nach oben oder nach unten neigt. Sie befinden sich im Mittelpunkt gewaltiger Kräfte, die sie in die eine und zugleich in die andere Richtung ziehen. Werden sie dieser Aufgabe, die Balance zu halten, nicht gerecht, tut sich ein Abgrund auf. Wird der Abgrund immer größer, droht er sie zu verschlingen.

Das Bewusstseinsfeld verdunkelt sich immer mehr und wird zu einer Gefahr für die betreffende Person und für andere. Die Verdunklung wird aufgehalten, wenn es ihr gelingt, genügend Lichtströme zu absorbieren. Nur die Einseitigkeit führt ins Verhängnis. Dunkle Mächte ergreifen von einer Person Besitz, wenn sie zulässt, dass düstere Stimmungen ihr Bewusstsein dominieren.

Das individuelle Bewusstseinsfeld entscheidet, wie der Kontakt zu den Geistebenen beschaffen ist. Bereits diese Vorstellung kann helfen, die Stimmung aufzuhellen und damit den Schwingungsgrad zu erhöhen, um dunklen Energien keinen Angriffspunkt zu bieten.

Verbündete der Schamanen

Nur ein Narr hat keine Angst.

Schamanen unterhalten konkrete, unmittelbare Beziehungen zu der Welt der Götter und Geister. Weibliche und männliche Schamanen bewegen sich in einem klar umrissenen Kosmos. Sie erleben die Gottheiten und Geistwesen, denen sie einen hohen Stellenwert beimessen, als existenzielle Wirklichkeit. Sie begegnen ihnen von Angesicht zu Angesicht, kommunizieren mit ihnen, tragen ihnen ihre Anliegen vor und betrachten diese Wesen als Verbündete (vgl.: Nevill Drury, S.157).

Im Trancezustand begeben sich Schamanen auf magische Reisen, in denen Geistführer oder Hilfsgeister in menschlicher und tierischer Gestalt in Erscheinung treten. Unterschieden werden Schutzgeister (Vertraute) und Geisthelfer, die allerdings eine ähnliche Rolle spielen. Nevill Drury erwähnt einen Eskimo-Schamanen, der von sich behauptete, sieben Hilfsgeister an seiner Seite zu haben. Er beschrieb sie als: einen Fisch, einen Drachenkopf, einen großen Schwertwal, einen schwarzen Hund ohne Ohren sowie die Geister dreier Verstorbener (S.46).

Schamanische Heiler reisen in die Welt der Bilder und Gedanken, die man auch *Die andere Wirklichkeit* nennt. Vor dem Beginn einer Reise, die sie über die Schwelle führen soll, gilt es, sich vorzubereiten und zu wappnen Peter Orban weist darauf hin, wie wichtig die Kenntnis der geistigen Helfer, der Beschützer bzw. Verbündeten, ist. Verbündete können neben realen Menschen auch geistige Helfer, Tiere, magische Pilze oder Adlerfedern sein. Eine der Aufgaben von Verbündeten besteht darin, auf Gefahrensituationen zu achten und Hilfe zu bringen. Manche Hilfsgeister bilden Schilde, die ihre Schützlinge vor Angriffen bewahren. Sie können mittels Ideen, Phantasien, Eingebungen oder bildhaften Eindrücken in schwierigen

Situationen Einfluss nehmen und können damit eine unschätzbare Hilfe sein.

Die Hilfsgeister der Schamanen haben allerdings zwei Gesichter. Es sind diejenigen Kräfte, die einerseits Heilung bringen, auf der anderen Seite aber auch Krankheiten hervorrufen können. Normalerweise sind diese Kräfte nicht sichtbar. In einem veränderten Bewusstseinszustand können sie allerdings von Schamanen wahrgenommen werden. Die Geister dringen in den Körper der Schamanen ein; je größer ihre Anzahl ist, desto umfangreicher und vielfältiger werden dessen Fähigkeiten sein. In der *nichtalltäglichen Wirklichkeit* erscheinen diese Hilfsgeister in ihren verborgenen Formen; z.B. als Riesenschmetterling, als Jaguar, Schlange, Vogel, Affe etc.

Grundlage des Schamanismus ist die Verbundenheit zwischen Mensch und Tierwelt. Häufig wird der Schutzgeist als Tier gesehen, das als *Krafttier* seines Schützlings eine bleibende Rolle spielt. „Durch seinen Schutzgeist oder sein Krafttier wird der Schamane mit der Kraft der Tierwelt verbunden, der Säugetiere, Vögel, Fische und anderer Lebewesen", bemerkt der amerikanische Anthropologe Michael Harner, der aufgrund persönlicher Erfahrungen mit schamanistischen Ritualen vertraut ist (S.92f.).

Auch in menschlicher Gestalt kann der Schutzgeist erscheinen. Schamanen sind der Überzeugung, sich selbst unter Umständen in die Gestalt ihres Schutzgeistes verwandeln zu können. Bei Carlos Castaneda findet sich ein Bericht, in dem sein Lehrer, der mexikanische Yaqui-Zauberer Don Juan, ihm die Verwandlung in eine Krähe demonstriert. Unter Mitwirkung halluzinogener Pflanzen wird ihm die nicht-alltägliche Erfahrung zuteil, wie Federn aus seinen Armen wachsen und zu Flügeln werden, bis er sich vollends in einen Vogel verwandelt und in die Lüfte erhebt. (Vgl.: Die Lehren des Don Juan, S.134f.)

Bei Michael Harner findet sich die Ergänzung: „Die Einnahme einer halluzinogenen Droge ist jedoch keineswegs notwendig, damit ein Mensch die Verwandlung in einen Vogel oder ein anderes Tier erfährt. Tanz, begleitet durch Trommeln, ist die viel gebräuchlichere

Methode, die von den Schamanen des größten Teiles der Naturvölker angewandt wird, um einen schamanischen Bewusstseinszustand zu erreichen, der für diese Erfahrung genügt" (S.95). Der schamanische Tanz dient dazu, sich in einen anderen Bewusstseinszustand zu versetzen und die Geister zu beschwören.

Die Tänze, die zu veränderten Bewusstseinszuständen führen, können allerdings unabsehbare Folgen zeitigen. Im Fall einer jungen Frau verselbständigten sich die Bewegungsabläufe regelmäßig, sobald sie zu tanzen begann. Sie verlor die Kontrolle über ihre motorischen Fähigkeiten, obgleich sie sich weiterhin geordnet im Takt der Musik bewegte. Irritiert über die automatisch ablaufenden Bewegungsmuster versuchte sie, einen Weg zu finden, diese zu unterbinden. Leider war ihr das nicht möglich. Womöglich litt sie unter einem Relikt aus der Vergangenheit, in welcher das Tanzen sie in andere Bewusstseinszustände führte, die sich gänzlich ihrer Kontrolle entzogen.

Die Krafttiere der Schamanen sind nicht Ausdruck eines individuellen Tieres, sondern „Ausdruck des Geistes dieser Spezies", erläutert Kenneth Meadows (S.125). Die Verbündeten aus dem Tierreich helfen Schamanen, mit Schwierigkeiten und Gefahren fertig zu werden. Das Krafttier fungiert als Mittler, glaubt Meadows: „Bei der schamanischen Arbeit wird nicht die eigene Kraft eingesetzt. Das wäre sehr erschöpfend und unter bestimmten Umständen sogar gefährlich. Es wird immer die Kraft einer unerschöpflichen Quelle eingesetzt, und dabei spielt das Kraft-Tier eine Rolle" (S.125). Der Organismus von Schamanen dient dazu, eine externe Kraft in der Materie zu verankern, die sich ohne diese Mitwirkung nicht zeigen könnte. Obwohl Krafttiere in der nicht-alltäglichen Wirklichkeit existieren, machen sich die Auswirkungen ihrer Existenz auch im Alltagsleben der Schamanen bemerkbar.

Die Helfer aus dem Tierreich kommunizieren über bildhafte Eindrücke, telepathische Übermittlung von Ideen und inneres Hören. Die Hilfsgeister können auch eine Phantasiegestalt annehmen, indem sie bspw. als Baum, Zwerg, Felsen oder Edelstein erscheinen. „Ein

Krafttier kann also als ‚imaginäres' Wesen betrachtet werden, ist aber trotzdem ‚real' und eine Quelle nützlicher Kraft", bemerkt Meadows, denn es ist Ausdruck einer ungreifbaren, einer spirituellen Energie. „Ein Krafttier ist ein Energiemuster, das seine ihm eigenen charakteristischen Fähigkeiten zur Verfügung stellt", eine lebendige Kraft in archetypischer Form. In Kontakt mit ihm wird die Verbindung mit einer Kraft übertragenden speziellen Quelle hergestellt. Das Krafttier ist keine außenstehende Wesenheit, sondern eine mit Energie aufgeladene Verbindung mit einem Geist-Energiemuster: „Es ist nicht etwas, das von Ihnen Besitz ergreift. Vielmehr ist es etwas, das Sie besitzen!" erläutert der Autor (S.151f.).

Die Tier-Mensch-Dualität des Schutzgeistes ist weit verbreitet in der indianischen Mythologie. Michael Harner rät dazu, den tierischen Helfer in Gedanken einzuladen: „Das Schutztier, das im Geist eines Menschen wohnt, möchte das Vergnügen haben, noch einmal in materieller Form zu existieren. Das ist ein guter Tausch; denn der Mensch erhält dafür die Kraft der ganzen Art oder Gattung der Tiere, die durch diesen Schutzgeist vertreten werden. So wie ein Mensch sich wünschen könnte, nichtalltägliche Wirklichkeit zu erfahren, indem er ein Schamane wird, so kann ein Schutzgeist sich wünschen, normale Wirklichkeit zu erfahren, indem er in den Körper eines lebenden Menschen eintritt" (S.104). Schutzgeister werden demzufolge nicht allein von altruistischen Absichten beseelt, wie gerne angenommen wird, sondern sie verfolgen durchaus eigennützige Interessen, die sie zu ihrem Vorteil zu nutzen wissen. Denjenigen, die mit ihnen in Verbindung stehen, sind diese Interessen in der Regel nicht ohne weiteres einsichtig.

Bei Carlos Castaneda wird zudem ein merkwürdiges Wesen erwähnt; ein alter Zauberer aus vergangenen Zeiten, dem es gelungen ist, ‚dem Tode zu trotzen' und die Jahrhunderte zu überdauern. (Vgl.: Das Feuer von innen, S.244f.) Dieses Wesen erhielt den Spitznamen *Der Untermieter* bzw. *Der Mieter*, denn er trifft mit der Schule der Zauberer ein Abkommen: Es wird Logiergast im Körper eines Adepten, den er als Gegenleistung mit Hilfsleistungen und der Vermittlung speziellen Wissens unterstützt. Als Gegengabe entzieht er ihnen Lebensenergie. Die Energie wird aus dem Energiezentrum, das sich am Solarplexus befindet, abgezogen (siehe auch: C. Castaneda: Die Kunst des Träumens). Der *Mieter* geht die Verpflichtung ein, jeweils nur einen geringen Teil der Energie zu nehmen, um dem menschlichen Organismus keinen Schaden zuzufügen. Dieses Abkommen gilt bis in die Gegenwart hinein.

Warum der alte Seher einen derartigen Pakt schließt, erläutert Don Juan mit folgenden Worten: „Ich glaube, er ist in einem Kreislauf gefangen, aus dem er nicht ausbrechen kann... Wir haben einen Pakt mit ihm geschlossen. Er tut sein Bestes, ihn zu halten, und wir tun ebenfalls unser Bestes. Wir können ihn nicht verurteilen, und doch müssen wir wissen, dass sein Weg nicht zur Freiheit führt. Er weiß es, und er weiß auch, dass er nichts daran ändern kann. Er ist in einer selbstverursachten Situation gefangen. Ihm bleibt nichts anderes übrig, als seine verbündetenähnliche Existenz zu verlängern, solange er kann" (in: Das Feuer von innen, S.247). Eine symbiotische Beziehung der Adepten zu dem alten Zauberer ermöglicht den gegenseitigen Austausch von Wissen und Energie.

Im Gegensatz zu der Auffassung von Michael Harner, der die Krafttiere bzw. Verbündeten als harmlos beschreibt, rät Carlos Castaneda zur Vorsicht im Umgang mit ihnen. Ein unheimlicher Verbündeter schleicht manchmal ums Haus seines Schützlings, in bedrohlicher Absicht. „In dem Moment, wo du schwach bist, zermalmt er dich", so lautet die Warnung einer Schamanin (in: Der zweite Ring der Kraft, S.75). Castaneda setzt die Verbündeten sogar mit Dämonen gleich, die einen Menschen unter Umständen zerreißen oder zerschmettern können (vgl.: Die Kunst des Pirschens, S.164). Und sein Mentor Don Juan erwähnt die „folgenschwere Begegnung mit einem Verbündeten", die Jahre der Vorbereitung erfordere (vgl.: Der Ring der Kraft, S.96f.).

Durch den Kontakt mit den Verbündeten, dem Spender von Geheimwissen, werden Schüler anfänglich zur Beute dieser Kräfte. Sie sehen sich gezwungen, Mittel und Wege zu finden, um ihr Gleichgewicht zu wahren. Grundlage hierfür ist ein starker Wille. Früher oder später findet ein Kampf statt, dem der Schüler sich nicht entziehen kann; er muss mit dem Verbündeten ringen. Wenn Schamanen den Verbündeten begegnen, müssen sie all ihren Mut zusammen nehmen. Schwer ist es, mit ihnen umzugehen, und es bedarf eines starken Willens, dieses Wesen in Schach zu halten, erklärt Castaneda (in: Eine andere Wirklichkeit, S.193).

Allerdings ist die Art, wie jemand dem Verbündeten begegnet, eine Frage des Temperaments. Man erkennt ihn in erster Linie an seinen Wirkungen. Die eindrucksvollen Begegnungen mit den geheimnisvollen Wesen werden im Körper gespeichert wie eine Kraft, eine Spannung. Manche sehen Verbündete als Kräfte, die weder positive noch negative Eigenschaften besitzen. Von angehenden Schamanen wird erwartet, dass sie diese Kräfte beherrschen. Werden die Probanden eins mit den Verbündeten, können sie diese jederzeit anrufen und ihnen Aufträge erteilen oder Informationen einholen.

Der Hüter der Schwelle

Alle dunklen Kräfte unterstehen den Gesetzen des Lichts.

Das Tor zur anderen Welt

Die inneren Instanzen des Menschen sind ebenso geheimnisvoll, wie schwer zu fassen. In jedem Menschen schlummern verborgene Kräfte und Eigenschaften, deren Wirken er meist nicht wahrhaben will. Ihr Einfluss ist maskiert, vielschichtig und reicht oft bis in das alltägliche Leben hinein. Religiöse Sagen berichten von gefährlichen Drachen oder einem riesigen Lindwurm, der den Eingang zum Heiligtum bewacht. Damit ist die Gestalt des *Hüters* in dichterischer Form wiedergegeben. Er steigt aus dem Abgrund auf als Dämon, der keinen Unbefugten über die Schwelle treten lässt. Der Drache, der besiegt werden muss, ist ein Wächter über verborgene Schätze; ein Hüter der Schwelle des Tempels, den der Geistesschüler betreten will.

Die Auffassung von der Gestalt des Hüters ist nicht eindeutig. Im Schamanismus wird er häufig mit dem Schutzgeist gleichgesetzt, während im Abendland der strenge, manchmal auch schreckerregende *Wächter* gemeint ist, der das Tor zu anderen Welten bewacht. Er verkörpert u.a. die Schwächen und Defizite im Menschen, der sich wie im Spiegel seinen eigenen Mängeln gegenübergestellt sieht.

Die Kräfte der Welt sind aufbauend und zerstörerisch; und auch in der menschlichen Natur existieren destruktive und konstruktive Kräfte. Dem spirituellen Adepten zeigen sich diese Kräfte unverhüllt, erklärt Rudolf Steiner. (In: Wie erlangt man Erkenntnisse der höheren Welten? S.72.) Während der meditativen Versenkung lockert sich der Ätherleib. Die seelischen Kräfte im Menschen, das Denken, Fühlen und Wollen, das bisher eine Einheit war, beginnen sich voneinander zu lösen. Auf dieser Erkenntnisstufe begegnet der spirituelle

Jünger (bei Rudolf Steiner ‚Geheimschüler' genannt) dem *kleinen Hüter der Schwelle*, der ihm den Spiegel seiner Schwächen und Defizite vorhält. Dieses Wesen ist aber keineswegs einfach nur Teil des individuellen Bewusstseins. *„Der Hüter ist eine eigenständige Wesenheit"*, erklärt Steiner (in: Flensburger Hefte. Doppelgänger, S.99f.).

Die Wesenheit hat die Fähigkeit, sich selbst zurückzunehmen und den Schüler in allen seinen Eigenschaften und Besonderheiten zu spiegeln. „Der *Hüter* kleidet sich sozusagen in unsere Schwächen. Wir werden zu ihm, er wird zu uns." Der gesamte Bereich des niederen Selbst, das auch als ‚Drache im Menschen' bezeichnet wird und im Astralkörper angesiedelt ist, wird als Doppelgänger wahrgenommen und zunehmend mehr der bewussten Wahrnehmung zugänglich. In der Psychologie wird diese Instanz dem Unterbewusstsein zugeordnet.

Der *Hüter* tritt während der okkulten Entwicklung nach und nach in die bewusste Wahrnehmung. „Man empfindet allmählich diesen Doppelgänger neben sich; er denkt, fühlt und spricht gleichzeitig mit einem, und man empfindet ihn als Belästigung, die man nie wieder los wird", schreibt Steiner (S.42). Diese Wesenheit, die sich in den eigenen Gedanken, Gefühlen und Impulsen bemerkbar macht, kann in gewisser Weise zum Quälgeist werden. „Der Mensch wird allmählich empfinden so, als ob etwas neben ihm ginge, etwas, das mitdenkt, mithört, ja sogar, wenn der Mensch innerlich nicht sehr stark ist, mitspricht" (S.100f.). Der *Hüter* erscheint wie ein Doppelgänger, ein zweites Ich, das einen nicht mehr loslässt.

Dieses Wesen ist an den Schüler gekettet und erinnert diesen fortwährend an seine Fehler aus der Vergangenheit. Er „soll fortwährend diese Anwesenheit empfinden, sonst würde es gefährlich werden und er über all seinen hohen Idealen und Absichten vergessen, was eigentlich sein Innenleben und was seine Fehler sind." Der *Hüter* hat eine Wächterfunktion, indem er jeden Schritt des Menschen registriert. Sein Vorhandensein ist unbehaglich, manchmal sogar peinigend. „Das ist das Eintreten der ‚Spaltung der Persönlichkeit'…"[5] Da trennt sich der höhere geistige Mensch von dem niederen. Und fortan ist dieser Doppelgänger stets um uns; stets fühlen wir seine Nähe. Ja, es kann sogar dazu kommen, dass wir ihn sprechen hören. Und wissen müssen wir: Je unbehaglicher wir seine Nähe empfinden, desto schneller und gründlicher schreiten wir vorwärts", erläutert Steiner

Der Autor erwähnt den Fall einer boshaften Person, die ausgegangen war, um irgendeine Intrige einzufädeln. Zurückgekehrt, betritt sie ihr Arbeitszimmer und sieht sich selbst bereits am Schreibtisch sitzen! Derart unangenehme Begegnungen passieren Leuten, die sich etwas zuschulden kommen ließen. Der persönliche Doppelgänger ist bei Steiner ein Teil des Ätherkörpers, der sich abgesondert hat und nun wahrnehmbar wird. *Ahriman*, der im Ätherkörper des Menschen wirkt, hat ihn in die Gestalt gekleidet, die dem Menschen entspricht. „Obige Doppelgängererscheinung – die man mit einem gesteigerten Bewusstsein wahrnehmen kann - kann auch im normalen Alltagsleben, auch wenn man nicht hellsichtig ist, auftreten, allerdings nur dann, wenn man unterbewusste Wahrnehmungen hat, wenn das Ich-Bewusstsein teilweise ausgeschaltet ist. Miese menschliche Eigenschaften sind dann das Einfallstor dafür, dass ahrimanische Geister Teile des Ätherleibs verselbständigen." (In: Flensburger Hefte. Hüter der Schwelle, S.105.)

Die Begegnung mit dem *Hüter* betrachtet Rudolf Steiner als „unentbehrliche Vorsichtmaßregel gegen die Möglichkeit von Täuschung und Phantastik", vor allem bei der Erweiterung der Sinneswahrnehmungen. (In: Die Geheimwissenschaft im Umriss, S.382.) Der *Hüter* verwehrt jenen Probanden den Eintritt in die übersinnliche Welt, die für diesen Eintritt noch nicht die entsprechende Eignung aufweisen. Ohne ausreichende Vorbereitung würde der Schüler alles Selbstvertrauen verlieren bei einer Begegnung mit der Gestalt des Doppelgängers, dessen Anblick nicht leicht zu ertragen ist. Nur eine

---

[5] Hier stellt sich die Frage, ob nicht auch die schizophrene Bewusstseinsspaltung zum Teil ihre Ursache im Wirken des Hüters hat. Diese komplexe Fragestellung führt leider über den Rahmen dieses Buches hinaus.

gründliche Selbstbeobachtung und Selbsterkenntnis befähigen den Jünger, seinem Doppelgänger zu begegnen.

Der Hüter der Schwelle tritt in zweierlei Gestalt auf. Neben dem bisher erwähnten *kleinen Hüter der Schwelle* existiert ein anderer, genannt der *große Hüter der Schwelle*. Sind die Probanden bei der Begegnung mit dem großen Hüter nicht ausreichend vorbereitet, dann wird ein „unermesslicher Schrecken", eine „grenzenlose Furcht" mit dieser Begegnung verbunden sein, warnt Steiner (S.390).

Bis zu einem gewissen Grade wird der Hüter der Schwelle für jeden einzelnen Menschen eine individuelle Gestalt annehmen. Die Aufgabe und Einflussnahme dieses Wesens entzieht sich der einseitigen Beurteilung. Was für den einen ein überaus willkommenes Erlebnis ist, kann für den anderen eine bittere Erfahrung bedeuten. Die Niederlage, die der eine erlebt, ist für den anderen das Paradies.

Geisthelfer als Wächter

Auch Geisthelfer haben die Aufgabe eines Wächters am Tor. Sie bewachen die Schwelle zu höheren Sphären, um Unbefugten den Zutritt zu verwehren, was in beiderseitigem Interesse erfolgt. Der Wächter ist zu flexiblen Verhaltensweisen und Reaktionen fähig. Nur so kann er der individuellen Besonderheit einer mit ihm in Verbindung stehenden Person gerecht werden. Er nimmt daher unterschiedliche Funktionen in seinen Beziehungen zu Menschen wahr, wenn er in Wechselwirkung mit ihnen tritt.

Der Wächter am Tor repräsentiert einen gewissen Schutz, denn er bildet eine Schranke, die nur bestimmte Energien und Wesenheiten durchdringen lässt. Andernfalls würden, unter gewissen Umständen, tyrannische Kräfte im Unterbewusstsein eines Menschen die Oberhand gewinnen. Auch öffnet der Wächter bestimme Tore zu gegebener Zeit und erweist sich als Wegweiser, wo dies notwendig erscheint.[6]

Folgende mediale Botschaft wird mir in diesem Zusammenhang übermittelt:

Jeder Mensch ist fortwährend in Kontakt mit geistigen Wesen, doch läuft dieser Vorgang in der Regel völlig unterhalb der Wahrnehmungsschwelle ab. Sobald ein Geist sich in der Entwicklung befindet, werden diese Vorgänge immer bewusster von ihm wahrgenommen.

Die geistige Welt ist aus einer Vielzahl von Schichten aufgebaut, wobei jede Schicht einer spezifischen Schwingungsstufe entspricht. Die Schwingungshöhe des jeweiligen Individuums entscheidet, mit welcher der Schichten es jeweils in Berührung kommt.

Ein unentwickeltes Individuum wird es schwer haben, die höheren Geistebenen mental zu erreichen, daher stehen Helfer bereit, die den Empfang ermöglichen. Wünscht ein irdischer Mensch eine bestimmte Information, dann wird ein Geisthelfer diesen Wunsch weiter vermitteln; die Entscheidung wird dann auf der nächst - höheren Ebene getroffen.

Der Kontakt zu den geistigen Ebenen ist immer vorhanden, nur wissen die meisten Menschen davon nichts. Sobald ein Bewusstsein Bereitschaft zeigt, höhere Weisheit zu akzeptieren, werden die entsprechenden Verbindungskanäle geschaffen, die eine Aufnahme ermöglichen. Aufgabe des Menschen ist es, den Kontakt häufig zu suchen, damit die Verbindung gefestigt wird.

Auch die geistigen Helfer, die u.a. als Dämonen bezeichnet werden und gemeinhin sehr unbeliebt sind, üben eine wichtige Funktion aus, indem sie den Menschen mit seinen Ängsten und Schwä-

---

[6] Bei den *Illuminati* werden Eingeweihte in den 4.Grad des Ordens als *Wächter* bezeichnet. *Wächter* sind sehend Gewordene, welche die Geheimnisse kennen und spezielle Funktionen ausüben.

chen konfrontieren, die ihn bei der Fortentwicklung behindern. Sie sind in der Regel ebenfalls noch in der Entwicklung befindliche Geister, die in wechselseitigem Kontakt dazulernen.

Gelingt es den geistigen Helfern, einem menschlichen Wesen bei seiner spirituellen Weiterentwicklung behilflich zu sein, so haben sie damit selbst einen Schritt in ihrer eigenen Entwicklung getan. Die geistigen Helfer werden auch gemeinhin als die WÄCHTER bezeichnet. Die Schwingungen von Geisthelfer und Schüler weisen ähnliche Muster auf. Sie dürfen über einen Schüler nicht beliebig verfügen. Der Rahmen wird vor Beginn der Schulung festgelegt und darf nicht überschritten werden. Der Proband gibt dazu sein Einverständnis und weiß auf einer unterbewussten Ebene in etwa, worauf er sich einlässt.

Ein Mensch, der an das Tor zur unsichtbaren Welt gelangt, sollte bestimmte Eigenschaften aufweisen.

◉ Eine Voraussetzung der geistigen Entwicklung ist eine gefestigte Persönlichkeit.

◉ Offenheit und Vertrauen sind ein weiterer Schritt auf dem Wege.

◉ Auch die Fähigkeit, Wahres von Ungültigem zu trennen, ähnlich wie die Spreu vom Weizen, ist unverzichtbar.

◉ Freigiebigkeit ist ein weiteres Merkmal, das nicht gering schätzt werden darf.

◉ Auf dem spirituellen Weg kommt keiner weiter, der Misstrauen und Zwietracht säht.

Eines haben mediale Menschen, die nach geistigen Wahrheiten suchen, gemeinsam: Niemand kann sich dem Einfluss des Hüters entziehen. Meist entsteht eine enge Verbindung, die manche wie eine Inbesitznahme erleben. Die Präsenz des Hüters wird höchstwahrscheinlich sehr unterschiedlich wahrgenommen: Den einen erscheint er in der Rolle des Geistlehrers oder Helfergeistes, manchen als Schutzgeist, anderen wiederum als gestrenger Meister oder furchteinflößender Tyrann, als Verfolger oder teuflischer Dämon.

Inbesitznahme

Ein spiritueller Mensch wird auch als Grenzgänger bezeichnet, als jemand, der sich an der Grenze zwischen Diesseits und Jenseits befindet. Eine enge Verbindung mit einem Geisthelfer ist eine Erfahrung, die vielen Probanden auf einer bestimmten Stufe zuteil wird.

Die geistige Welt bemerkt hierzu:

Eine Variante des spirituellen Entwicklungsweges ist die Verknüpfung des Selbst von spirituellem Grenzgänger und Geisthelfer. Der Geisthelfer ist bereits ein Stück des Weges voraus; die Verbindung mit ihm bietet die Chance, ein widerstreitendes Selbst auf den Weg zu geleiten und dort zu halten. Der Geisthelfer hat nicht die Absicht, das Selbst des Lernenden zu absorbieren oder gar zu ‚ersetzen‘, ganz im Gegenteil soll das Selbst des Lernenden gestärkt werden und als Sieger aus dem Ringen hervorgehen. Die Entscheidung fällt letztlich immer zugunsten des Übenden aus.

Das Ziel der Verbindung ist der Ausgleich einander widerstreitender Persönlichkeitsanteile, die einer spirituellen Weiterentwicklung entgegenstehen. Nach Erreichen dieses Zieles zieht sich der Helfergeist zurück, ohne Spuren zu hinterlassen. Der Grenzgänger hat die Wahl zwischen Stagnation und Entwicklung. Unter dem Einfluss des Helfergeistes soll mit der Zeit der gesamte Organismus harmonisiert und in eine höhere Schwingung versetzt werden. Dann wird der ‚Durchgang durch das Tor‘, das Ziel jeder spirituellen Entwicklung möglich.

Doch wird der Widerstrebende tatsächlich zur Einsicht gelangen, zumal die Verbindung häufig unfreiwillig, ohne Einverständnis des Grenzgängers erfolgt?

Neurotische Tendenzen sind zwar nicht auszuschließen, doch Nervenzusammenbrüche kommen äußerst selten vor. Die Geisthelfer hegen nicht die Absicht, jemandem das Lebenslicht auszublasen. Ein Geisthelfer hat eine stabile Persönlichkeitsstruktur, die er dem Lernenden vermittelt. Geisthelfer und Übender verbinden sich nur für die Dauer des gegenseitigen Wachstums. Das hauptsächliche Ziel ist die Verbindung des Lernenden mit den höheren Geistebenen. Ein Geisthelfer ist ein Wesen der nächsthöheren Ebene. Er soll eine Verbindung zu den göttlichen Seinsebenen herstellen, die auf andere Weise nicht möglich war.

Die Besetzung eines Wesensteils durch eine intelligente Fremdenergie soll Lernschritte ermöglichen, die ansonsten unterblieben wären. Dem Wesensteil werden Einsichten in Zusammenhänge eröffnet, die sonst unterblieben wären. Eine große Chance ist beim Lernen dieser Art gegeben. Öffnet sich der Wesensteil für die Entwicklung, kann er ungeahnte Höhen erreichen; unbegrenzte Möglichkeiten werden ihm eröffnet.

Der ,Besetzte' duldet die Fremdenergie allerdings in der Regel nicht freiwillig. Er wird unter Druck gesetzt...

Ein ,Besetzer- Geist' handelt mit Übereinstimmung und im Auftrag hoch entwickelter Geistführer. Das zu erreichende Ziel ist dabei sehr hochgesteckt; Entwicklungsschritte sollen ermöglicht werden, die unter anderen Umständen nicht erreicht würden. Eine Schulung der Persönlichkeit auf allen Ebenen findet statt. Eine besetzende Energie soll den Weg ebnen für geistige Gefilde. Der Proband erfährt einen Zuwachs an Zielstrebigkeit und Gelassenheit, auch lernt er, seine Energien besser einzusetzen. Mit fortschreitender Entwicklung findet er Mittel und Wege, sich jede unwillkommene Erfahrung und auch ungebetene ,Gäste' fernzuhalten.

Eine Inbesitznahme wird von der geistigen Gemeinschaft für notwendig erachtet, wenn ein Individuum sich weigert, den festgelegten Weg zu beschreiten; wenn es stattdessen unangemessene Eigeninteressen entwickelt, die es über kurz oder lang dem spirituellen Pfad entfremden würden. Die Besetzung soll dafür sorgen, den Widerstrebenden ,auf der Linie' zu halten und ein völliges

Ausweichen auf andere Interessengebiete verhindern. Dies gelingt allerdings nicht immer, denn jeder Mensch hat die freie Wahl, sich nach eigenem Wunsch zu entwickeln.

Bevor dies geschieht, leidet der Proband allerdings unter erheblichen Einschränkungen seiner geistigen Kapazität. Er bemerkt, dass die Konzentration gestört ist; seine Gedanken werden überlagert. Eine aufdringliche Präsenz macht sich im Unterbewusstsein bemerkbar, die unentwegt bemüht ist, seine Aufmerksamkeit zu erregen. Ein fremdes Energiewesen scheint in seinen Organismus eingedrungen zu sein und ist durch nichts zu bewegen, das Feld zu räumen. Da das Wesen einen Zugang zum Unterbewusstsein hat und die Gedankenwelt des Jüngers einem offenen Buch gleicht, hat er große Probleme damit, sich innerlich zu distanzieren.

Weitere Informationen aus der geistigen Welt lauten:

Die Vorbedingung der Existenz auf der geistigen Ebene ist die Zurückweisung fremder Energieströme, die den Organismus zu überfluten drohen. Der nach geistiger Autonomie Strebende muss in der Lage sein, sich klar von ihnen abzugrenzen, da er ansonsten nicht als eigenständiges Selbst dort existieren kann. Die Probleme, die ihn auf der Geistebene erwarten, haben ihre Entsprechung in Schwierigkeiten des Lebens in der Materie.

Eine Distanzierung fremden Energieströmen gegenüber ist nicht einfach. Bei der Auseinandersetzung zwischen dem menschlichen Geist und Fremdenergien kommt es darauf an, seine Position zu verteidigen und die Vorherrschaft zu behaupten. Dies ist kein leichtes Unterfangen, da über derlei Zusammenhänge wenig bekannt ist und es an entsprechender Aufklärung mangelt.

Der Hüter als Doppelgänger

Der Mensch muss sich entscheiden, ob er Sklave oder
Herr über die Dämonen sein will.

Bei dem Doppelgänger-Phänomen und dem Hüter fällt auf, dass sie bei näherer Betrachtung einige auffällige Parallelen aufweisen. Doppelgänger-Erlebnisse werden häufig mit geistiger Erkrankung in Verbindung gebracht. Doch viele Menschen, die psychisch völlig intakt sind, haben über ähnliche Erlebnisse berichtet. In einigen Fällen wird der Doppelgänger zum bösen Dämon, der im Innern eines Menschen – und doch unabhängig von ihm – lebt. Eine derartige Begegnung kann die Psyche zermürben, wie ein Beispiel aus der Praxis zeigt: Ein medial veranlagter Mann in mittleren Jahren besaß die Fähigkeit, sein eigenes Abbild vor sich zu sehen. Anfangs lachte er über die Erscheinung, und auch sein Doppelgänger schien immer gut aufgelegt. Doch mit der Zeit begann dieser, sich unentwegt mit ihm zu streiten und ihn zu demütigen. Der Mann wurde immer unglücklicher und verzweifelter. Schließlich war er seines Lebens überdrüssig. Als er zuletzt keinen Ausweg mehr sah, erschoss er sich!

Aus dem Bereich der klinischen Untersuchungen werden solche Phänomene weitgehend ausgeklammert. Sie lassen sich jedoch nicht aus der Welt schaffen, indem man sie ignoriert. Der Doppelgänger, der manchen Personen sichtbar vor Augen tritt, ist mit dem gewöhnlichen Ich keineswegs identisch, auch wenn eine große Ähnlichkeit nicht zu leugnen ist. Katharina die Große soll eines Nachts in den Thronsaal gerufen worden sein und dort eine Doppelgängerin auf dem Thron sitzend vorgefunden haben! Sie wies die Wache an, auf den ‚Spuk' zu schießen, worauf dieser sich langsam auflöste.

Der *Hüter* bzw. *Doppelgänger* ist nicht identisch mit dem höheren Selbst. Zwischen beiden besteht ein Unterschied, ähnlich wie zwischen der gegenwärtigen Persönlichkeit und derjenigen, die man einmal werden wird. „Der *Hüter der Schwelle* stellt sich dar als ein Bild aller Hindernisse, welche sich der Entwicklung des ‚höheren Selbst' entgegenstellen", bemerkt Rudolf Steiner. Und er fährt fort: *„Es wird sich eine Art Kampf ergeben gegen den Doppelgänger. Derselbe wird fortwährend die Überhand anstreben.* Sich in das rechte Verhältnis zu ihm setzen, ihn nichts tun lassen, was nicht unter dem Einflusse des neugeborenen ‚Ich' geschieht, das stärkt und festigt aber auch des Menschen Kräfte" (in: Die Geheimwissenschaft im Umriss, S.387f.). Wer den Kampf gegen den Doppelgänger bestehen will, muss höhere Kräfte in sich ausbilden und darüber hinaus von materiellen Interessen Abstand nehmen.

Wie bereits erwähnt, gibt es nicht nur einen, sondern im Wesentlichen zwei ‚Hüter der Schwelle'; den *kleinen Hüter* und den *großen Hüter*, denen Geistesschüler zu unterschiedlichen Zeitpunkten begegnen. Der kleine Hüter ist Steiner zufolge ein selbständiges Wesen, dem ein Proband auf einer fortgeschrittenen Entwicklungsstufe begegnet. Er spricht zu ihm sinngemäß folgende Worte: „Ich werde, wenn du meine Schwelle überschritten hast, keinen Augenblick mehr als dir sichtbare Gestalt von deiner Seite weichen. Und wenn du fortan Unrichtiges tust oder denkst, so wirst du sogleich deine Schuld als eine hässliche dämonische Verzerrung an dieser meiner Gestalt wahrnehmen." (Vgl.: Wie erlangt man Erkenntnisse der höheren Welten? S.193.)

Die Wahrnehmung der sichtbaren Gestalt des Hüters setzt Hellsichtigkeit bei den Adepten voraus. Die geistige Welt antwortet auf eine Frage bezüglich der Wächterinstanzen, denen ein spiritueller Mensch begegnet, folgendermaßen:

Diese Energien sind an sich harmlos, doch sobald sich jemand ihnen widersetzt, laufen zu Hochform auf. Man kann sie nicht unbeachtet lassen. Sie ziehen die Aufmerksamkeit auf sich mit fast unwiderstehlicher Gewalt. Sie durchdringen die Psyche des Menschen, auch wenn er das nicht möchte. Sie sind die Wächter am Tor der Erkenntnis.

Sie können nicht gefährlich werden, solange man sie nicht beachtet. Doch sobald jemand eine Reaktion zeigt, sind sie zur Stelle. Ein Mensch ist ohne weiteres in der Lage, sie fernzuhalten.

Weshalb reagieren sie, sobald man sich ihnen widersetzt?

Die Wächter haben die Funktion der Auslese. Die individuellen Reaktionen zeigen ihnen, welchen Stellenwert jemand seinen Gefühlen zumisst. Will ein Mensch den Weg der Erkenntnis gehen, dann sind Defizite des Gefühlslebens ein ernsthaftes Hindernis. Auf Mängel des Gefühlslebens hinzuweisen, ruft die Wächter auf den Plan. Sie reagieren grundverschieden, dem individuellen Hemmnis entsprechend.

Es gibt Wächter für nur einen Tag und Wächter für ein ganzes Leben.

Hellsichtige Medien sind in der Lage, die Aura und die feinstofflichen Körper eines Individuums wie ein offenes Buch zu lesen. Die unterschiedlichen Verfärbungen zeigen Charaktereigenschaften und Stimmungen der Betreffenden an. Die ‚Gestalt' ändert sich ständig und lässt Rückschlüsse auf die individuellen Eigenschaften zu.

Ein Gefühl des Unbehagens entsteht, wenn der Mensch in seinem Unterbewusstsein eine Vielzahl von Eigenschaften in sich trägt, die Probleme verursachen. Sie wirken ähnlich wie Stolpersteine. Im Verlauf der geistigen Entwicklung treten sie in störender Weise in den Vordergrund. „Und deshalb ist es gut, wenn das Gefühl des quälenden Unbehagens sehr stark auftritt, denn dadurch kommen wir am schnellsten von diesem Doppelgänger los", bemerkt Rudolf Steiner. Diese Ansicht ist gefällt sicher nicht jedem. Die spirituelle Suche kann manchen Menschen zum Verhängnis werden und endet nicht selten in einer psychiatrischen Klinik.

Sobald ein Meditierender sich von der Wächterinstanz verfolgt fühlt, sollten die Übungen abgebrochen werden. Bevor damit fortgefahren werden kann, ist eine Reinigung von Körper und Geist erforderlich. Ein Jünger, der nicht gründlich vorbereitet ist, wird vor der

Anstrengung, zu höheren Sphären aufzusteigen, kapitulieren. Er wird dann „*ein Gefangener der Gestalt, die jetzt durch den 'Hüter der Schwelle' vor der Seele steht"*, warnt Steiner (in: Die Geheimwissenschaft im Umriss, S.389).

In jeder Doppelgänger- bzw. Hütergestalt machen sich die Kräfte *Luzifers* und *Ahrimans* bemerkbar. Dieser Einfluss existiert zwar auch im gewöhnlichen Selbst des Menschen, tritt dort aber nur undeutlich in Erscheinung. Aufgabe des spirituellen Menschen ist es, den Wächter, der ihm seine Mängel deutlich vor Augen führt, umzuwandeln in eine leuchtende, erhabene Wesenheit.

Die willentliche Aussendung des *ätherischen Doppels*, d.h. des Ätherkörpers, von magisch geschulten Personen unterscheidet sich grundlegend von der Erscheinung des Doppelgängers, der meist überraschend und ungewollt sichtbar wird. Das ätherische Doppel erlaubt gewissen Personen, im Unterschied zur Doppelgänger-Erscheinung, sich bewusst oder unbewusst an zwei Orten gleichzeitig aufzuhalten.

Das Doppelgänger-Phänomen wird wie folgt beschrieben: "In den verborgenen Bereichen des Menschen wirken verschiedene Wesen, die sogenannten Doppelgänger, die auch als Schatten des Menschen bezeichnet werden. Es sind eigenständige Wesen unterschiedlichster Prägung, die aber gleichzeitig nahtlos zum Menschen gehören und Teile seiner selbst sind. Das Doppelgängerwirken ist dabei nicht nur auf das sogenannte Böse beschränkt, sondern leistet in gewissen Aspekten durchaus auch wohltätige Dienste, indem es z.B. an den konstitutionellen Voraussetzungen mitwirkt, die uns das Menschsein auf der Erde überhaupt erst ermöglichen. Die geballte zerstörerische Kraft kann insbesondere dann hervorbrechen, wenn wir uns dieser Schattenseite des Menschen nicht bewusst sind..." (in: Flensburger Hefte. Doppelgänger, S.6f.).

C.G. Jung, der mit einer Gestalt in seinem Innern, die er *Philemon* nannte, einen regen Austausch pflegte, gab in seinen *Psychologischen Betrachtungen* folgenden Kommentar ab: „In jedem von uns ist auch ein anderer, den wir nicht kennen. Er spricht zu uns durch den Traum und teilt uns mit, wie anders er uns sieht als wir uns sehen. Wenn wir uns daher in einer unlösbar schwierigen Lage befinden, so kann der fremde Andere uns unter Umständen ein Licht aufstecken, welches wie nichts anderes geeignet ist, unsere Einstellung von Grund auf zu verändern..." (vgl.: A. Bierach, S.23). Jung spricht in diesem Zusammenhang von dem ,*2 Millionen Jahre alten Mann*', der in uns allen ist.

Doppelgänger

Man lässt sich nie die Zügel aus der Hand nehmen;
weder von Lebenden noch von Toten.

Das *alter ego* der Schamanen

Neben dem *Wächter*, der als Doppelgänger in Erscheinung tritt, existieren weitere Gestalten, die eine Doppelgängerfunktion ausüben. Die Schutz- und Hilfsgeister der Schamanen, welche die persönliche Kraft verstärken, nehmen die Rolle eines *alter ego* an. Schamanen haben zumindest einen Schutzgeist an ihrer Seite, unabhängig davon, ob daneben auch Hilfsgeister existieren. Michael Harner bemerkt hierzu: „Ohne einen Schutzgeist ist es praktisch unmöglich, ein Schamane zu sein, denn der Schamane muss diese starke Basiskraftquelle haben, um mit den nichtnormalen oder spirituellen Kräften fertig zu werden und sie zu meistern, deren Existenz und Aktionen den Menschen normalerweise verborgen sind. Der Schutzgeist ist oft eine animalische Kraft, ein spirituelles Wesen, das den Schamanen nicht nur schützt und ihm dient, sondern für ihn eine andere Identität oder *alter ego* wird" (S.72). Dieses alter ego wird auch *Doppelgänger* oder *Der Andere* genannt.

Wenn der Weg eines Schamanen beginnt, wird er (oder sie) immer ein Geistwesen bei sich haben – ein zweites Ich. Hier wird einmal mehr ersichtlich, wie vielschichtig die Bezeichnung ‚Doppelgänger' ist. Sie ist irreführend, wenn darunter ausschließlich das identische Double einer bestimmten Person verstanden wird. Der Doppelgänger, obwohl er äußerlich einer Person täuschend ähnlich sieht, verkörpert häufig den ‚Anderen', der in engem Kontakt mit einem individuellen Bewusstsein steht und sich diesem weitgehend angenähert hat.

Manifestation eines zweiten Körpers

Mystiker und Heiler wie Daskalos sind befähigt, aus dem universalen Äther einen zweiten Körper zu materialisieren und in diesem eine Arbeit zu verrichten. Dazu bedarf es allerdings eines ernsten Grundes, verrät Daskalos (in: Kyriacos C. Markides, Der Magus von Strovolos, S.278). Der Heiler erzählt, wie er einst in seinem zweiten Körper einem in Not befindlichen Mann zu Hilfe eilte, der sich an einem kilometerweit entfernten Ort aufhielt und Selbstmordabsichten hegte. Diesem erschien er unverhofft als rettender Engel, worauf der erschütterte Mann von seinem Vorhaben abließ.

Die *Bilokation* genannte Fähigkeit, willentlich oder unbewusst einen zweiten Körper zu erschaffen, wird von vielen Magiern und Heiligen berichtet. Sie tauchen unverhofft an zwei verschiedenen Orten gleichzeitig auf und sind dort auf unterschiedliche Weise tätig. Der indische Yoga-Meister Swami Rama berichtet, dass die Eingeweihten der spirituellen indischen Tradition sogar das Aussehen anderer Menschen annehmen und an deren Stelle handeln können (S.395). Als Beispiel dient ihm ein Angestellter der *Reserve Bank of India*, der eines Tages so sehr in seine Andacht versank, dass ihm das Zeitempfinden abhanden kam. Für den Abend hatte er einen wichtigen Auftrag übernommen; er sollte Schmuckstücke für eine Hochzeitszeremonie bereitstellen. Doch die Zeit war bereits weit fortgeschritten. Als er endlich in fliegender Hast beim Fest eintraf, verstand man dort seine Aufregung nicht: Die betreffenden Schmuckstücke waren von ihm selbst pünktlich übergeben worden!

Während der folgenden Jahre grübelte er über die Frage nach, wer denn wohl um Himmels Willen an seiner statt bei der Feier erschienen war? „Ein Weiser mag im Himalaya leben, aber er kann sich an jeden Ort der Welt begeben", lautet die lakonische Antwort des Swami Rama Auch ohne Wissen einer Person kann ein geschulter Yogi deren Aussehen annehmen und an ihrer Stelle Handlungen ausführen.

Diese Fähigkeit, sein äußeres Erscheinungsbild beliebig zu verwandeln, ist in unterhaltsamer Weise in der französischen *Fantomas*-Trilogie auf die Leinwand gebracht worden. *Fantomas*, ein Bösewicht mit magischen Kräften, der nichts Geringeres als die Weltherrschaft anstrebt, kann die Gestalt jedes x-beliebigen Menschen annehmen und diesen damit in arge Bedrängnis bringen. Selbst Nahestehende bemerken nicht den Unterschied und nehmen die falsche Identität des Verwandlungskünstlers für bare Münze. Die kriminellen Taten des Bösewichts fallen den unschuldigen Opfern zur Last, sehr zu deren Verdruss!

Selbst in der realen Welt, vor allem in der Politik, wird in Spitzenpositionen angeblich mit Doppelgängern gearbeitet. Diese sind aber keineswegs magischen Gestalten, sondern reale Personen, die aufgrund ihrer Ähnlichkeit für die Position ausgewählt wurden und die betreffenden Politiker lediglich zu bestimmen Anlässen vertreten.

Das feinstoffliche Duplikat

Ein bedeutsamer Hinweis, der die mysteriöse Seite des Doppelgängers aufs Neue hervorhebt, findet sich in dem Erfahrungsbericht eines Reisenden im Himalaja mit dem Titel *Der Eremit*. In dem Bericht wird ein seltsam anmutender Doppelgänger beschrieben: In einer Schule der *Weißen Bruderschaft*, die im Himalaya angesiedelt ist, war „von jedem Schüler des Meisters eine bestimmte Nachbildung vorhanden..., die mit dem Schüler selbst in einen magnetischen Rapport gesetzt war, so dass sich an der Nachbildung, wie an einer elektrischen Aufzeichnungs-Maschine, jede Entwicklungsphase widerspiegelte. Ließ der betreffende Schüler in seinen Bemühungen nach, so wurde die Nachbildung verschwommen. Es war, als welkte sie dahin. Machte er jedoch jemand Fortschritte, so sah die Nachbildung klar und frisch aus" (S.151).

Den Schülern war es hin und wieder gestattet, sich die Nachbildung ihrer selbst anzusehen und sich dabei von dem erreichten Fortschritt ein Bild zu machen. Ähnlich wie in Oscar Wildes Erzählung: *Das Bildnis des Dorian Gray* konnten sie die Veränderungen an ihrer Nachbildung in Augenschein nehmen. Auch Jürgen Wandel berichtet von einem ähnlichen Verfahren. Spirituelle Meister erwählen sich Schüler auf Probe und fertigen von diesen „ein genaues Duplikat zum ätherischen, astralen, mentalen und kausalen Körper in magnetischer Verbindung zur weiteren Beobachtung, ob der Novize keine Beute von Erregungen oder Entzündungen an den feinstofflichen Körpern wird, was natürlich den Meister stören würde" (in: Das höhere Selbst, S.14). Unter nervösen Störungen leidende Personen sind nicht imstande, harmonische Schwingungen in sich aufzunehmen. Es ist ihnen auch nicht möglich, Harmonie zu erzeugen und auszusenden, weshalb ihre Eignung zweifelhaft ist.

Das feinstoffliche Duplikat wird mit dem Schüler in eine magnetische Verbindung gesetzt. Dieser spürt nun die Rückwirkung der von ihm erzeugten psychischen Energien. Anhand der Beschaffenheit des Duplikats ist für den geistigen Lehrer ersichtlich, welche Fortschritte beim Schüler zu verzeichnen sind. Der Meister „möchte seinen Novizen in die eigene Aura mit aufnehmen", erklärt Wandel. Unklar bleibt, wie genau diese Aufnahme vonstatten geht und welche Folgen diese für den Schüler hat.

Zu einem späteren Zeitpunkt, wenn der Adept genügend Fortschritte erzielt hat, wird ihm sein feinstoffliches Duplikat vor Augen geführt, um es anschließend aufzulösen. Damit ist eine Stufe der Entwicklung zum Abschluss gekommen.

Die berühmte Erzählung *Das Bildnis des Dorian Gray* von Oscar Wilde ist ein hervorragendes Beispiel für das Sichtbarwerden des feinstofflichen Doppelgängers und damit aller Eigenschaften – Stärken wie auch Schwächen – welche diesem innewohnen. Das deutliche Erkennen persönlicher Mängel in einem gemalten Ebenbild, das sich fortwährend wandelt und immer mehr verunstaltet erscheint, wird in der dramatischen Erzählung der Romanfigur zum Verhängnis.

Erneuerung der Persönlichkeit

Während seiner spirituellen Wanderung baut ein Geistesschüler eine neue Persönlichkeit auf, die losgelöst ist von dem bisherigen Umfeld der herkömmlichen ‚dialektischen Persönlichkeit'. Diese war definiert durch die Verbindung mit polaren Gegensätzen, wie: Gut und Böse, Tag und Nacht, Jugend und Alter, etc. Eine neue Persönlichkeit entsteht, die von Jan van Rijckenborgh beschrieben wird. Der Gründer des *Lectorium Rosicrucianum*, der sich auch als Abgesandter der *Großen Lichtbruderschaft* bezeichnet, erklärt die ‚transfiguristischen Prozesse', die mit dem ‚gnostischen Schlangenfeuer' einhergehen.

Die stellenweise etwas schwer verständliche Beschreibung findet sich in seinem Buch: *Der kommende neue Mensch.* „Es ist eine Persönlichkeit, die in einem total anderen magnetischen Lebensfeld zur Entwicklung kommt, während sie doch denselben Raum einnimmt wie die dialektische Persönlichkeit. Es sind darum in einem gegebenen Augenblick außer der aurischen Persönlichkeit im Mikrokosmos des Kandidaten noch zwei Persönlichkeiten anwesend, die der alten Natur und die der neuen Natur. Darum gibt es in diesem Zustand auch zwei Bewusstseinskerne, zwei Ich-Wesen" (S.230). Mit der *aurischen Persönlichkeit* ist das höhere Selbst gemeint.

Der Autor fährt fort: „Begehen Sie niemals den Irrtum, zu denken, dass Ihr gewohntes Ich in den neuen Körper übertragen wird, dass Sie selber als dialektischer Bewusstseinskern am neuen Leben Anteil erhalten. Ihr Bewusstsein als dialektischer Mensch gehört den Erscheinungen dieser Natur an. Es wird verschwinden, es wird einmal aufhören zu bestehen, wenn Sie den Pfad gehen. Der andere muss wachsen und Sie selbst werden untergehen." Der ‚Andere' befindet sich potentiell als ‚Saat' verhüllt im Menschen; er ist bei den meisten

Leuten nur verschwommen, nicht in Gestalt einer Persönlichkeit, anwesend.

Die ‚alte' Persönlichkeit wird bei einem Adepten so lange wie möglich aufrecht erhalten, denn mit ihr kann der Kontakt zur Mitwelt auf die gewöhnliche – und damit unauffällige – Weise aufgenommen werden. Durch neue ‚magnetische' Einstrahlungen verändert sich die Persönlichkeit schrittweise; ein neues Bewusstsein, ein völlig neues Ich entsteht. Dieses in der Entstehung begriffene Ich wird anfänglich noch von dem alten Ich unterstützt: „Dann gibt es eine Spaltung, das gleichzeitige Auftreten der zwei Naturen", erläutert der Autor. „Das alte Bewusstsein ordnet sich jedoch... ganz und gar dem Anderen unter, dem Anderen, der im Wachsen, dem Anderen, der im Kommen begriffen ist. Das alte Bewusstsein im Schüler wird sich dem neuen Bewusstsein unterstellen, das in ihm zu wachsen beginnt" (S.358). Der alte Mensch erhält den Todesstoß, wenn der neue Mensch geboren wird. Dazwischen liegt ein gewisser Zeitraum, in dem beide eine zeitlang Seite an Seite koexistieren.

Das vielschichtige Bild der unterschiedlichen Doppelgängergestalten ist manchmal für verwirrend und verhindert eine eingleisige Herangehensweise. Daher soll hier auch nicht der Versuch unternommen werden, die Frage zu klären, ob sich *Hüter, Doppelgänger* und *der Andere* tatsächlich immer auf einen gemeinsamen Nenner bringen lassen.

Doppelgänger in der Literatur

Der Schatten ist das, was uns mit der Welt verbindet.

In der Literatur nehmen Doppelgänger zum Teil eine Furcht erregende Gestalt an. In der Erzählung *Das Bild im Spiegel* von Dorothy Sayers erschrickt ein Mann vor seinem eigenen Spiegelbild, da dieses plötzlich ein Eigenleben gewinnt. Es grinst ihn vielsagend an, wendet sich dann von ihm ab; und spaziert davon! In der Nacht träumt er von einem Ringkampf im Nebel, bei dem er mit Würgegriffen attackiert wird: „Ich hatte den Teufel – mein anderes Ich – aufgespürt und überwältigt. Ich spüre noch, wie meine Finger seine Kehle packten – und ich mich selbst tötete. Das war in London." Den Doppelgänger aus der Welt zu schaffen bedeutete in diesem Fall, sich selbst umzubringen!

Das Bild des Doppelgängers erinnert in gewisser Weise an Oscar Wildes meisterhafte Erzählung *Das Bildnis des Dorian Gray*. Das Bild altert anstelle des Lebemanns und führt ihm die zerstörerischen Wirkungen seines ausschweifenden Lebenswandels sichtbar vor Augen.

Robert L. Stevenson: Dr. Jekyll und Mr. Hyde

Das Motiv einer problematischen Doppelgängerbeziehung hat R.L. Stevenson sehr eindrucksvoll in seiner berühmten Erzählung *Dr. Jekyll und Mr. Hyde* verarbeitet. Der Kampf mit dem Doppelgänger wird dramatisch in Szene gesetzt in der Romanfigur des Dr. Jekyll, der in eine prekäre Lage gerät, nachdem er mit einem selbst gebrauten Elixier zu experimentieren beginnt. Der Trank verwandelt ihn in den rücksichtslosen Mr. Hyde, der sein anderes, keiner Moral folgendes, Ich repräsentiert. Als Mr. Hyde wird der achtbare Arzt zum ausschweifenden Wüstling und begeht Gräueltaten, die er unter normalen Umständen niemals ausgeführt hätte.

Zuletzt gelingt es dem Arzt nicht mehr, seine Verwandlungen in den enthemmten Mr. Hyde unter Kontrolle zu halten. Die Person des Dr. Jekyll verliert zunehmend die Steuerung über die zweite Persönlichkeit, bis sie schließlich von Mr. Hyde überwältigt wird. Der Drache aus dem Unterbewusstsein, das niedere Selbst des Menschen, gewinnt langsam aber sicher die Oberhand über die menschliche Persönlichkeit des Dr. Jekyll. Er wird immer mehr zu einem Tyrannen, der über Leichen geht und die normale Persönlichkeit mit sich in den Abgrund zieht.

Der Autor Stevenson, der (eigenen Angaben zufolge)die meisten seiner Werke im Bett verfasste, behauptete, zwei der entscheidenden Szenen zu *Dr. Jekyll und Mr. Hyde* im Traum gesehen zu haben. Verfilmt wurde die Erzählung in äußerst packender Weise im Jahr 1940 unter dem Titel *Arzt und Dämon* mit Spencer Tracy und Ingrid Bergmann in den Hauptrollen.

Die Person des Mr. Hyde ist nicht nur tyrannisch und grausam, sondern sie zeigt einen wahrhaft dämonischen Charakter; so als wäre sie durch einen Pakt mit dunklen Mächten verbunden, oder als repräsentiere sie das Böse selbst. Die Körperkräfte des Mr. Hyde sind enorm gesteigert und die Sinne geschärft. Der schwarze Mantel, in den er sich hüllt und mit dem er behände durch die mitternächtlichen Straßen eilt, gleicht den Flügeln eines Vampirs.

Ein überpersönliches Wesen scheint im Innern des Dr. Jekyll immer mehr an Kraft und Ausdruck zu gewinnen, bis letztendlich dem menschlichen Ich die Kontrolle zunehmend entgleitet. Es gelingt den dunklen, triebhaften Anteilen des Unterbewusstseins, in nahezu übermenschlicher Weise die Oberhand zu erringen, bis eine Umkehr nicht mehr möglich ist.

Gustav Meyrink: Der Golem

Schon manch einer ist unterwegs einem zweiten Ich begegnet. Zu ihnen gehörte der Dichter Goethe, der während eines Ritts durch eine vertraute Landschaft seinen Doppelgänger, ebenfalls zu Pferde, an sich vorbeitraben sah; und zwar in die entgegengesetzte Richtung. Die Kleidung des anderen Reiters wies einige Unterschiede zu Goethes Anzug auf. – Acht Jahres später ritt der Dichter wiederum denselben Weg entlang, und zwar in die entgegengesetzte Richtung – im Anzug seines damaligen Doppelgängers! Goethe hatte anscheinend eine Sicht auf ein später stattfindendes Ereignis gehabt.

Gustav Meyrink nimmt auf dieses Vorkommnis Bezug und erklärt, diese Begebenheit sei nur eine Spiegelung des Bewusstseins gewesen, nicht der wahre Doppelgänger (in: *Der Golem* (S.110). Ein seltsamer Fremder streift in seiner Golem-Erzählung durch die Gassen des Prager Ghettos. Wer ihn sieht, glaubt sich selbst zu begegnen. Es handelt sich bei dem Phantom um den im 16. Jhdt. von Rabbi Löw erschaffenen Golem aus Lehm, der alle 33 Jahre wiederkehrt.

Den unverweslichen Golem nennt man auch den ‚Hauch der Knochen'. Wenn man ihm begegnet, sieht man einen bartlosen Mann von mongolischem Typus und gelber Gesichtfarbe. Die in seiner Nähe Stehenden werden augenblicklich von einem Starrkrampf befallen, der erst vergeht, wenn das rätselhafte Phantom verschwunden ist. Eine Frau, die dem Golem begegnete, war fest davon überzeugt, ihre eigene Seele habe ihr – aus dem Körper ausgetreten – für einige Augenblicke gegenübergestanden, als sie in die Züge des Phantoms geblickt habe. Jener Andere wäre ein Stück ihres eigenen Innern gewesen.

Der Dichter Gustav Meyrink macht seine Leser mit einer weiteren Doppelgänger-Gestalt bekannt. Ein Träumer namens Athanasius Pernath begegnet eines Tages in einem düsteren, kalten Kellerraum einem Fremden, der ihm bis aufs Haar gleicht. Während der rätselhaften Begegnung sitzt Pernath dem beeindruckenden Phantom direkt gegenüber. Dabei vermischen sich Realität und Phantasie. Die seltsame Ähnlichkeit des fremden Gesichts mit seinem eigenen lässt den Mann erschauern. Doch die altfränkisch gekleidete Person mit dem grauem Spitzbart, die ihm gegenübersitzt, ähnelt kurioserweise einer Figur aus einem Kartenspiel: Es ist der *Pagat* [7] aus dem Tarock-Spiel!

Der Pagat hockt in einer Ecke des Kellerraums und starrt den Mann über Stunden hinweg unverwandt an; mit einem Gesicht, das dem eigenen zum Verwechseln ähnlich sieht. Der Mensch starrt zurück, hält sein Gegenüber fest, bannt es mit seinem Blick: „So starrten wir uns in die Augen – einer das grässliche Spiegelbild des anderen. – Schritt vor Schritt habe ich mit ihm gerungen um mein Leben – um das Leben, das mein ist, weil es nicht mehr mir gehört. – Und wie er kleiner und kleiner wurde und sich bei Tagesgrauen wieder in sein Kartenblatt verkroch, da stand ich auf, ging hinüber zu ihm und steckte ihn in die Tasche – den Pagat" (in: Der Golem, S.100).

Mit dieser rätselhaften Erzählung, deren Bedeutung sich nicht jedermann erschließt, entführt Meyrink den Leser in eine geheimnisvolle, mystische Welt, die auf irgendeine Weise untrennbar mit der Wirklichkeit verwoben ist.

Hans Christian Andersen: Der Schatten

In seiner Erzählung *Der Schatten* weist H.C. Andersen darauf hin, wie sich die Machtverhältnisse zwischen dem persönlichen Ich und seinem Doppelgänger nach und nach verschieben können. Im Verlauf der Geschichte gelingt es dem Schatten eines Gelehrten, sich immer mehr zu verselbständigen. Unaufhaltsam, so scheint es, verwandelt sich der Schatten zur dominanten Figur, während der wahrhaftige Mensch immer schattenhaftere Züge annimmt. Der Mensch und der Schatten „gingen zusammen, Seite an Seite, vor- und hintereinander, je nachdem die Sonne stand. Der Schatten wusste sich im-

---

[7] Der kleinste Trumpf im Tarock-Spiel wird *Tarock I* oder *Pagat* genannt. Im frz. Tarock wird die Karte *le petit* (der Kleine) genannt.

mer auf dem Herrenplatz zu halten, und das fiel dem gelehrten Mann nicht weiter auf; er war sehr gutmütig und sehr sanft und sehr freundlich...". (In: Flensburger Hefte. Doppelgänger, S.168f.)

Die Machtverhältnisse verschieben sich immer mehr zu Ungunsten der menschlichen Persönlichkeit. Der gutmütige Gelehrte bemerkt anfangs nicht, wie er langsam in die Rolle eines untergeordneten Dieners gedrängt wird, während sich der Schatten zum eigentlichen Herrn aufschwingt. Schließlich obsiegt das Schatten-Phantom und zeigt nun ein sehr herablassendes Verhalten gegenüber seinem früheren Herrn. Dieweil er plant, sich mit der Königstochter zu vermählen, bietet er dem früheren Besitzer gnädig an, bei ihm auf seinem Schloss zu wohnen. An das Wohnrecht knüpft er allerdings gewisse Bedingungen: „...dann musst du dich von allen und jedem Schatten nennen lassen; du darfst nicht sagen, dass du je ein Mensch gewesen bist! Und einmal im Jahr, wenn ich auf dem Altan im Sonnenschein sitze und mich sehen lasse, musst du zu meinen Füßen liegen, wie es einem Schatten gebührt!"

Nun endlich durchschaut der Gelehrte das perfide Spiel und begehrt auf, doch dafür ist es längst zu spät. Das grausame Schatten-Phantom lässt ihn von den Schildwachen gefangen nehmen und in den Kerker werfen. Am Abend, als die Hochzeit gefeiert wird, ist der Gelehrte gestorben; umgebracht von seinem eigenen Schatten.

Hans Erich Nossack: Dieser Andere

In der Erzählung von H.E. Nossack wird das Doppelgänger-Problem detailliert geschildert. Die gewählte Ich-Form des Erzählers vermittelt den Eindruck der subjektiven Betroffenheit. Der Erzähler spürt immer deutlicher, wie ein Anderer, den er nicht fassen kann, unsichtbar neben ihm oder auch hinter ihm weilt: „Meistens sehr nahe, ja, zuweilen für mein Gefühl allzu nahe. In letzter Zeit kam es auch vor, dass er sich vor mich drängte. Er schob sich gleichsam wie eine Mattscheibe dazwischen, um mich zu verdecken." (S.171f.).

Der Mann lässt den *Anderen* gewähren, denn anfangs fühlt er sich durch dessen Dazwischentreten nicht wirklich gestört. „Er nahm mir dadurch nichts, was ich nicht bereit gewesen wäre, mir nehmen zu lassen. Ich gebe jetzt aber zu, dass ein solches Verhalten sehr gewagt ist; auf die Dauer kann es geradezu vernichtend sein. Mein Hauptfehler lag eben darin, dass ich viel zu spät auf die Idee kam, diese schädigende Wirkung, von der ich spreche, für eine Folge seines Erscheinens zu halten." Eine schleichende Entwicklung, der die dramatische Wendung noch nicht anzusehen ist, setzt ein.

Der Andere beginnt, hin und wieder die Absichten des Mannes zu durchkreuzen. Dieser wird stutzig, als er am Morgen auf den von ihm tags zuvor verfassten Seiten ganze Sätze durchgestrichen findet. Diese Streichungen sind ihm anfangs unerklärlich. Beim Abtippen eines Manuskripts verspürt er zuweilen ein krampfhaftes Zucken in den Fingern, das ihn dazu nötigt, wiederum etliche Sätze zu streichen.

Nun ist der Argwohn des Mannes geweckt und er verwendet einige Zeit darauf, dem *Anderen* auf die Schliche zu kommen. Dabei ergeht er sich in Selbstvorwürfen: „Durch mein sorgloses Verhalten gab ich ja diesem Anderen eigentlich erst das Recht, an meiner Arbeit und an meinem Leben teilzunehmen. Und ich selbst begab mich mit meiner stillschweigenden Aufforderung des Rechtes, ihn als ein Fremdes und Störendes auszuschalten, ein Recht, das als Voraussetzung für alles künstlerische Schaffen zu gelten hat."

Mit der Zeit gibt sich *der Andere* immer offener zu erkennen. Zwar unterlässt er die unleidlichen Textkorrekturen, dafür ist die neue Methode, die er anwendet, weit verwirrender: „Er vergriff sich nämlich direkt an meinen Gedanken, noch bevor sie formuliert und niedergeschrieben waren." Die Einfälle des Mannes betrachtet sich *der Andere* eine zeitlang und lässt sie dann einfach fallen, um mit dem nächsten Einfall in gleicher Weise zu verfahren. Dieser Zustand dauernder Entwertung ist für den Mann nur schwer zu ertragen.

Es gelingt dem *Anderen* zeitweilig, die gesamte Aufmerksamkeit des Mannes in Anspruch zu nehmen. Dieser spürt die Gegenwart des *Anderen* auch tagsüber dauernd um sich herum. Auf der Straße hört er sogar Schritte neben den seinigen gehen. Im Gespräch überlässt er dem *Anderen* von Zeit zu Zeit die Initiative, während er selbst die Position eines kritischen Zuhörers einnimmt, der dem ‚Geschwätz' aus dem eigenen Munde lauscht.

Er zieht schließlich sogar in Erwägung, dem *Anderen* einen Namen zu geben, ja, ihm seinen eigenen Namen zu überlassen: „Zugreifen wird er sofort, das sagt mir mein Gefühl. Er wird selig hineinschlüpfen und die abgelegte Schlangenhaut überall als etwas ganz Neues vorzeigen… Es wäre also beinahe eine gute Tat von mir. Und was mich betrifft, was kostet es mich denn? ... Gebe ich nun diesen Namen weg, muss ich natürlich damit rechnen, eine Weile im Namenlosen zu leben. Ja, warum eigentlich nicht?" Der Mensch hat sich endlich abgefunden mit seinem Rollentausch, wobei der weitere Verlauf der Phantasie des Lesers überlassen bleibt.

Alberto Savinio: Maupassant und ‚der Andere'

Die unterschiedlichen Darstellungen des *Doppelgängers* bzw. *Anderen* sind in ihren Aussagen nicht eindeutig. Einerseits hilft *der Andere* der menschlichen Persönlichkeit, ihre Anhaftung an die stoffliche Welt zu überwinden, indem er ihr nützliche Hinweise zukommen lässt; andererseits nimmt er wiederum bedrohliche Formen an, wenn die Auseinandersetzung mit dem fremden Anteil in der Psyche misslingt.

Der Doppelgänger Maupassants, der nicht einfach eine Romanfigur, sondern nach Ansicht des Schriftstellers tatsächlich existent war, verdient eine besondere Beachtung, da er gut dokumentiert ist. A. Savinio hat sich in ausführlicher und aufschlussreicher Weise mit dem Wesen dieses Doppelgängers befasst.

Guy de Maupassant hatte einige Zeit das *automatische Schreiben* praktiziert. Es ist im Jahr 1889, als Maupassant plötzlich bemerkt, dass sich die Tür seines Arbeitszimmers öffnet, obwohl der Diener strikte Anweisung erhalten hatte, niemanden einzulassen. Savinio berichtet: „Maupassant wendet sich um und sieht sich selbst ins Arbeitszimmer treten, sieht, wie er sich ihm gegenüber an den Tisch setzt, den Kopf in die Hand stützt und *das, was er schreibt, zu diktieren beginnt*" (S.76f.). Von diesem Zeitpunkt an begegnet Maupassant jedes Mal, wenn er nach Hause kommt, seinem Doppelgänger. Er öffnet die Tür und sieht sich dort selbst im Lehnstuhl sitzen!

Nach einiger Zeit begnügt sich der ‚schwarze Untermieter' nicht mehr damit, dem Schriftsteller Informationen zu liefern, sondern „er beginnt, den Menschen Maupassant zu ersetzen. Dieser lässt allmählich zu, dass der Andere die Oberhand gewinnt. Er beginnt, sich im Auftrag des Anderen zu bewegen, in seinem Auftrag zu agieren, zu leben. Sein Körper wird mit der Zeit zum Instrument, zum Vehikel, zum Transportmittel für den Willen des Anderen. Maupassant kann nicht mehr feststellen, wo er selbst aufhört und wo der Andere beginnt." Wenn er spricht, rechnet er damit, dass *der Andere* ihn plötzlich unterbricht und an seiner statt weiterredet. Wenn er eine Sache beginnt, kann er nicht sicher sein, sie auch selbst zu Ende zu bringen.

Maupassant ist nach Savinios Ansicht nur scheinbar allein, denn in ihm lebt und spricht und wächst eine andere Persönlichkeit, die mit der Zeit an seine Stelle tritt und ihn vollständig ersetzen wird! Der Begriff ‚Ersatz' „erklärt besser als jedes andere sowohl den Fall Maupassant als auch viele andere ähnliche Fälle. Manche Formen des Verfalls beim menschlichen Organismus nennen wir immer noch aus Gewohnheit, aus Trägheit oder aus Oberflächlichkeit Krankheiten, während es sich in Wirklichkeit um einen richtiggehenden Ersatz handelt; und wenn ein Organismus sich ergibt, dann deshalb, weil der ihn ersetzende Organismus die Oberhand gewinnt." Manche Menschen dienen als Herberge für einen gebieterischen Gast. „Und eines Tages merkt jener, dem der Organismus gehört, dass er in seinem Organismus nicht mehr allein, sondern *zu zweit* ist" (S.70f.).

Der Augenarzt Maupassants entdeckt nach einer beginnenden Atrophie (= Schwund) des Sehnervs ein kleines schwarzes Pünktchen in einem der Augen. Lässt dies auf die Anwesenheit des Untermieters, der sich im Körper des Schriftstellers niedergelassen hat, schließen? In Maupassant verbirgt sich eine fremde Kreatur, die ihn eines Tages gänzlich beherrschen wird. Die Inbesitznahme erfolgt schleichend, fast unauffällig: „Am Anfang inspiriert er, macht Vorschläge, lenkt in eine bestimmte Richtung, jedoch mit einer gewissen Zurückhaltung, so dass Maupassant glauben kann, es sei immer noch er selbst, der denke, immer noch er, der erfinde, immer noch er, der schreibe."

Doch der geheimnisvolle Gast wird mit der Zeit anspruchsvoller. Sein Verstand ist schärfer als der Maupassants; als Künstler ist er phantasievoller und gerissener. Allmählich beginnt er, Maupassant in dessen Werken ganz zu ersetzen. Die bekannten Werke *Der Horla* und *Sur l'eau (Auf dem Wasser)* werden dem Schriftsteller in weiten Teilen diktiert. Die berühmte Erzählung *Der Horla*, in der die unsichtbare Gegenwart eines unheimlichen Wesens einen Menschen zermürbt, wurde zum Ende hin nach Angaben des Autors vollständig von dem Doppelgänger Maupassants verfasst!

Der Schriftsteller lässt allmählich zu, dass der Doppelgänger die Oberhand gewinnt. In dem Maße, in dem Körper und Geist von der Gegenwart des Anderen erfüllt sind, „wird er seiner selbst entleert", bemerkt Savinio. Einfache Handlungsabläufe gestalten sich schwierig bei einer Person, in der zweierlei Willen gemeinsam tätig sind. Selbst beim Rasieren lenkt *der Andere* seine Hand in die falsche Richtung. Das andere Wesen, der andere Willen, obzwar unsichtbar, agiert dennoch willensstark und übermächtig. Es genügt dem *Anderen* mit der Zeit nicht mehr, in den Kopf des Schriftstellers eingedrungen zu sein und ihm Ideen und ganze Sätze einzuflüstern; er will sich auch des Schreibens bemächtigen und die Hand führen. Die Schrift Maupassants wirkt dementsprechend gedreht und gewunden, von zweierlei Willen hin- und hergezerrt. Die Lage wird immer verzweifelter.

Nach einem missglückten Selbstmordversuch resigniert Guy de Maupassant und überlässt sich gänzlich dem Willen des *Anderen;* er verfällt immer mehr dem Wahnsinn. 1892 wird er in ein Heim für Nervenkranke eingeliefert. Anfangs macht er noch einige Versuche, sich von seinem Quälgeist zu befreien, den er nun einen *Teufel* nennt. Er hat dessen wahre Natur entdeckt, so glaubt er. „Nur die Teufel sind ewig", behauptet er (S.95). Er glaubt nun selbst, der Sohn Gottes zu sein; dieser ist für ihn aber „der grausamste aller Götter". Einen Freund, der ihn besuchen kommt, fordert Maupassant auf, sich schnell zu entfernen, denn gleich werde er „nicht mehr da" sein. Anschließend klingelt er nach einer Zwangsjacke wie jemand, der weiß, was gleich auf ihn zukommen wird.

Der sich verselbständigende Doppelgänger Maupassants weißt einige Ähnlichkeiten mit dem *Hüter der Schwelle* auf, der sich entweder hilfreich oder dämonisch zeigt, je nach seelischer Verfassung des Individuums. Der Doppelgänger, dessen Sein aus den menschlichen Gedanken und Handlungen gespeist wird, ist gleichzeitig ein eigenständiges Wesen. Er gibt Inspirationen und lenkt die Aufmerksamkeit auf die unvollkommenen Seiten der Persönlichkeit, die den aufstrebenden Geist daran hindern, die Schwelle zu überschreiten und den Zugang zu geistiger Erneuerung zu finden.

Die vielfältigen Erscheinungen des Doppelgänger-Phänomens sind in ihren Besonderheiten nicht leicht zu erfassen und differenziert zu beurteilen, da die Angaben hierzu sehr unterschiedlich sind und eine umfassende Sichtweise bisher fehlt.

Ich-Verdrängung im Gehirn

Das Gehirn ist weder der Ursprung noch die Heimat
des Bewusstseins.

Im Unterbewusstsein findet fortlaufend ein Verkehr statt zwischen dem menschlichen Geist und Wesenheiten der unsichtbaren Welt. Inspirierte künstlerische Betätigung ist das Resultat übersinnlicher Wahrnehmungen. Künstlerisches Schaffen kann als der Transport geistig-übersinnlicher Eindrücke in die physisch-sinnliche Realität bezeichnet werden. Rudolf Steiner spricht in diesem Zusammenhang von einer geistigen Welt, die sich hinter der sinnlich wahrnehmbaren Welt befindet. Kunst gibt Zeugnis ab für eine Verbindung des Menschen mit den metaphysischen Ebenen. (In: Der übersinnliche Ursprung des Künstlerischen, S.18f.)

Das künstlerische Schaffen stellt Steiner in einen Zusammenhang mit luziferischen Wesenheiten, die in der unbewussten Psyche des Menschen wirken. Dem italienischen Musiker Giuseppe Tartini erschien ein Wesen im Traum, das ihn zu einem genialen Musikstück inspirierte. In diesem Wesen sah er – den Teufel! Die „luziferische Wirksamkeit (hat) die bedeutsamsten Kulturblüten, vor allem die künstlerischen, mitbewirkt", erläutert Steiner. Doch die Überspannung luziferischer Kräfte führt zu Schwärmerei und Verworrenheit, die sich in der Seele zeigen. Ein sich Verlieren in willkürlichen Vorstellungen, ein übertriebenes Pochen auf persönliche Überzeugungen u.ä., sind Schattenseiten der luziferischen Wirksamkeit. (In: Die Schwelle der geistigen Welt, S.41.)

Mit brisanten Aspekten der Medialität hat sich Rudolf Steiner ebenfalls auseinandergesetzt. Er erwähnt lernbegierige Elementarwesen, die vordem niemals auf der Erde inkarniert waren. Da sie sehr interessiert sind an der Menschenwelt, suchen und finden sie einen

Zugang bei medialen Menschen. Steiner gelingt es, tiefere Einsichten in die psycho-physiologischen Zusammenhänge zu erhalten: Gewisse Teile im menschlichen Gehirn entsprechen der Ich-Entwicklung der Persönlichkeit. Bei Trance-Medien sind einige Gehirnpartien so entwickelt, dass sie aus ihrer Gesamtwesenheit ausgeschaltet werden können. Die Ich-Tätigkeit ist unterdrückt und lässt daher einen Spielraum für Elementarwesen, denen daran gelegen ist, in die speziellen Gehirnpartien einzudringen.

Bei Medien werden im Trancezustand diese besonderen Gehirnteile nach und nach ausgeschaltet. Steiner beschreibt, wo der schwierige Punkt in der Trance-Medialität liegt. Er gibt seinen Erläuterungen eine naturwissenschaftliche Basis, indem er das archimedische Prinzip zum Vergleich heranzieht: Lediglich ein kleiner, spezieller Teil des Gehirns ist Träger des menschlichen Ich. Ein Medium, bei dem das Ich in der tiefen Trance ausgeschaltet ist, zieht Elementarwesen herbei, wie das Licht die Motten.

„Solche Medien können dann, weil ihr Ich unterdrückt ist, in sich aufnehmen diese gelehrigen Elementarwesen aus der geistigen Welt… Und es kommen dann solche Medien in eine Tätigkeit hinein, in der sie nicht Schreibbewegungen machen im Sinne ihres Ichs, im Sinne ihres vollen Bewusstseins, sondern im Sinne des Elementarwesens, das in ihnen sitzt." (In: Das Initiaten-Bewusstsein, S.181f.) Mediales Schreiben oder mediales Zeichnen kommt bei herabgedämpftem Bewusstsein zustande, wodurch den Wesenheiten, die bei Steiner *ahrimanische Wesen* genannt werden, eine Tür geöffnet wird.

Das Ich wird aus dem Gehirn des Mediums heraus getrieben, und ein Wesen der Elementarwelt dringt hinein. Es dringt mit der Zeit immer weiter bis in die Verzweigung der Nerven ein und gewinnt damit Einfluss auf die Willensgestaltung. *„Das ist das eigentliche Mysterium des Mediumwesens; die Besessenheit durch bestimmte Wesen",* erläutert Steiner.

Der Autor schildert den unheimlichen Vorgang der Inbesitznahme während einer Trance: „Aber wenn sie irgendein Gehirn erhaschen, diese Wesen, das nicht von seinem Ich bewohnt ist zu einer gewissen

Zeit, dann bekommen diese Wesen ungeheuren Appetit, in diesem Gehirn unterzutauchen. Und wenn ein Medium in Trance ist, wie man sagt, wenn also das Gehirn ausgeschaltet ist, dann kriecht so ein Wesen, das unter ahrimanischem Einflusse steht... in so ein Gehirn hinein, und ein solcher Mensch ist dann in dieser Zeit statt eines Menschen-Ichs der Träger eines elementarischen Wesens, das im Kosmos seine Pflicht versäumt." [8]

Immer dann, wenn das Bewusstsein eines Menschen herabgedämpft ist, kann sich ein Fenster öffnen in die Welt der Elementarwesen. Den unsichtbaren Geistern gelingt es, durch diese Öffnung am menschlichen Dasein teilzuhaben. Sie ragen in die Ausstrahlungen eines Mediums hinein; in seine Atmung, die Energieausstrahlung, die feuchten Absonderungen. Meist entgehen den Medien anfangs diese Vorgänge.

Auch der Astralkörper wird von einem fremden Wesen infiltriert. Nicht allein das Ich wird zurückgedrängt; der Astralkörper wird ebenfalls besessen. Der Einfluss des Ich-Bewusstseins auf den physischen und auf die feinstofflichen Körper wird herabgemindert. An seiner Stelle ist es fremden, teils tierischen Kräften, möglich, Einfluss zu nehmen. Der Körper des Mediums wird in gewisser Weise zu einem Automaten, da Kräfte von außen diesen nach Gutdünken beeinflussen und dirigieren können.

Den Medien ist in der Regel nicht bewusst, welchen Risiken sie sich aussetzen, wenn sie sich arglos geistigen Eingebungen zur Verfügung stellen. Derart tiefgreifende Übergriffe, die zum Ziel haben, das Ich des Mediums aus seinem eigenen Gehirn zu verdrängen, entziehen sich der menschlichen Vorstellungskraft. Da das Wissen um diese Vorgänge leider bisher wenig bekannt ist, haben die elementa-

---

[8] Da der französische Schriftsteller Guy de Maupassant nachweislich eine zeitlang *automatisches Schreiben* praktiziert hat, ist anzunehmen, dass er zuletzt Opfer eines dieser Elementarwesen geworden ist. Die Hilfestellung, die er anfangs erhielt und die ihm zu schriftstellerischen Erfolgen geführt hat, kehrte sich unmerklich in ihr Gegenteil, bis es zu einer Umkehr zu spät war.

ren Wesenheiten leichtes Spiel, das Vertrauen medialer Menschen für eigene Zwecke auszunutzen.

Eine merkwürdige Textstelle bei Jan van Helsing beschreibt den medialen Kontakt mit einer geistigen Wesenheit: dem *schwarzen Mann* bzw. *Fährmann*. Der Geist behauptet, er sei noch niemals als Mensch inkarniert gewesen und fordert van Helsing auf: „Beginne, die wärmende Kommunikation mit mir zu pflegen, wenn du in Ruhe bist." Er betont die Notwendigkeit, „in dich zu kriechen, in deine Struktur, dein Gitternetz, um deine Nervenbahnen zu erkunden. Wenn du dafür offen bist – also für mich, – werde ich in deine Gehirnstruktur einfließen, um dir diese Gedanken zu geben, die in dir Millionen von Fragen auslösen werden. Dafür ist es aber notwendig, dein Gehirn zu aktivieren, damit du im Denken nicht verrückt wirst…" (In: Wer hat Angst vor'm schwarzen Mann? S.237.) Wer sagt aber, ob nicht gerade dieser Einfluss jemanden in Verwirrung stürzt und – als Folge einer solchen Kontaktaufnahme – das Medium abrückt von der Norm menschlichen Bewusstseins?

Da die meisten Therapeuten von Einflussnahmen dieser Art keine Kenntnis haben, werden die damit einhergehenden Symptome häufig falsch interpretiert. Eine inadäquate Behandlung führt bestenfalls zu einer Unterdrückung der Symptome, doch niemals zu einer umfassenden Bekämpfung der Ursachen.

Geheimgesellschaften

Seelen, die sich vom Körper lösen, können von fremden Mächten gefangen genommen werden.

Freimaurer

Viele Menschen sind überzeugt von der Existenz mächtiger Geheimgesellschaften, die im Verborgenen wirken. Diese Gesellschaften haben über die Jahrhunderte hinweg einen ebenso subtilen wie auch wirksamen Einfluss auf die Geschichte des Abendlandes ausgeübt. Ihre Mitglieder sind bekannte Persönlichkeiten der Zeitgeschichte; Politiker, Künstler, Unternehmer etc., wobei der Bereich der Politik eines ihrer wichtigsten Betätigungsfelder ist. Sie sind an der Gestaltung internationaler Beziehungen auf höchster Ebene beteiligt und schalten sich in die inneren Angelegenheiten der Länder ein.

Geheimbünde erregen nach wie vor die Aufmerksamkeit vieler Zeitgenossen, gerade wegen der Geheimniskrämerei, die dort betrieben wird. Über die mehr oder weniger geheimen Bünde, Clubs und Logen, die okkulte Riten zelebrieren und Einfluss auf die internationale Politik nehmen, existiert bereits eine umfangreiche Literatur. Erwähnenswert ist in diesem Zusammenhang Jan van Helsings Buch

Geheimgesellschaften, das vor einigen Jahren in Deutschland verboten wurde, wobei der Gründe für das Verbot eher fadenscheinig waren. Mittlerweile wurde das Verbot aufgehoben.

Okkulte Schulen und Bruderschaften sind bemüht, ihr spezielles Wissen über die Gesetze des Lebens und über fremde Welten zu vertiefen und dieses Wissen im täglichen Leben umzusetzen, erläutert Wilhelm Augustat (S.84). Einige Bruderschaften stellen an ihre Mitglieder den Anspruch, ihre Kraft zum Wohle der Gemeinschaft einzusetzen. Zu diesen gehören die *Freimaurer.* Die gegenwärtig existierenden Clubs wie *Lyons* oder *Rotaries,* und auch die *Bilderberger,* sieht Augustat nur als „Imitationen von Bruderschaften des Geistes, deren Zeichen wir in allen historischen Kulturen vorfinden. Die Geschichte des 20. Jahrhunderts ist reich an Geheimgesellschaften, wenn auch eher im negativen Sinn, denn sie missbrauchen ihre Organisation überwiegend dazu, ihre Macht auszubauen" (S.84). In der westlichen Kultur lebenden Menschen fällt es nicht leicht, Verständnis dafür zu entwickeln, dass auf unserem Planeten Abgesandte der Bruderschaften über netzwerkähnliche Strukturen verfügen und darüber in das Leben der Menschheit hineinwirken (S.160).

Jan van Rijckenborgh erklärt: „Verschiedene Autoritätsgruppen, wie z.B. Ministerräte, verschiedene andere politische Gruppen, Vereinigungen von wissenschaftlich gebildeten Damen und Herren…, die Generaldirektoren von Konzernen jeglicher Art, die bei Direktionsbesprechungen versammelt sind, all diese Gruppen der in unserer Welt führenden Menschen werden einer sehr eigenartigen Situation gegenübergestellt. All diese Gruppen und Grüppchen sollen im psychologisch geeigneten Augenblick bei ihren Versammlungen von Angehörigen der universellen Bruderschaft aufgesucht werden" (zitiert bei Horst E. Miers, S.455f.).

Das einst dominierende Motto der Mitglieder exklusiver Clubs und Logen, die sich die Ideale des Humanismus und Liberalismus auf die Fahnen geschrieben hatten, geriet mit der Zeit immer mehr in den Hintergrund. Freidenkerische Ziele wurden verdrängt zugunsten des

Aufbaus weltweiter Beziehungsnetze, die gegenwärtig den Mittelpunkt der Interessen bilden.

Die Weiße Bruderschaft

Keiner, der es redlich meint, wandert dem Abgrund zu.
Gustav Meyrink

Eine Hierarchie menschliche Geister, die bereits einen übernatürlichen Daseinszustand erreicht hat, wird beim *Lectorium Rosicrucianum* beschrieben. Sie wird als die U*niverselle Bruderschaft* bezeichnet. Alle befreiten Menschenwesen bilden eine universelle Bruderschaftskette. Sie wirken nach dem Wegfall ihres grobstofflichen Körpers im feinstofflichen Gewand weiter. Bei den Tempeldiensten des Ordens sind die ‚Entitäten' der *Universellen Bruderschaft* anwesend (vgl.: Jan van Rijckenborgh, S.416).

Die *Shamballah-Bruderschaft*, die sich im ‚Herzen der Welt', in Zentral-Asien, befinden soll, ist nach Aussagen von Helena P. Blavatsky das Zentrum, von dem aus die spirituell fortgeschrittenen *Mahatmas* operieren. Die Bruderschaft von Shamballa gilt demzufolge bei Theosophen als der zentrale Brennpunkt, von dem aus die Leitung der Welt ausgeht.

Die in Deutschland im 18. Jahrhundert entstandene *Strikte Observanz* ist ein Rittersystem, das sich als Nachfahre der alten Tempelritter betrachtet. So genannte ‚unbekannte Obere' leiten den Orden, über den in der Öffentlichkeit wenig bekannt ist. Die Ordenstracht ist ein weißer Mantel mit rotem Templerkreuz (S. 597).

Jürgen Wandel beschreibt die *Große Weiße Loge*, auch *Große Weiße Bruderschaft* genannt, deren Adepten den Angaben des Autors zufolge die Abläufe in der Natur lenken (vgl.: Das höhere Selbst, S.20). Mitglied in der Loge wird ein Geistesschüler mit der Initiation. Ca. 60 Adepten sind auf der Erde verkörpert, während die übrigen Mitglieder sich in den geistigen Ebenen aufhalten, um dort andere Aufgaben zu erfüllen. Sie lenken das Erdenschicksal und beeinflussen menschliche Individuen, indem sie Energie in Form von Strahlen zu ihnen senden.

Die Adepten der Weißen Loge leiten die Menschheit und deren Schicksal „wie der Dompteur Tiere in der Entwicklung beschleunigt, der Gärtner Pflanzenzüchtungen fördert, etc" erklärt Jürgen Wandel (in: Vademecum zur Initiation, S.2). Diese wenig vorteilhafte Beschreibung wirft ein Licht auf die Art der Einflussnahme, die von der Loge ausgeht.

Die inkarnierten Mitglieder der Weißen Bruderschaft besitzen keinerlei besondere körperliche Merkmale. Sie werden in verschiedenen Nationen geboren und stehen in telepathischem Kontakt untereinander. Da sie fähig sind, ihre Aufmerksamkeit zu bündeln und wie eine Linse auf einen bestimmten Gegenstand einzustellen, können sie jede erwünschte Information empfangen.

Auch bei Omraam M. Aivanhov wird eine *Universelle Weiße Bruderschaft* erwähnt, die er „lichtvolle Wesen" im Universum nennt. Es sei Aufgabe des Menschen, diesen Wesen Wirkungsmöglichkeiten auf der Erde zu verschaffen, schreibt der Autor. „Die *Universelle Weiße Bruderschaft* ist eine Macht, die sich über das gesamte Planetensystem und darüber hinaus ausdehnt." Man dürfe sie aber nicht mit der auf der Erde wirkenden *Universellen Weißen Bruderschaft* verwechseln und danach beurteilen. Diese bestehe aus einer Handvoll Menschen, die nicht immer weise oder besonders erleuchtet handeln. Die wahre Universelle Weiße Bruderschaft hingegen befinde sich in der geistigen Sphäre und umfasse alle Wesen, die einem hohen Level der geistigen Entwicklung erreicht haben. Inkarnierte Menschen sieht Aivanhov in erster Linie als Arbeitskräfte, die alles daransetzen sollten, die Hilfe und das Licht dieser Wesen zu nutzen, um deren Pläne auszuführen. (Vgl.: Eine universelle Philosophie, S.87f.). Es ist anzunehmen, dass die verschiedenen Organisationen untereinander in Verbindung stehen.

Brüder des Schattens

Die Hölle ist im Herzen.

Seine Erlebnisse in einer Schule der *Weißen Bruderschaft* irgendwo in den Weiten des Himalajas schildert der anonyme Autor des Buches *Der Eremit*. Er behauptet darin, eine vollständige Schulung bis zur Meisterschaft durchlaufen zu haben. Mystische Schulen verfügen über weitreichende Informationen. Sie sind über alle anderen Mystiker auf der Welt und deren Bestrebungen umfassend auf dem Laufenden. Die Ausbildungsstätten verfolgen nicht das Ziel, über andere Menschen zu herrschen, sondern sie überwachen deren geistige Entwicklung, um „dafür zu sorgen, dass alles geistige Suchen und Streben immer wieder einmündet in den einzigen großen Strom, der zu Gott zurückführt", erklärt der Autor (S.145f.).

Ihre Gegenspieler sind dunkle Organisationen, die überaus diszipliniert zu Werke gehen. Sie arbeiten sehr systematisch und mit großer Sachkenntnis. „Es ist Bedeutungsvolles, was hinter den Kulissen des äußeren Geschehens vor sich geht", bemerkt Rudolf Steiner (in: Individuelle Geistwesen... S.91). Steiner fordert, eine gewisse Anzahl von Individuen sollte die Bereitschaft zeigen, sich mit unbequemen Wahrheiten auseinanderzusetzen, anstatt wie bisher im Zustand des Nichtwissens zu verharren und mit allgemeinen, abstrakten Begriffen vorlieb zu nehmen.

Dunkle Bruderschaften, welche die ihnen zur Verfügung stehenden okkulte Geheimnisse in verkehrter Weise ausnutzen, „beeinflussen immer die öffentliche Meinung, indem sie dieses oder jenes zum Beispiel gerade durch solche Mittel verbreiten lassen, durch die es am wenigsten den Menschen auffällt...", schreibt Steiner (S.174f.). Für die Menschen besteht die Notwendigkeit, mit klarem Bewusstsein die geistigen Lehren zu erfassen und einen bewussten Kampf gegen die in der Menschheitsentwicklung auftretende Negativität zu führen.

Die Menschheit wird von gewissen okkulten Bruderschaften in einer einseitig materialistischen Haltung bestärkt, die in geistigen Kräften nichts anderes sieht als bestimmte Naturkräfte. Bis über den Tod hinaus üben die geheimen Zirkel Macht aus über gewisse materialistisch eingestellte Seelen. Diese verbleiben auch nach ihrem Ableben in der Erdensphäre und gelangen in den Machtbereich der Bruderschaften, die dadurch einen ungeheuren Machtzuwachs erfahren. Gutgläubige Menschen, denen die höheren Kräfte der Seele unbekannt sind, werden nach und nach „seelisch abhängig von der Loge, ohne dass sie wissen, wovon sie abhängig sind, woher sie eigentlich dirigiert werden. Es gibt kein anderes Mittel gegen diese Dinge als das Wissen davon. Weiß man davon, ist man schon geschützt", erläutert Steiner

Die rein materialistische Einstellung der Logen leugnet den Geist nicht nur, sondern sie geht noch weiter. Sie will den Geist hineinzwingen in die Materie und ihn damit ins Irdische bannen. Nur dann, wenn Menschen ihre Bequemlichkeit und ihre Ängste gegenüber einer geisteswissenschaftlichen Weltanschauung überwinden, kann solchen Bestrebungen das Handwerk gelegt werden.

Hinter allen materiellen Erscheinungen stehen geistige Wirkungen. Diese grundlegende Anschauung hat in der Gegenwart bereits in einigen Gruppierungen Verbreitung gefunden. Das Prinzip der wirtschaftlichen Abhängigkeit ist das wirksamste Prinzip, mit dem die gruppenegoistisch wirkenden Bruderschaften ihre Macht ausdehnen über eine große Anzahl von Menschen. Diese Abhängigkeit ist das Werkzeug, mit dem viele Leute zur willfährigen Armee für diese Prinzipien gemacht werden.

Die *Brüder des Schattens* haben auch die Aufmerksamkeit des französischen Schriftsteller-Ehepaares Anne und Daniel Meurois-Givaudan auf sich gezogen. Sie berichten in ihren Texten von mannigfaltigen spirituellen Erfahrungen und Visionen, in denen ihnen übersinnliches Wissen vermittelt wurde. Die Mitglieder der dunklen

Bruderschaft, die *Energien des Schattens,* sind gegenwärtig auf der Erde inkarniert, erklären sie. In der Einsamkeit Alaskas existieren, halb im Eis verborgen, umfangreiche Gebäudekomplexe, in denen bereits seit Jahrzehnten konkrete wissenschaftliche Forschungen betrieben werden.

Meurois-Givaudan erfahren in ihren medialen Botschaften: „Es gibt Kräfte auf der Oberfläche eurer Erde, deren Anwesenheit man heute nicht mehr ignorieren darf... Es gibt seit sehr langer Zeit auf eurer Welt ein Volk von Seelen, deren Ego mit einem noch unbearbeiteten Gesteinsblock zu vergleichen ist. Diese Wesen ähneln nicht nur euch allen, sondern leben auch durch die Kraft ihrer seelischen Struktur ein wenig in euch allen. Sie sind aus eurem Universum hervorgegangen, und die Destabilisierung ihrer Lebenssphäre hat sie gezwungen, sich unter anderen Himmeln zu inkarnieren, um ihre Evolution zu vollenden" (S.112f.).

Dieses Volk verfügt über eine umfassende Kette von „Laboratorien und Forschungszentren auf eurem ganzen Planeten, *deren Ziel die psychische Beherrschung der menschlichen Bevölkerung und die Kontrolle natürlicher Elemente wie des Klimas ist...* Kleine Inseln mitten auf dem Ozean und unterirdische Stützpunkte wurden im geheimen mit dem einzigen Ziel der Unterjochung der planetarischen und menschlichen Energien geschaffen; auch einige Schiffe wurden in diesem Sinne ausgestattet und kreuzen auf allen Meeren." Das Ziel dieser Wesen ist die Züchtung und Beherrschung einer einzigartigen Rasse.

Ähnliche Ambitionen schreibt Jürgen Wandel der *Großen Weißen Bruderschaft* zu, die sich mit der Aufgabe der Züchtung verschiedener Rassen befasst und gegenwärtig mit der Entwicklung der nächsten großen Rasse beschäftigt ist (in: Vademecum zur Initiation). Frühere Züchtungen wurden angeblich in Zentralasien vorgenommen und besiedelten von dort aus Eurasien, Afrika und in jüngster Zeit auch Amerika und Australien. Die „gegenwärtige Arbeit besteht im Kreuzen vieler Nationen, um aus einem internationalen Gemisch eine Elite auszusondern, die zur 6. arischen Unterrasse heranwachsen soll.

Die Körperform wird auffallend schlank sein mit einer markanten wulstigen Erhöhung in der Kopfmitte" (S.23).

In seinem Werk: *Der alte und der neue Gott* propagiert Hermann Rudolph den theosophischen Pfad, der die Reinigung der Seele und die Befreiung von Vorurteilen und Wünschen zum Ziel hat. Ein ,neuer Gott' soll die Menschheit eine Stufe in der geistigen Entwicklung empor führen; einem glücklichen Zeitalter entgegen. Wer ist diese geheimnisvolle Göttergestalt? „Der neue Gott ist der Geist der Bruderschaft", erklärt der Autor. Unklar bleibt, ob bei Rudolph ein göttlicher Genius oder vielmehr der ,Große Bruder' gemeint ist.

In besorgniserregender Weise wird das menschliche Bewusstsein manipuliert und verändert. Die Fäden im Hintergrund ziehen unsichtbar bleibende ,Meister' okkulter Bruderschaften, denen daran gelegen ist, das individuelle Bewusstsein durch eine anonyme, normierte Einförmigkeit zu ersetzen. Zu diesem Zweck wird ein gewisses Kraftfeld erzeugt. Jedes Individuum sollte aber selbst entscheiden dürfen, ob es zu dieser ,Masse der Unbewussten' zählen will oder einen anderen, spirituellen Weg vorzieht, kritisiert Patricia Cori in ihrem sehr aufschlussreichen und kritischen Buch: *Keine Lügen, keine Geheimnisse mehr* (S. 64).

Manche der okkulten Bestrebungen wecken fatale Erinnerungen an das Dritte Reich, auf das A. und D. Meurois-Givaudan Bezug nehmen. Unter dem Etikett des Nazismus sei den Energien des Schattens eine teilweise Verwirklichung ihrer Vorhaben gelungen. Das abschreckende Etikett sei zwar mittlerweile verschwunden, doch die dahinter stehende Idee sei damit keineswegs ausgelöscht. Bedauernswert ist, „dass die nazistische Kraft weit mehr denn je auf eurer Erde gegenwärtig ist. Sie hat sich jetzt das Mäntelchen des Biedermannes umgehängt und hat es zur vollkommenen Beherrschung einer Technologie gebracht, die bald das Klima und das wirtschaftliche Gleichgewicht der Völker verändern könnte. Ihre Grundlage ist auch und vor allen Dingen der geringe physische und emotionelle Widerstand einer großen Zahl von Menschen, die auf dasjenige ansprechen, was man eine bestimmte ,Wellenlänge' nennen könnte" (S.114f.).

Von enormer Wichtigkeit ist es nun, sich über die schädliche Wellenlänge zu erheben, denn: „Der Nazismus hat sich über die ganze Welt ausgebreitet. Die einzige Chance, dass ihr ihm nicht in euren Zivilisationen unter einem anderen, noch heimtückischeren Namen wiederauferstehen seht, besteht darin, euch von allem ‚Massenbewusstsein' zu befreien, das die Ideologien geschickt in euch pflegen." Die meisten Menschen können sich nicht vorstellen, in die Fänge dunkler Mächte geraten und vertrauen auf die öffentlichen Medien. Selbst vielen Nazis war seinerzeit nicht klar, dass sie unbewusst Helfershelfer einer dunklen Kraft waren, die ihnen weit überlegen war.

Da die Falle geschickt kaschiert wird, ist es schwierig, den Abgrund zu sehen und ihm auszuweichen. Die Organisation der *Brüder des Schattens* arbeitet in sehr spezialisierten Disziplinen; sie sind geschickte Täuscher, die es verstehen, sich der Sprache des Lichts für ihre Zwecke zu bedienen. Die subtilen Mechanismen sind nicht leicht zu durchschauen. Bis in alle politischen, wirtschaftlichen und wissenschaftlichen Bereiche hinein ist die mächtige Organisation verzweigt. Selbst religiöse Vereinigungen sind davon nicht ausgenommen.

Es geht nun darum, die Schleier zu zerreißen und die Blindheit zu beenden, in der so Viele gefangen sind. Die Aufgabe der Menschen besteht nicht darin, einen Kampf zu führen gegen eine übermächtige Organisation, sondern sich davon abzuwenden, nachdem sie die Manipulation durchschaut haben. Die Kräfte des schwarzen Lichts erstarken durch Gefühle der Trauer, der Ohnmacht, der Angst und des Zorns. „Glücklich derjenige, der in all dem seinen Weg zu finden weiß, der ein hellsichtiger Hüter der wirklichen Zugangswege ist, die in sein eigenes Herz führen, zu seinem eigenen Entscheidungs- und Handlungswillen" (S.119f.).

Die Menschheit ist den Beeinflussungsbestrebungen dunkler Mächte nicht wehrlos ausgeliefert. Sobald es ihr gelingt, hinter die Fassade der perfiden Machenschaften zu blicken, sind ihr die Mittel an die Hand gegeben, sich davon abzukoppeln und eigene Wege zu gehen.

Gefahren auf dem Weg der Erkenntnis

*Wenn du lange in den Abgrund blickst, blickt der Abgrund
auch in dich hinein.*

Die Entwicklung medialer Sinne

Sensitive Menschen sind in der Regel neuen Bewusstseinserfahrungen gegenüber aufgeschlossen. Diese Offenheit erlaubt ihnen ungewöhnliche Einblicke in fremde Dimensionen, sie erhöht aber auch die Gefahr pathologischer Entgleisungen. Eine wichtige Voraussetzung für die Entwicklung medialer Sinne ist körperliche Gesundheit und psychische Ausgeglichenheit.

Die fünf medialen Sinne entwickeln sich in der Reihenfolge:

- ◙ Hellfühlen (Psychometrie),
- ◙ Hellsichtigkeit, Visionen, Halluzinationen,
- ◙ Hellhören, Stimmen, sonstige Geräusche,
- ◙ Erweiterung des Geruchs- und Tastsinns.

Eine Person, deren mediale Sinne sich öffnen, muss imstande sein, die destruktiven Elemente der Innen- und Außenwelt zu überwinden.

160

Andernfalls geht die Entfaltung der neuen Wahrnehmungen mit ungezügelten Phantasien und Ängsten einher. Hier lauern erhebliche Gefahren, da negative Reaktionen weitere psychische Belastungen nach sich ziehen. Erst dann, wenn die dunklen Kräfte keine Bedrohung mehr darstellen, können tiefer gehende Erfahrungen angestrebt werden, die auf Anleitungen aus der geistigen Welt basieren.

Nach anfänglicher Begeisterung werden viele von der dunklen Seite aus dem Unsichtbaren geängstigt. Düstere Ahnungen von Bedrohungen durch das Unbekannte; Vorahnungen von Tod und Zerstörung, stürzen sie in Verwirrung. Dies ist ein Zeichen, dass sie sich auf den Verkehr mit der niederen Geisterwelt eingelassen haben. In diesem Stadium ist ein spiritueller Lehrer, der sich mit Problemen dieser Art auskennt, von unschätzbarem Wert, um die Dinge wieder ins rechte Licht zu rücken.

Die Gefahr, in die Fänge gerissener Geistwesen der dunklen Seite zu geraten, wird häufig übersehen. Der italienische Psychiater Professor Yotopoulos äußerte seinerzeit die Ansicht, viele Geisteskranke in psychiatrischen Kliniken seien im Grunde von negativen Wesenheiten besessen. Und der Kontakt mit anderen Psychiatrie-Patienten in den Anstalten könne ihr Leiden noch verschlimmern. (Vgl.: W.O. Roesermüller, S.36.)

Während sich die medialen Sinne entwickeln, öffnet sich das *Dritte Auge* in der Mitte der Stirn. Diese Öffnung ermöglicht hellsichtige Wahrnehmungen. Die Bilder, die sich enthüllen, können erfreuliche oder Schrecken erregende Formen annehmen. In diesem Stadium erleben Menschen, die sich leicht verunsichern lassen, innerhalb kurzer Zeit psychosenahe Zustände. Dies geschieht vor allem dann, wenn niemand da ist, der Wegmarken bereithält, um diese schwierige Strecke zu kennzeichnen.

Der Autor Werner Widmer, der die geistig-seelischen Zustände seiner eigenen Psyche erforscht hat, berichtet von einer Berührung mit der dunklen Region. Diese „hat daraus ein Machtinstrument geistiger Überlegenheit entwickelt und benutzt es rücksichtslos als Mittel geistiger Beeinflussungen, völliger Bewusstseinsumwandlungen, zu

Bewusstseinstrübungen und -verwirrungen, ja selbst geistigen Vergewaltigungen. Völlig unbemerkt und unerkannt vermag sie damit vor allem bei denjenigen wirksam zu werden, die noch keine derartigen technischen Kenntnisse besitzen. Dadurch hat sie sich für die ganze Menschheit zu einer großen Gefahr entwickelt, zumal sie jede geistige Aufklärung gewaltsam zu unterdrücken sucht. Und es gibt für eine Expedition in die geistige Welt keine wichtigere Aufgabe, als eine Offenlegung dieser unheimlichen Methode und der daraus drohenden allgemeinen Gefahren" (S.111). Leider besitzt die Wissenschaft immer noch keine eindeutigen Erkenntnisse in Bezug auf die Entstehung geistiger Störungen.

Mediale Empfänglichkeit begünstigt – neben seelischen Erschütterungen und Erschöpfungszuständen –, eine Einflussnahme fremder Geistwesen und deren Eindringen in den menschlichen Organismus. Psychotische Symptome treten u.a. bei Menschen auf, die sich ohne Vorkenntnisse an mediale Versuche heranwagen. Scheinbar harmlose Übungen im ‚automatischen Schreiben' oder ‚Gläserrücken', bzw. die Arbeit mit dem Pendel, können geistige Störungen zur Folge haben. Personen, die plötzlich hellhörig werden, leiden bspw. unter der Belästigung durch Geistwesen, deren Stimmen sie überallhin verfolgen.

Unter dem massiven Einfluss dunkler Mächte, die sich von heftigen negativen Emotionen und Ängsten angezogen fühlen, kommt es über kurz oder lang zu einer inneren Erstarrung. Die Seelenkräfte geraten in einen Zustand der Agonie. Auch in Fällen von Persönlichkeits-Spaltung gelingt es fremden geistigen Wesenheiten, sich zum Ausdruck zu bringen, behauptet C. Wickland. Er hält diese ‚Persönlichkeiten' für selbständige Wesen, da es ihm gelungen ist, sie in seiner Praxis auf ein Medium (seine Ehefrau) zu übertragen.

Die entscheidende Frage bei all dem lautet: Aus welchem Grund sieht ein Individuum sich derart feindlichen Einflüssen ausgesetzt? Eine Schlüsselrolle scheinen negative Gefühle und festgefahrene Überzeugungen zu spielen. Während einer medialen Entwicklung kommt die transformierende Kraft der Emotionen immer deutlicher zum Ausdruck. Eingefahrene Vorstellungen, die über einen langen Zeitraum konserviert wurden, neigen zur Verhärtung und mutieren gleichsam zu Gussformen negativer Energien. Die Schwingungsfrequenz wird herabgesenkt auf ein niedriges Niveau, das Herzzentrum verschließt sich gegen positive Strömungen, und das Innenleben gleicht einer Winterlandschaft. Eine Stagnation in allen Lebensbereichen lähmt die Antriebskräfte.

Auf eine diesbezügliche Frage an die Berater der geistigen Ebenen antworten sie:

Hat sich ein Geist zur Inkarnation entschieden, weiß er von vornherein, was auf ihn zukommt. Er akzeptiert die Lernerfahrungen, die ihn letztlich auf die geistige Ebene zurückführen und weitere Inkarnationen überflüssig machen. Erst dann wird er völlig frei, über seine zukünftigen Entwicklungsschritte selbst zu entscheiden.

Sieht sich der Geist gezwungen, auch unangenehme Lernerfahrungen in der kommenden Inkarnation zu akzeptieren, da er sonst keine Chance zur Weiterentwicklung hat?

Das geistige Wesen eines Menschen steht über den irdischen Erfahrungen, daher hat es keine Probleme mit der Akzeptanz einer wie immer gearteten Inkarnation. Seine ihn zur Inkarnation zwingenden Wesensteile sind es, welche aus den Erfahrungen freier, unabhängiger hervorgehen sollen. Nicht immer gelingt dies; manche Wesensteile verstricken sich immer tiefer in die Materie. Dann sieht sich der Geist gezwungen, Maßnahmen zu ergreifen, um ein weiteres Absinken zu vermeiden.

Die Erfahrungen können dann so schmerzvoll werden, dass ein Wesensteil wachgerüttelt wird und letztlich seinen Irrtum erkennen kann. Weigert sich ein Wesensteil dennoch, zur Einsicht zu kommen, droht ihm die Auslöschung, die völlige Vernichtung.

Mittels leidvoller Erfahrungen wird versucht, ‚Wesensteile' zur ‚Einsicht' zu bewegen. Dies sieht zweifelsohne nach Zwang aus.

Der angewandte Zwang bedeutet nicht, dass jegliches Abweichen vom Wege gleichermaßen bestraft wird. Ein Wesensteil muss schon ein hohes Maß an Uneinsichtigkeit aufweisen, bis zu rigorosen Maßnahmen gegriffen wird. Die Entwicklungsschritte folgen keinem festen Schema, daher sind Abweichungen und auch Entgegenkommen in jedem Fall zugelassen. Nur bei gänzlich uneinsichtigen Wesensteilen, denen jeglicher Lernschritt zuwider ist, wird zu Zwangsmaßnahmen gegriffen.

Die unterschiedlichen Lernmöglichkeiten sind von unabsehbarer Vielfalt und fein auf das jeweilige Individuum abgestimmt. Das Individuum entscheidet selbst, welche Maßnahmen ergriffen werden. Immer sind genügend Hinweise vorhanden, die eine Umkehr ermöglichen.

Das Problem besteht sicher auch im angewandten Zwang, der häufig eine Abwehrhaltung provoziert.

Im Einzelfall ist kein Zwang entscheidend, der zur Weiterentwicklung führt. Ab einer bestimmten Entwicklungsstufe ist er gänzlich unnötig. Zu drastischen Maßnahmen wird nur bei völliger Uneinsichtigkeit des Wesensteils gegriffen. Sie kommen nicht so häufig zur Ausführung, wie du vielleicht annimmst.

Sind Lichtmeditationen in jedem Fall hilfreich?

Die Eigenschaften des Lichtes sind durchaus zwiespältiger Natur, wie ein Rückblick auf die Geschichte zeigt. Neben den Wärme spendenden, aufbauenden und erhaltenden Eigenschaften, die das Licht charakterisieren, ist auch der zweite Aspekt unübersehbar vorhanden. Dieser zweite Aspekt des Lichtes macht sich bemerkbar im Zerfall und der Vernichtung ganzer Zivilisationen. Die Zivilisationen, die am Rande des Abgrundes stehen, werden der völligen Vernichtung anheim gegeben durch ein Eingreifen der bewussten Lichtenergie.

Dem Prinzip des Erhalts steht also ein Prinzip der Zerstörung gegenüber. Das Potential des Lichts ist ungeheuer groß, weshalb Umwälzungen von gigantischen Ausmaßen stattfinden können. Diese Eigenschaft des Lichts, sowohl aufbauende als auch zerstörerische Wirkung zu entfalten, ist in der Natur allenthalben anzutreffen.

Der Kontakt mit den Lichtkräften kann für einen spirituellen Sucher dann zur Gefahr werden, wenn seine Absichten den Intentionen des Lichts zuwider laufen. Ein Mensch, der sich in der spirituellen Entwicklung befindet, ist angehalten, in besonderer Weise an seiner Vervollkommnung zu arbeiten und seine Integrität zu bewahren. Unzählige Gefahren drohen ansonsten, die den Wanderer in den Abgrund ziehen können.

Über die zwiespältige Natur des Lichts ist wenig bekannt, daher ist es an der Zeit, diese in die Überlegungen mit einzubeziehen. Es kann für jemanden, der sich bedrängt und verfolgt fühlt von geistigen Mächten, ein Nachteil sein, sich vertrauensselig den Lichtkräften zuzuwenden. Lichtübungen sind in einem solchen Fall nur mit Vorsicht anzuwenden.

Okkulter Einfluss

Große Höhe erfordert größere Vollkommenheit.

Viele Menschen berichten von außergewöhnlichen Erlebnissen und Kontakten mit der unsichtbaren Welt. Außersinnliche Erfahrungen werden leider häufig immer noch mit Sinnestäuschungen verwechselt; Berichte über paranormale Erlebnisse rufen oft beim Zuhörer ungläubiges Erstaunen hervor. Doch immerhin haben einige wissenschaftliche Untersuchungen verdeutlicht, dass übersinnliche Erfahrungen keineswegs durchweg auf psychischen Störungen beruhen.

Medien, die über unzureichendes Wissen verfügen, sehen sich oftmals verwirrenden Erfahrungen ausgesetzt, deren Folgen sie nicht absehen können. Mit den außergewöhnlichen Problemen, die sich einstellen, werden sie weitgehend allein gelassen. Der beste Schutz ist immer noch, bei okkulten Praktiken Vorsicht walten zu lassen. Sind die Verwicklungen erst einmal eingetreten, gestaltet sich eine Befreiung sehr schwierig. Sobald jemand Missbrauch mit seinen Kräften treibt, wird er sich Erfahrungen ausgesetzt sehen, die das Problem sichtbar werden lassen. Hat sich z.B. jemand spielerisch mit *Tischchenrücken* oder dem *Quija-Brett* beschäftigt, werden niedere Wesenheiten angezogen. Die Geistwesen, mit denen eine Verbindung hergestellt wird, wenden äußerst geschickte Taktiken an, indem sie vorgeben, über weitreichendes okkultes Wissen zu verfügen, um sich das Vertrauen der Opfer zu erschleichen. Etliche Medien werden zum Spielball körperloser Wesen, die darauf aus sind, den menschlichen Organismus unter ihre Kontrolle zu bringen.

Ein Beispiel kann einen Hinweis geben, mit welcher Art von Problemen sensitive Menschen zu kämpfen haben:

Anlässlich der Todesnachricht ihrer Mutter erfuhr eine erwachsene Tochter durch ‚Botschaften aus dem Jenseits', sie selbst habe auch nur noch kurze Zeit zu leben. Sie begann, mit einem Pendel zu arbeiten, um okkultes Wissen zu erlangen. Als sie nicht weiterkam, wandte sie sich einem indischen Guru zu, bei dem sie eine Einweihung erhielt. In der Folgezeit meditierte sie täglich mehrere Stunden und wurde im Laufe der Zeit hellsichtig. Seit der Initiation, so glaubte sie, saß ihr ein Geist in Genick. Wiederholt stellten sich Visionen ein. Sie sah Wesen, die angeblich in der Sonne wohnten und erlebte umwälzende Weltuntergangsszenarien, die sich in ihrem Kopf abspielten. Nachts verspürte sie sexuelle Attacken, die sie zu Orgasmen stimulierten.

Mit den Erlebnissen wurde sie nicht allein fertig. Daher suchte sie ihr Heil in einer Hypnose-Behandlung, ohne dass sich ihr Befinden merklich besserte. Ganz im Gegenteil fühlte sie sich danach fremdgesteuert und unter ständiger Beobachtung.

Starke Ängste plagten sie in der Folgezeit. Nachts wurde ihr suggeriert, sie habe eine ‚Prüfung' nicht bestanden. Sie selbst sei nun Satan und könne nur weiterleben, indem sie anderen Menschen Energie entziehe und ihre Seelen verzehre. Die Frau suchte verzweifelt nach Halt und göttlichen Beistand, konnte diesen aber nirgends finden. Nach mehreren stationären Klinikaufenthalten, die keine wesentliche Besserung brachten, nahm sie sich das Leben. Zum Glück enden nicht alle okkulten Verirrungen auf diese tragische Weise.

Woran erkennen mediale Menschen, ob sie Verkehr mit einem niederen Geist haben? Hierzu erklärt Yan Su Lu, ein chinesischer Geistlehrer aus der anderen Realität: „Einer solchen Wesenheit wäre es unmöglich, die Kommunikation mit dem Channel (Medium) auf einer rein spirituellen Ebene aufrechtzuerhalten. Früher oder später würde diese Wesenheit ihrer Verstellung müde, und ihre wahre Natur würde sich offenbaren. Dann würden Ausdrucksformen und Wünsche übermittelt, die vorher nicht vorhanden waren" (in: Eugene G. Jussek, Das Perlennetz, S.38).

Bei Helena P. Blavatsky machten sich bereits in der Kindheit mediale Fähigkeiten bemerkbar Als Erwachsende betätigte sie sich zeitweilig als Medium. Einmal gelang es ihr, einen kleinen Schachtisch so schwer erscheinen zu lassen, dass es ihrem Bruder unmöglich war, ihn anzuheben. (Vgl.: Persönliche Erinnerungen.) Während einer schweren Erkrankung fiel sie in eine todesähnliche Trance. Diese Erkrankung verdient, so erzählt Hans-Jürgen Ruppert, eine besondere Beachtung. Eine psychische ‚Verdoppelung' trat ein. In einem Brief an ihre Schwester berichtete sie von „merkwürdigen seelischen Vorgängen". Sie begänne „eine seltsame Dualität in mir zu empfinden. Mehrmals am Tag fühle ich, dass jemand anderes sich völlig gesondert von mir in meinem Körper befindet. Ich verliere nie das Bewusstsein meiner selbst; es ist, als ob ich schwiege, und der andere – der in mir wohnt – mit meiner Zunge spräche" (S.8f.). Dieses zweite Ich oder auch Doppel-Ich nannte Blavatsky ihr „höheres, erleuchtetes Selbst, das für mich denkt und schreibt". Die Anwesenheit dieses Doppel-Ich unterschied sie streng von medialem Verkehr oder Inbesitznahme.

In dieser Bewusstseins-Spaltung sieht Ruppert den psychologischen Hintergrund für ihre anschließende Karriere als Autorin umfangreicher esoterischer Werke. Ein Mitarbeiter Blavatskys, Oberst Olcott, erklärt, sie habe die Texte „auf Anweisung" geschrieben: „Autorin ist eigentlich nicht ihr gewöhnliches Ich, sondern sie findet morgens bereits beschriebene Seiten vor." Eine konkrete Vorstellung von den ‚Meistern', von denen sie Inspirationen und Anweisungen erhielt, entwickelte Blavatsky infolge ihrer Übersiedlung nach Indien. Sie erklärte nun, ihre Lehren von indischen Mahatmas empfangen zu haben. Diese übermenschlichen Gestalten sind laut buddhistischen Lehren auf einer metaphysischen Seinsebene angesiedelt. Von dort aus fördern sie die Menschheit bei ihrem geistigen Fortschritt.

Obgleich Ruppert an der ‚Meister-Hypothese' zweifelt, hält er es nicht für nötig, auf das Phänomen der Textentstehung näher einzugehen. Helena P. Blavatsky selbst sprach von einer „psychischen Telegraphie... Auf der psychischen Ebene besteht sozusagen eine elektromagnetische Verbindung zwischen dem Mahatma und seinen Chelas" (Schülern). Wie bei einem Telegrafenamt erhielt sie die Botschaften „durchgedrahtet" und brachte sie anschließend in eine schriftliche Form (S.26, Anm.34).

Der bereits erwähnte Schweizer Autor Werner Widmer stellte über viele Jahre hinweg Nachforschungen auf dem Gebiet der Parapsychologie, Metaphysik und Geistwissenschaft an. Seine gewonnenen Einsichten hat er schriftlich festgehalten. Indem er unsichtbare Kräfte erforschte, sah er sich zu jahrelangen Auseinandersetzungen mit einem ‚negativen Wirkungsprinzip' gezwungen. Gegen den Ansturm äußerst negativer Einflüsse musste er sich vehement zur Wehr setzen. Widmer hatte derartige Erfahrungen keineswegs gesucht, sondern sah sich unfreiwillig in sie hineingezogen.

Den gewaltsamen und gefährlichen Charakter der ‚Dämonie' erlebt Widmer durch unmittelbare Berührung mit jenen Kräften Von unsichtbaren Widersachern wird er immer wieder am Schreiben gehindert. Seine Konzentration ist erheblich gestört. Da er sich ständigen ‚Einwirkungen' ausgesetzt fühlt, ergreift er Maßnahmen zu seinem Schutz. Um geistige Mittel für eine Gegenwehr zu entdecken, beginnt er, die ihm anfangs unbekannten geistigen Vorgänge einer genauen Beobachtung zu unterziehen. Aufgrund seiner Erkenntnisse sieht er sich bald in die Lage versetzt, die Wissenschaft okkulter Phänomene zu studieren.

Die massiven Beeinflussungsversuche sind allerdings schwer zu ertragen. Widmer empfindet sie als „direkte geistige Vergewaltigungsabsichten". Trotz der Bedrohung, mit der er zu kämpfen hat, erwacht in ihm der Forschergeist: Er sieht sich selbst als Objekt der Beobachtung und versucht auf diese Weise, den unbekannten Manipulationen auf die Spur zu kommen. Wie gelingt es den unsichtbaren Gegnern, sich ständig aufzudrängen und ihn mit niederen Geisteserzeugnissen zu malträtieren? Diese Mächte sind offenbar fähig, geistige Kraftwirkungen auf andere zu übertragen und sie mit Vorstellungen, Gedanken und Gefühlen zu überschwemmen.

Der Autor gelangt zu der merkwürdigen Überzeugung, die feindseligen Manipulationen würden seine ‚alte Seele' aufwecken. Er geht von zwei menschlichen Bewusstseinsformen aus, von denen jede ein individuelles Ich besitzt. Die jüngere geistige Bewusstseinsform hat sich über die alte seelische Wesenheit gelagert, bis sie diese verdrängt und ausgeschaltet hat. Während die eine aktiv war, hat sich die andere Bewusstseinsform passiv verhalten.

Die Bestrebungen Widmers gehen dahin, die Arbeitsfähigkeit beider Bewusstseine wieder herzustellen. Er schreibt: „Bald konnte ich sie (gemeint ist die ‚alte Seele') in mir auch tagsüber deutlich erfühlen und kam jetzt mit ihr in ein bewusstes Nebeneinander. Wir waren beide Leidensgenossen, und diese Tatsache führte zu einer starken und innigen Verbindung. Wir verschmolzen wieder zu einer einzigen Persönlichkeit" (S.64f.). Seine zuvor nur im Unbewussten arbeitende seelische Persönlichkeit sei nun erwacht, so glaubt er.

Mit der Zeit erkennt Widmer das negative Wirkungsprinzip sogar als geistigen Lehrmeister an. Die Verbindungstür zwischen der irdischen und der geistigen Welt ist geöffnet worden. Die gegenseitigen Beziehungen tragen letztendlich Früchte, denn sie bergen für einen wachen, unerschrockenen Geist außergewöhnliche Erkenntnismöglichkeiten. In Prinzip besitzt jeder Mensch eine seelische ‚Empfangsstation', die es ihm ermöglicht, mit der unsichtbaren Welt in Kontakt zu treten. Doch einige Vorkenntnisse sind nötig, um eine adäquate Wahrnehmung zu gewährleisten.

Werner Widmer besitzt, ganz im Gegensatz zu psychosenahen Patienten, ein großes Maß an Unerschrockenheit. Es gelingt ihm, mit den massiv bedrohlichen Einflüssen fertig zu werden, indem ihm auf der Grundlage scharfsinniger Beobachtungen eine mentale Gegensteuerung gelingt. Die von ihm gezogenen Schlüsse sind für Außenstehende nicht einfach nachzuvollziehen und wegen ihrer subjektiven Färbung wohl nicht ohne weiteres übertragbar.

Eine unübersehbare Flut von Büchern und Anleitungen zu Spiritismus und Magie lädt dazu ein, sich auf dieses zwiespältige Gebiet einzulassen. Nur vereinzelt finden sich Hinweise darauf, welch gefährliches Terrain man unter Umständen durch die Beschäftigung mit dem Okkulten betritt. Die Grenzen des Erlaubten und Zulässigen sind in der Regel nicht bekannt. Auch existieren nur wenige Angaben darüber, wie man sich im Notfall gegen Umsessenheit und Inbesitznahme schützen kann. Die magischen Schutzvorkehrungen halten in der Regel meist nicht das, was sie versprechen.

Ein brauchbarer Hinweis ist die Anregung, spiritistische und mediale Betätigung nicht zu einer ständigen Einrichtung werden zu lassen. Die Besucher spiritistischer Zirkel setzen sich zum Teil enormen Unannehmlichkeiten aus. Manche klagen hinterher über Benommenheit, bis hin zu nervöser Unruhe und Kopfschmerzen. Auch Zwangsgedanken, Verfolgungsideen und Verwirrtheitszustände können auftreten. Das Medium selbst steht während spiritistischer Sitzungen am meisten unter Beeinflussung, da der Organismus in der Séance in enge Berührung mit den gerufenen Geistwesen kommt.

Eine genaue Beobachtung und Kenntnis dessen, was sich in der okkulten Praxis abspielt, kann ernstzunehmende Widrigkeiten im Keim ersticken. Dazu gehört allerdings, die auftretenden Probleme nicht einfach beiseite zu schieben, sondern Rat aus den geistigen Ebenen anzunehmen und daraus die entsprechenden Konsequenzen abzuleiten.

Energie-Entzug

Alles was ist, ist eine Form von Energie.

Verbindungskanäle zu den Mitmenschen

Hinter der materiellen Fassade offenbart sich für hellsichtige Medien die Materie in einer anderen, feinstofflichen Form. Fluktuierende Energien durchdringen und beeinflussen sich gegenseitig und stehen in einem ständigen Austausch miteinander. Der Organismus jedes Menschen schwingt auf einer bestimmten Frequenz. Sie hängt zusammen mit der Qualität seiner Gedanken und Gefühle, sowie seiner körperlichen Verfassung. Auch die Umgebung, in der er sich befindet, übt einen Einfluss aus. Jeder Gedanke ist energetisch geladen und prägt sich mit der ihm eigenen Schwingung in den physischen Organismus ein. Der feinstoffliche Ätherkörper dient dabei als Überträger von Energien.

Die Lebensenergie fließt von höheren Dimensionen in die niedrig schwingenden Ebenen. Energie fließt von der Lichtwelt in die materielle Welt hinunter als unsichtbare Strahlung und als Lichtpartikel, die vor allem Pflanzen ernähren. Auf der Erde verwandelt die Pflanzenwelt feinstoffliche Energien in physische Nährstoffe. Auch Menschen ernähren sich unbewusst von Energien aus höheren geistigen Dimensionen.

Auch in den Beziehungen zwischen Menschen baut sich unbewusst eine energetische Verbindung auf, die sich in Form eines feinstofflichen Bandes, das zwei Partner miteinander verbindet, manifestiert. Durch dieses Band findet ein Energieaustausch statt. Die unterschiedlichen Formen der Energiebänder bzw. -kanäle sind Gestaltungen der entsprechenden Beziehungen. Energiekanäle, durch die viel Energie hindurch fließt, ermöglichen einen hohen Energieaustausch, was zu einer Intensivierung der Beziehung führt. Auch Probleme treten deutlicher in Erscheinung. Manchmal gestalten sich die Energiekanäle relativ starr und unbeweglich und vermitteln den Partnern das Empfinden, in einer Beziehung zu wenig Bewegungsspielraum zu haben.

In schwierigen Fällen wäre es für die Beteiligten ratsam, sowohl auf der Energieebene als auch auf der sozialen, zwischenmenschlichen Ebene an der Beziehung zu arbeiten, rät Kersti Nebelsiek. Wird ein Energieaustausch zu intensiv und störend, haben die Betroffenen die Möglichkeit, visuell ein ‚Ventil' in die Verbindung einzubauen, um den Energiefluss zu regulieren. Hierzu benötigen sie ein ausreichendes Vorstellungsvermögen und ein gewisses Maß an Kraft.

Fühlt sich jemand nach einem Kontakt mit einer bestimmten Person jedesmal müde und kraftlos, wird ihm höchstwahrscheinlich über die Verbindung Energie abgezogen. Die Person am anderen Ende des Energiebandes leidet unter einem Energiedefizit, was auf eine Erkrankung schließen lässt. Sie benötigt Heilung, um nicht mehr darauf angewiesen zu sein, die Energie anderer Menschen anzuzapfen. Der Vorgang des Energieabzugs verläuft unbewusst, denn ein Energieausgleich findet automatisch statt, indem Energie in Richtung eines Energiedefizits fließt.

Fühlt sich jemand nach dem Kontakt mit einer Person unwohl in seiner Haut, war womöglich die Aura des anderen verschmutzt. Hier sind anschließende Reinigungen hilfreich, wie z.B. eine heiße Dusche, Räucherungen und die gründliche Durchlüftung der Räume.

Mediale Energieübertragung

Geistige Wesenheiten beziehen energetische Nahrung aus menschlichen Quellen. Sobald ein Individuum starken Gefühlen wie Angst oder heftiger Wut ausgesetzt ist, gibt er entsprechende Energien an seine Umgebung ab, die von astralen Wesenheiten aufgenommen werden können. Da dunkle Wesen sich davon ernähren, sind sie darauf aus, starke negative Emotionen zu schüren, um an die entsprechenden Energien zu gelangen. Daher suchen sich dunkle Wesenheiten Menschen mit gewissen Neigungen und Schwächen, wie z.B. Suchtverhalten oder Wutausbrüche, um diese noch zu verstärken. Damit eröffnet sich für sie die Möglichkeit, an den stark gefühlsbetonten Energien zu partizipieren, welche Menschen unbewusst freisetzen.

Auch während *Channel*-Sitzungen findet eine Energieübertragung statt. Das Energie-Niveau des Mediums ist nach *Channelings* oft wesentlich niedriger als zuvor. Vor allem Geistwesen, die auf niedrigeren Ebenen angesiedelt sind als Menschen, ernähren sich von energetischer Nahrung: „Hier ist nicht die Rede von einer Nahrung physisch greifbarer Art, vielmehr ist sie mit unseren Emotionen verbunden. *Sie ernähren sich von emotionalen Energien und provozieren daher auch entsprechende Emotionen, wodurch solche Energien freigesetzt werden*", erklärt Jan Erik Sigdell (S.156).

Medien, die sich über ihre Ziele nicht im Klaren sind, geraten leicht in Verwirrung. Die mangelnde Klärung der Emotionen führt ebenfalls dazu, dass Energien niederer Frequenz angezogen werden, erklärt die mediale Autorin Barbara Marciniak: „Schlechte Laune und Energien, an denen ihr festhaltet, werden zur Gewohnheit oder zum Muster, was extreme Schwierigkeiten bringen kann. Ihr könnt auf den *kosmischen Strich* gehen, wie wir es nennen, und ein offenes Tor für jede nur denkbare unqualifizierte Energie sein" (in: Plejadische Schlüssel, S.190).

Geistwesen benötigen Odkraft (Lebenskraft), um mit Menschen in Kontakt treten zu können. Sie wird jenen Menschen entzogen, mit denen sich die Wesen in Verbindung setzen. (Vgl.: Jakob Lorber, Frohe Botschaft.) Die Wesen dringen in die Aura oder in den Körper sensitiver Menschen ein. Um sogar sichtbar in Erscheinung treten zu können, reichern sich die Geistwesen mit Lebenskraft an und verdichten sich, erklärt J. Greber. (In: Verkehr mit der Geisterwelt Gottes.) Die Verdichtung der Odkraft erscheint anfangs wie eine vom Boden aufsteigende Wolke. In spiritistischen Sitzungen entnehmen die Geistwesen das Od vor allem dem Medium, doch auch den anwesenden Teilnehmern wird Energie entzogen. Ein häufiger Energie-Entzug entkräftet das Medium mit der Zeit, falls es sich nicht selbst ausreichend mit Energie versorgen kann. In ungünstigen Fällen führt der anhaltende Energieverlust zu Organschädigungen und Erkrankungen.

Energiewesen die von der Lebenskraft anderer leben, können diese Kraft kann auf unterschiedliche Art abziehen oder absaugen. Ist die Schwingungsfrequenz des Mediums klar und frei von Verunreinigungen, werden Wesen, die dieser Schwingung nicht entsprechen, auch nicht magnetisch angezogen. Bei Barbara Marciniak wird dazu erklärt: „Auf diesem Planeten wird angenommen, jemand, der intelligent ist, sei deshalb auch spirituell bewusst. Das ist vollkommen falsch! Jemand kann brillant sein und lernen, die Gesetze der Menschheit zu transzendieren, und doch nicht mit der Frequenz des Lichts oder der Liebe arbeiten. Seid euch dessen bewusst und seid klar in bezug auf die Unterstützung, die ihr zu euch ruft." (In: Boten des Neuen Morgens, S.187.)

In einigen Fällen gerät die mediale Arbeit außer Kontrolle. Eine Medialität, die sich verselbständigt hat, erkennt man an ungewollten Trancezuständen, Tagträumen, die Empfindung innerer Leere mit anschließendem Energieverlust. Manuela Schindler, die selbst als Medium arbeitet, erzählt: „Ich selbst habe diesen Zustand als absolute Gedankenleere (in negativer Form, mit einem gewissen Rauschempfinden) erfahren mit gleichzeitigem Zeitverlust. Lähmende Betäubung über den Rest des Tages hinweg mit zunehmender Müdigkeit, Lustlosigkeit bis hin zur zunehmenden Depression ergeben sich fast automatisch als nächste Steigerung" (in: Kanal-Sein).

Wenn man diesen Zuständen nicht Einhalt gebietet, dehnen sie sich auf das alltägliche Leben aus. Die Klarheit des Denkens geht verloren; Probleme bei der Bewältigung elementarer alltäglicher Aufgaben stellen sich ein. Bei extremer Ausprägung führen diese Störungen zu wahnhaften Zuständen, die ein psychiatrisches Krankheitsbild ergeben. „Hier heißt es, zu kämpfen um sein Leben, um Freiheit von

Manipulation und um die eigene Lebenskraft. Wer diese Zustände erlebt, hat den falschen Ansatz in der Meditation und begibt sich in Trance, die ihn auf astrale (und ziemlich gefährliche) Wege führt", warnt die Autorin.

Bei abnormen seelischen Zuständen dieser Art ist es wichtig, sich mit aller Kraft darum zu bemühen, die klare Denkfähigkeit wieder zu erlangen, indem das Bewusstsein vorrangig auf Dinge des alltäglichen Lebens gelenkt wird. Um die permanente Schläfrigkeit zu überwinden, sind koffeinhaltige Getränke, welche die Müdigkeit vertreiben, zu empfehlen. Die Meditationsübungen sollten für einige Zeit ganz ausgesetzt werden.

Um zu verhindern, dass man aus seiner eigenen Gedankenwelt hinausgedrängt wird, hilft es sehr, sich seiner selbst ständig bewusst zu bleiben. „Auch muss die Besitzergreifung des eigenen Lebens im Alltag gelebt werden, und der zu diesen Zuständen neigende Mensch muss lernen, sich selbst zu leben, seine eigene Meinung zu haben, mutig sein eigenes Profil zu entwickeln, ungeachtet der Fehler, die man dann vielleicht machen wird."

In Fragen von geistigen Übergriffen und Energieraub kann es aufschlussreich sein, das Ursache-Wirkungs-Prinzip zu berücksichtigen, schlägt Manuela Schindler vor. Man führt sich dabei vor Augen, ob man möglicherweise selbst die Neigung hat, in Anspruch genommene Leistungen nicht auszugleichen (d.h. andern die Energie zu rauben). Besonders für medial arbeitende Menschen ist Gleichgewicht auf allen Ebenen wichtig, da ein fehlender Ausgleich Gefahren mit sich bringt. Ein gerechter Kreislauf von Geben und Nehmen führt hier zu einer Lösung.

Vampirismus

Im Allgemeinen werden Erzählungen über Vampire ins Reich der Fabel verwiesen und als Aberglaube früherer dunkler Jahrhunderte gebrandmarkt oder verlacht. Lässt sich der Vampirglaube tatsächlich so leicht erklären? Dion Fortune gibt sich nicht mit Beweismaterial aus der Vergangenheit zufrieden. Für sie ist Vampirismus der paranormale Entzug von Lebenskraft. Sie schreibt: „Aus eigener Erfahrung bin ich... der Meinung..., dass der eigenartige Zustand, der in der Antike Vampirismus genannt wurde, für gewisse Formen von Geistesgestörtheit und die damit verbundene physische schlechte Gesundheit verantwortlich sein kann." (In: Selbstverteidigung mit PSI, S.73.)

Ein parasitärer Energie-Entzug wird, wie bereits erwähnt, unbewusst von kranken Menschen, die unter einem Mangel an Energie leiden, vorgenommen. Das Gegenüber fühlt sich plötzlich matt und schläfrig, ohne die Ursache zu kennen. Der eigentliche Vampirismus aber geht einher mit der Fähigkeit, den feinstofflichen ätherischen Körper, das ‚ätherische Doppel', austreten zu lassen. Einigen Okkultisten gelingt es sogar, sich nach ihrem Tod im ätherischen Doppel zu behaupten. Sie sind imstande, dessen Auflösung zu verhindern und sichern ihre Weiterexistenz, indem sie inkarnierten Personen Energie rauben.

Der Einfluss von Geistwesen, die sich in die Aura oder den Körper von Lebenden einnisten, zeigt sich u.a. in Schlafstörungen, innerem Getriebensein, Verwirrtheitszuständen und geistigen Störungen. Die Wesen verstehen es, auf das Nervenkostüm, auf Denken, Fühlen und Handeln, einzuwirken. Karl Nowotny macht in seinem Werk *Mediales Schriften* auf den Energie-Entzug durch Geistwesen aufmerksam. Eine Person, die ihre Kraft solcherart verausgabt hat, ist im Extremfall „nicht mehr imstande, sie zu erneuern, weil die an ihr hängenden, sie bedrückenden Geistwesen sie daran hindern. So entsteht ein Verbrauch der Lebenskraft, es fehlt das Bindeglied zwischen Geist und Körper, und in der Folge treten Schädigungen aller Organe auf und eine verzehrende Kraft, ausstrahlend von fremden Geistwesen, zerstört langsam den gesamten Organismus."

Der feinstoffliche Körper des Mediums wird durchdrungen und überlagert von dem Astralkörper eines fremden Wesens. Die Einwirkung aus der astralen Welt wird hierdurch überaus intensiv und wirkungsvoll. Das Bewusstsein des Opfers wird daran gehindert, eigene Willensimpulse an das Nervensystem weiterzuleiten. Es arbeitet außerhalb der Norm, da auch die Funktionsfähigkeit des Gehirns eingeschränkt ist. Die Lenkung des Organismus geschieht nun durch ein fremdes Geistwesen.

In den Informationsbriefen des *Lectorium Rosicrucianum* wird auf die Gefahr von *Ätherraub* als Hintergrund des Spiritismus hingewiesen. In der unsichtbaren Welt existieren Wesen, die sich dem Prozess der Auflösung im Jenseits widersetzen. Nach ihrem Ableben sind sie nicht mehr fähig, den kosmischen Äther aufzunehmen. Daher wenden sie sich „an die noch lebenden Menschen, um durch sie die dringend benötigte Ätherenergie zu erhalten. Die Beschaffung von Äther, ganz gleich um welchen Preis, ist für diese sich selbst behauptenden Wesen eine Existenzfrage." (Info-Brief Nr.10, S.x-4f.)

Bei dem Opfer eines Vampirs entsteht ein Energie-Vakuum, weshalb es nun seinerseits Lebenskraft aus der Umgebung absorbiert, um seine Vitalkraft wieder aufzufüllen. „Die erdgebundene Seele eines Vampirs hängt sich manchmal dauernd an eine einzelne Person, wenn es ihr gelingt, einen funktionierenden Vampir aus dieser Person zu machen, aus der sie systematisch ihre Äthernahrung zieht; da aber diese Person ihrerseits... (ihr Energiedefizit) von anderen wieder auffüllt, wird sie nicht an Auszehrung sterben, wie es Opfer von Vampiren normalerweise tun", erklärt Dion Fortune (S.78f.).

Besteht die Vermutung eines Energieentzugs durch einen Vampir, geht man daran, den Körper des Opfers mit einem starken Vergrößerungsglas abzusuchen, rät Dion Fortune, „welche Suche wahrscheinlich durch die Entdeckung zahlreicher kleiner Einstiche belohnt wird, so klein, dass sie mit dem bloßen Auge nicht entdeckt werden können ..., denn gewöhnlich werden sie als Insektenbisse verkannt. Es sind tatsächlich richtige Bisse, aber nicht von einem Insekt. Die Stellen, wo man sie finden kann, sind der Hals, besonders unterhalb der Ohren, die dem Körper zugewandte Fläche der Unterarme, die Ohrläppchen, die Zehenspitzen und bei einer Frau die Brüste."

Gegen die Ätherparasiten gibt es kaum eine Gegenwehr. Eine große Anzahl von Menschen wird von ihnen mehr oder weniger regelmäßig heimgesucht. Seelisch abnormes Verhalten wird von den niederen Wesen gefördert und verstärkt. Die höher entwickelten Geistwesen entfachen keine niederen Instinkte und Triebe, denn sie benötigen einen höheren Äther, den Lichtäther: *„Die Tarnung dieser Wesen ist perfekt. Sie geben sich den Menschen als Lichtgeister oder als Mitglieder erhabener Bruderschaften zu erkennen, als Wesen, welche die Befreiung vom Irdischen sowie Weisheit und Göttlichkeit erlangt haben."* Basis für den Entzug des Lichtäthers ist ein emotionaler Zustand der Verehrung und Dankbarkeit.

Dunkle Mächte pflegen regen Kontakt zu einer ganzen Anzahl von Bewohnern der Erde, behauptet das amerikanische Medium Patricia Cori. Diese Mächte benutzen für die Kontaktaufnahme die unteren Schwingungsbereiche sowie die modernen Kommunikations-Netzwerke. „So manches Medium unter euch hat – häufig unwissentlich – ein geistiges Band zu den niederen Energieformen geknüpft, deren Botschaft in keiner Weise einem höheren Zweck dient. Daher lernt bitte zu unterscheiden: Nicht alle, die vorgeben, Mitteilungen aus anderen Welten zu empfangen, stehen in Kontakt mit Lichtwesen", lautet die eindringliche Warnung.

Unkritische Aufnahmebereitschaft, gepaart mit Unvorsichtigkeit, ermöglicht „jenen Energievampiren, die sich eurer Stimme bedienen wollen, ein leichtes Eindringen. Astrale Wesen ebenso wie Menschen, die den Schatten dem Licht vorziehen, *werden euch auf die Probe stellen.* Wie gerne würden sie ihre Klauen in euch schlagen und aus der Quelle eurer Seele die nie versiegende Energie trinken" (S.47). Eine unaufgeklärte, gutgläubige Person ist die Tür, durch die niedere Energiewesen eindringen können. Die Quelle einer vermeintlich spirituellen Entwicklung enttarnt sich bei näherem Hinsehen oft als etwas ganz anderes.

Etliche Menschen leiden unter Atemnot und Energiemangel. Dabei entsteht manchmal das Empfinden, als würde die Energie durch den

Solarplexus entzogen. „Wie kommt dieser Energieentzug zustande?" lautet die Frage an die geistige Welt:

Die das Energiesystem des Menschen betreffenden Zusammenhänge sind nicht leicht zu erklären. Das Energiesystem des Menschen ist dem der Pflanzen ähnlicher als dem der Tiere. Die Pflanzen beziehen ihre Energie direkt aus dem Sonnenlicht. Tiere hingegen beziehen ihre Energie in erster Linie aus dem Kreislauf des Lebens, über die Nahrungskette.

Die Energieversorgung ähnelt einem Bewässerungssystem; über Kanäle wird die Energie weitergeleitet. Um an den Zielort zu gelangen, bedarf es Zwischenstationen, welche die Energie auffangen und verteilen. Diese Zwischenstationen ähneln Behältern oder Auffangbecken für die Energie. Sie können Energie speichern oder umgehend weiterleiten. Über diese Zwischenstationen findet die gesamte Energieversorgung statt. Sie benutzen ein Tarnsystem, welches es nur gleichgearteten Energien erlauben soll, sich zu verbinden. Andersgeartete Energien ziehen unbemerkt vorüber oder können nur sehr kurz verweilen, da eine Verbindung nur sehr mangelhaft zustande kommt.

Die Energiebrücke, die bei einer Verbindung gebildet wird, ist nur dann stabil, wenn gleichartige Energien aufeinander treffen. Energien, die sich nur in Teilbereichen ähneln, gehen nur eine lockere Verbindung ein, die schnell wieder gelöst werden kann. Eine Verbindung kann also grundsätzlich nur dann zustande kommen, wenn gewisse Ähnlichkeiten der Energien vorhanden sind. Entsprechen sich die Energien in keiner Weise, dann kann auch keine Verbindung stattfinden. Sie fließen unbemerkt aneinander vorbei.

Eine ‚Energieblockade‘ beruht auf der Verkettung zweier Energien, die nur geringfügige Ähnlichkeiten aufweisen. Da die Entsprechung so gering ist, gelingt es der Fremdenergie immer wieder, große Teile der Energie zu absorbieren. Aufgrund des geringen Entsprechungsgrades findet kaum ein Austausch statt zwischen den Energien.

Wie ist es der Fremdenergie gelungen, trotz der geringfügigen Ähnlichkeit, sich fest anzuketten?

Eine Energie, die nicht systemkonform ist, hat hierzu mehrere Möglichkeiten. Sie benutzt den Wirt als Energiereservoir, indem sie eine gleich geartete Energie vortäuscht, und dies gelingt ihr z.B. mit Hilfe von „Scheininformationen", mit denen sie den Wirt anlockt und dessen Aufmerksamkeit auf sich zieht.

Ständiger mentaler Kontakt schafft eine Verbindung zweier unähnlicher Energien. Hierdurch kann der Wirt in arge Bedrängnis geraten, besonders, wenn die sich aufdrängende Energie destruktiver Natur ist. Die Fremdenergie würde darangehen, nach und nach die gesamte Energie des Gastorganismus zu absorbieren, was zu einem verhängnisvollen Energiedefizit führen kann. Im Extremfall hat dieses Energiedefizit den Tod des Gastorganismus zur Folge.

Welche weiteren Strategien werden angewandt, um ungleiche Energien miteinander zu verbinden?

Die *Sexualität* öffnet ein Tor für das Einfließen fremder Energien, die sich mit der Erlaubnis des Gastgebers, der sich davon einen Lustgewinn verspricht, in ihn verankern können. Auch in geschwächtem Zustand, im *Krankheitsfall*, ist ein Organismus kaum in der Lage, fremde Energien auf Dauer erfolgreich anzuwehren. Eine nicht intakte *Aura* ermöglicht gleichfalls den Einlass fremder Energien, die sehr störenden Charakter annehmen können.

Das Energiesystem zu schützen, ist die vordringliche Aufgabe in einer spirituellen Entwicklung. Hierzu stehen mehrere Möglichkeiten zur Verfügung. Wir raten, die Energie weitgehend zu harmonisieren und eine weitere Kontaktaufnahme in jedem Fall zu vermeiden. Die Fremdenergie kann sich nicht auf Dauer verankern, wenn es gelingt, sie weitgehend zu ignorieren. Unter diesen Bedingungen wird sie gezwungen sein, den Wirt früher oder später zu verlassen und freizugeben.

Wie kommt die Atemnot zustande; die unangenehme Empfindung, nicht genügend Luft zu bekommen?

Der Fremdenergie gelingt es, einen Teil der Energie zu absorbieren, wodurch es zu einer Unterversorgung mit Sauerstoff kommt. Diese Unterversorgung kann sehr quälend sein.

Kann die höhere geistige Welt direkt einzugreifen, um bei einem solchen Problem zu helfen?

Um die geistige Welt zu einer Intervention zu bewegen, bedarf es eines Aktes der Nächstenliebe von seiten des Bittstellers. Um die Energiebilanz ausgeglichen zu halten, ist ein Geben und Nehmen erforderlich.

Es hat sich als günstig erwiesen, in Fällen von Atemnot eine zeitlang vorwiegend durch den Mund zu atmen, wodurch den Fremdenergien der Zugang erschwert wird. Die Mundatmung trägt zur Regeneration der Energien in hohem Maße bei, denn sie erschwert die Ankettung fremder Energien ganz erheblich. Die Verbindung unerwünschter Energien kommt auch über Geräusche zustande. Ein verbesserter Lärmschutz kann daher ebenfalls zur Minderung der Beschwerden beitragen. Die Ohren sind empfindliche Seismographen, die jedes Geräusch in der Umgebung registrieren.

Patricia Cori rät medialen Menschen, auf die innere Stimme, ihre wahrhafte geistige Führung, zu achten und sich mit ihrer Hilfe in einen schützenden Mantel aus weißem Licht zu hüllen. Diese Reinigung schützt vor niederen Energien und ist gleichzeitig ein Filter für Informationen, die zum Medium gelangen.

Vor dem Hintergrund derartiger Mitteilungen scheint die Annahme gerechtfertigt, dass die alten Vampirlegenden bis in die Gegenwart hinein ihre Aktualität nicht verloren haben.

Der innere Kampf

Der Kampf wird nicht auf der Straße ausgetragen,
sondern im Verstand, im Gehirn.

Mystiker unterschiedlicher Religionen haben immer wieder von aufreibenden Kämpfen berichtet, die sie gegen dunkle Mächte und dämonische Wesenheiten führten. Die Bosheit und Hinterlist dieser Wesen scheint unübertroffen. Viele Medien erzählen gleichfalls von Auseinandersetzungen, die sie zu bestehen haben, wenn sie sich in ihren Übungen zu weit in gefährliches Fahrwasser vorwagen. Mitunter fühlen sie sich, als wären sie unter Wilde geraten, die sie ringsumher umgeben und von allen Seiten bedrohen.

Wilhelm Augustat weist darauf hin, „dass die primäre geistige Auseinandersetzung zwischen den verschiedenen Mächten in der feinstofflichen Welt stattfindet" (S.260). Die Menschheit steht zwischen einer lichtvollen, harmonischen Welt, und einer chaotischen, dunklen Sphäre. Diese beiden polaren Daseinsebenen werden gemeinhin *Himmel* und *Hölle* genannt. Ein Kampf zwischen diesen Gegensätzen findet im Innern eines jeden Individuums statt.

Begibt sich ein Mensch auf die Suche nach spiritueller Erfahrung, darf er nicht zu vertrauensselig vorgehen, denn in den unsichtbaren Sphären lauern weitaus größere Gefahren als in der sichtbaren Welt. Daher ist es nicht empfehlenswert, ohne ausreichendes Wissen den spirituellen Weg zu betreten. Der Neuling auf diesem Gebiet geht ein großes Risiko ein.

Im Unterbewusstsein eines Menschen sind, wie auf einer großen Landkarte, alle Ereignisse seines Lebens aufgezeichnet. Der menschliche Geist programmiert und speichert sämtliche Gedanken und Eindrücke, wie Stuart Wilde erläutert: „Der Schlüssel zum spirituellen Wachstum liegt im Prozess der Auseinandersetzung mit unserem Geist und seinen negativen Seiten, seinen Gefühlen und Einstellungen. Jeder Gedanke, jedes Gefühl, das Sie sich selbst gegenüber haben, wird auf einer inneren Ebene als Energie ausgedrückt, die im Zusammenwirken mit dem Urgesetz die Ereignisse und Umstände ihres Lebens schafft" (S.32f.).

Vorsicht ist angebracht, wenn es um die mächtigen Energien des Unterbewusstseins geht. Psychische Instabilität kann leicht in einer Katastrophe enden, die nicht umkehrbar ist. Sobald jemand den Mächten seines Unterbewusstseins die Zügel überlässt, läuft er Gefahr, von dunklen Mächten vereinnahmt zu werden. Häufige Aufregungen und heftige Wutanfälle sind eines der Probleme, womit ein unausgeglichenes Gemüt zu kämpfen hat.

Manche Menschen werden von sich widersprechenden Forderungen in ihrem Innern nahezu überwältigt. Ohne die ausgleichende Einflussnahme des bewussten Willens herrscht Feindschaft im Innern; ein wirres Durcheinander entsteht, das einem pathologischen Zustand ähnelt. Die inneren Gegensätze und Spannungen können einen *circulus vitiosus* in Gang setzen, der über Jahre hinweg andauert. Ausgeglichene Stimmungen wechseln ab mit Tagen, an denen alles trüb und aussichtslos erscheint. Ein zermürbender Kreislauf kommt in Gang.

Allerdings wäre es ein Fehler, gegen die disharmonischen Kräfte mit Macht anzukämpfen. Die Streitbaren geraten leicht in die Gefahr, zu unterliegen, indem sie sich auf eine Stufe mit dem verhassten Gegner stellen. *Von dem, was man bekämpft, wird man infiziert,* so lautet ein Grundsatz. Wenn permanent ein Zustand der Erregung Besitz von der Seele ergreift, wird sie daran gehindert, sich mit einer höheren Sphäre, die ihr Kraft verleihen könnte, zu verbinden.

Ein spiritueller Wanderer behält selbst die Zügel in der Hand. Andernfalls er wird zum Sklaven der in ihm wohnenden Wesenheiten. In der Psyche wird nicht selten ein regelrechtes Duell ausgetragen, bei dem letztlich eine von beiden Seiten die Oberhand gewinnt. In ihrer Unwissenheit lassen manche Probanden dunklen Kräften den Vortritt. Daraus resultiert meist eine innere Zerrissenheit, die viel Leid und Tränen verursacht. Unter ungünstigen Voraussetzungen sind diese Mächte imstande, ihr Opfer völlig zu beherrschen und sogar ins Jenseits zu befördern.

Wie bereits erwähnt, erscheint es ratsam, den Einfluss negativer Mächte nicht direkt zu bekämpfen, denn bei Auseinandersetzungen sind sie dem Menschen überlegen und treiben diesen immer tiefer in die Verzweiflung. Diese Wesenheiten lassen sich kaum im Zaum halten. Einen gutgläubigen Menschen, der mit ihnen verkehrt, führen sie leicht an der Nase herum. Ihr Verhalten ist voller Widersprüche. Sie liefern falsche Informationen und halten nur selten ihre Verspechungen. Werden sie getadelt, geben sie sich unschuldig; auf grobe Anschuldigungen hin reagieren sie mit gleicher Heftigkeit, bis schon der kleinste unvorsichtige Gedanke einen Wutausbruch provoziert.

Gegenseitige Anfeindungen führen zu nichts, da sie die Diskrepanzen in gefährlicher Weise verschärfen. Unbeherrschte, leidenschaftliche Naturen werden manchmal bis zum Äußersten getrieben und begehen gewalttätige Kurzschlusshandlungen, die sie hinterher ein Leben lang bereuen.

Die niederen Geistwesen lassen sich weder mit Gewalt noch unter Einsatz von Willenskraft vertreiben. Diejenigen, die es auf eine Auseinandersetzung ankommen lassen, werden den Widerstand der Wesen zu spüren bekommen, denn in der Regel sind sie die Überlegenen. Um es an einem Beispiel zu verdeutlichen: Wird jemand in seinem Garten von bissigen Hunden angegriffen und wehrt sich, indem er einen der Hunde außer Gefecht setzt, werden die anderen Hunde aller Wahrscheinlichkeit nach über ihn herfallen und ihn zerreißen. Eine andere Taktik dagegen ist erfolgversprechender: Der Angegriffene kann sich retten, indem er auf einen Zaun klettert, wohin die Hundemeute ihm nicht folgen kann. Ein erhöhter Standpunkt bietet sicheren Schutz.

Im Innern eines Menschen findet ein Krieg statt zwischen dem höheren und dem niederen Selbst, erklärt Helena P. Blavatsky (in: Die Stimme der Stille, S.96). Auch die Armee der Gedanken und Empfindungen, die ihn umgeben, müssen beherrscht und unter Kontrolle gebracht werden. Will er ihnen nicht unterliegen, muss er seine eigenen Schöpfungen, die ihn unsichtbar und ungreifbar umschwärmen, unschädlich machen.

Dion Fortune erwähnt in diesem Zusammenhang ein von ihr erschaffenes Elemental in Gestalt eines großen Hundes, das sie mental erzeugt hatte, um eine Gegnerin zu bekämpfen. Das Tier nimmt mit der Zeit deutlich sichtbare, beachtliche Formen an und strotzt geradezu vor Wildheit und Angriffslust. Nun kommt bei der Erzeugerin die Furcht auf, das Ungetüm könnte ihrer Kontrolle entgleiten und sich letztlich gegen sie wenden! Es bleibt ihr daher nichts anderes übrig, als das Gestalt gewordene Phantom zu beseitigen, d.h. wieder zu absorbieren und in die eigene Psyche aufzunehmen. Dies kostet sie eine enorme mentale Anstrengung, verbunden mit den äußerst unangenehmen Begleiterscheinungen wütender Gefühlsregungen, die in sie einfließen und die sie nun umwandeln muss in ihr Gegenteil.

Doch nicht immer ist das Dunkle eine selbst erzeugte Kraft. Auf dem Weg ins Licht hält man sich nach Auskunft von Julian P. Johnson zeitweilig in düsteren Bereichen auf, wo man es mit der *Negativen Macht* zu tun bekommt. „Mit ihr müssen wir uns in unserem Kampfe um geistige Befreiung auseinandersetzen. Ihre Pflicht ist es zu versuchen, uns hier festzuhalten; umgekehrt ist es die unsere, zu versuchen, zu entkommen. Dieser Kampf läutert und stärkt uns und macht uns für unsere Heimreise tauglich. Dieser stete Kampf, dieses Ringen in einem Chaos von Schmerz, Blut und Wehklagen ist das Ergebnis unseres eigenen Karmas, von dem wir geläutert und gereinigt werden sollen, damit wir für unseren Aufstieg in die Heimat bereit sind" (S.34).

Nur geistige und moralische Überlegenheit sowie innere Stärke hält die dunklen Mächte im Zaum. Auch eine positive und konstruktive Denkweise über einen längeren Zeitraum hinweg kann die niederen Geistenergien zurückdrängen. Unharmonische seelische Kräfte werden umgewandelt mithilfe positiver Suggestionen. Gelingt es dem Probanden nicht, den Kampf für sich zu entscheiden, wird der innere Dämon immer wieder auftauchen und ihn bis an sein Lebensende verfolgen, warnt Paolo Coelho. Er erfährt den Namen des im Menschen wohnenden Dämons während seiner Reise auf dem Jakobs-weg: „Er heißt Legion, denn es sind viele Geister" (S.100).

Die beste Art, mit dem inneren Dämon umzugehen, besteht darin, ihn als Ratgeber und Freund zu akzeptieren. Sein Wirken betrifft vor allem die materielle Ebene; wird er vertrieben, kann er dem Pilger nichts Wertvolles mehr zeigen. Man darf sich allerdings weder von der Macht des Dämons faszinieren lassen, noch ihm die Führung überantworten, sonst reißt er die Herrschaft an sich und man ist hoffnungslos unterlegen, erklärt Coelho (S.59).

Jemand, der es mit der spirituellen Suche ernst meint, darf keine Angst davor haben, sein Leben von Grund auf zu verändern. „Damit sich die Energien nicht gegen dich wenden, ist es erforderlich, dass du eine Veränderung zulässt. Das ist der schwierigste Augenblick im Leben eines Menschen, wenn er den ‚guten Kampf' erkennt und nicht den Mut aufbringt, die Auseinandersetzung anzunehmen und sein Leben zu ändern. Wenn das passiert, dann wendet sich das Wissen gegen den, der es besitzt", schreibt Coelho (S.123).

Von einem „Kampf um die Vorherrschaft des Egos, bei dem es keine Schonung gibt", ist bei Jürgen Wandel die Rede. (Vgl.: Impressionen aus einer höheren Welt, S.19.) Geistesschüler werden auf die Probe gestellt; sie erleben enormen psychischen Druck, der ihre moralische Stärke ans Licht bringen soll. Latente Leidenschaften werden dabei ans Tageslicht befördert. „Selbst wer ein verborgenes Laster besitzt, wird diesen daraus sprießenden und aufblühenden Phönix erleben."

Unter der geistigen Führung von eingeweihten Lehrern soll es den Schülern gelingen, ihre innere Natur zu entfalten und zu veredeln. „Solange sich der Mensch damit zufrieden gibt, ein normales Leben zu führen,... schlafen in ihm die höheren Mächte und gewähren ihm Ruhe...", meint J. Wandel. Der ‚innere Tyrann' kommt oft genug in verführerischem Gewand daher. Er besitzt eine unendlich variable Überredungskunst, um die Opfer, die ihm auf den Leim gehen, letztendlich auf den Stand von Sklaven zu reduzieren. Die auflebenden Leidenschaften setzen oft eine ‚verlockende Maske' auf. Der Weg führt durch eine Phase der Illusionen und Orientierungslosigkeit, denn dieser Kampf muss von jedem allein ausgefochten werden, betont J. Wandel.

Übersinnliche Fähigkeiten sind nur die Vorstufe zu weiteren Entwicklungsstufen, die mit einem ‚Sterben des Ego' einhergehen, wie Stuart Wilde betont: „Ihr Unterbewusstsein tritt beiseite, um ihrem wahren Ich die Kontrolle über ihr Leben zu überlassen" (S.36). Das Ego gibt aber nicht kampflos auf. Ein heftiges Ringen findet statt im Innern des spirituellen Wanderers. Es gibt Rückschläge und ‚dunkle Nächte der Seele'. Das ‚wahre Ich' ist angeblich nichts anderes als der spirituelle Mensch in seinem innersten Kern. Aus welchem Grund aber gerät dieser Teil der Persönlichkeit, der angeblich schon immer vorhanden war, in Konflikt mit dem bewussten Ego? Diese Frage bleibt unbeantwortet.

Tatsächlich wird das ‚wahre Ich' oder *höhere Selbst* während des geistigen Weges erst aufgebaut. Oft wird es mit dem Geistführer in einem Atemzug genannt, wodurch eine Begriffsverwirrung entsteht, die das Verständnis der Zusammenhänge noch weiter erschwert. Ist mit dem höheren Selbst der Geistführer gemeint? In diesem Fall erhält die Forderung nach einer ‚Unterwerfung' unter das angebliche ‚Selbst' einen zwielichten Beigeschmack.

Der Sinn der Leiden und des Kampfes ist bei Julian P. Johnson darin zu suchen, im Menschen die Sehnsucht nach Befreiung, nach einem Verlassen der Regionen des Leides und der Finsternis, zu erzeugen. Die materielle Welt gehört zu dem Bereich der ‚Negativen Macht'. Mit dieser Auffassung wird einmal mehr die naturgegebene Umgebung des Menschen, die immerhin nicht nur Leiden, sondern auch ein großes Maß an Freuden bereithält, verteufelt. So baut diese einseitige Betrachtungsweise, die auch in der buddhistischen Lehre zu finden ist, auf einer Argumentationskette auf, die bereits im Ansatz angreifbar ist.

Auf dem Weg zur Erleuchtung werden viele Kämpfe ausgefochten, weil die daran beteiligte energetische Kraft alle menschlichen Gefühle intensiviert. Die Emotionen werden verstärkt; dies betrifft vor allem gegensätzlicher Überzeugungen und unerledigte Probleme. In einem Pilger auf dem spirituellen Pfad erwachen alle Neigungen, die als Keim in ihm angelegt sind. Ein äußerer oder innerer Feind symbolisiert seine Schattenseiten. Er tritt auf den Plan, um ihn auf die Probe zu stellen; um seine Geschicklichkeit und Willenskraft zu prüfen. Er existiert, weil er eine Aufgabe zu erfüllen hat.

Es ist kein leichtes Unterfangen, mit dem inneren Dämon fertigzuwerden. Ängste und Hass verleihen dem Feind zusätzliche Kraft. Doch der Kampf ist nicht aussichtslos, denn immer sind auch Gegenkräfte zur Stelle, die mit nützlichen Hinweisen einem Wanderer, der auf einen Irrweg geraten ist, den richtigen Weg weisen.

Umlagerung und Inbesitznahme

*Hinter einer freundlichen Fassade kann sich
ein böser Geist verbergen.*

Symptome bei Fremdbeeinflussung

Ein Kennzeichen medialer Menschen ist ihre Sensibilität, ihre Empfänglichkeit für Eindrücke von außen und von innen. Sie verfügen
über hervorragende Antennen für die sie umgebenden Schwingungen. Doch gleichzeitig bedeutet diese Anlage eine Disposition zur
Spaltung der Persönlichkeit, zur Umlagerung durch eigene und fremde Wesenselemente.

Gemeinhin wird zwischen *Umlagerung* (Umsessenheit) und *Inbesitznahme* (Besessenheit) unterschieden:

▶ *Umlagerung:* Eine fremde Wesenheit hält sich dicht am Körper
eines Menschen auf. Sie hat sich an das Opfer gehängt und versucht, dieses zu beeinflussen.

▶ *Inbesitznahme*: Eine fremde Wesenheit dringt in einen Körper
ein und versucht, diesen zu übernehmen. Gelingt ihr das Eindringen und drängt sie die ursprüngliche Seele beiseite, spricht man
von Besessenheit.

In okkulten Kreisen kennt man die *Inbesitznahme* als den Auszug
einer Seele aus ihrem Körper und deren Ersetzen durch eine andere,
fremde Seele. Das Ich wird aus seinem Besitz hinausgetrieben durch
eine fremde Wesenheit. Eine solche Inbesitznahme ist allerdings gemeinhin nicht ohne Gegenwehr möglich. Nur ein haltloses, schwa-
ches Ich wird die ‚Übernahme' freiwillig erlauben.

Bei einer *Umlagerung* wird eine menschliche Seele beherrscht von einer anderen, fremdartigen Entität. Dabei spielt hypnotische Beeinflussung eine Rolle; der Hypnotiseur ist ein Wesen der Astralsphäre, bemerkt Dion Fortune. Sie nennt ein Beispiel aus der Magie. Während einer magischen Operation, die als das ‚Annehmen einer Gottform' bezeichnet wird, identifiziert sich der Magier mit der von ihm visualisierten Form und wird zum Kanal für feinstoffliche Kräfte. Dion Fortune neigt zu der Auffassung, die Besitz ergreifende Wesenheit nutze diese magische Operation, indem sie sich zunächst mit dem Opfer identifiziert. Durch Anwendung hypnotischer Mittel überlagere sie das Opfer mit der eigenen Identität, um eine geeignete Basis für persönliche Manifestationen zu erhalten. (Vgl.: Selbstverteidigung mit PSI, S.149f.) Eine solche Überlagerung ist nur möglich als eine Folge schwarzmagischer Operationen oder in psychischen Ausnahmezuständen, die durch einschneidende Schockerlebnisse hervorgerufen werden.

Auswirkungen einer Fremdbeeinflussung sind:

- Störungen der Aufmerksamkeit,
- Bewusstseinstrübungen,
- Kurzschlusshandlungen,
- Selbstmordtendenzen,
- das Gefühl, im eigenen Körper bedrängt oder aus ihm herausgedrängt zu werden,
- unfreiwillige Handlungen, bei denen Körper und Geist einem fremden Willen gehorchen müssen.

Derartige Symptome werden in der Medizin und Psychologie meist als psychosomatisch, neurotisch oder psychotisch eingestuft. Auch rein organische Ursachen werden vermutet. Doch die bloße Zuordnung zu einem starren Diagnoseschema sagt nichts aus über die eigentlichen Ursachen. Die medizinische und psychiatrische Forschung anerkennt in erster Linie organische und psychische Ursachen, ignoriert aber völlig die geistigen Zusammenhänge. Daher bleibt die Ursachenforschung der mannigfaltigen Störungen unvollständig, denn sie befasst sich lediglich mit den Folgewirkungen geistiger Ursachen.

Die meisten Wissenschaftler wagen es nicht, sich mit der Existenz und dem Wirken der geistigen Daseinsebene auseinanderzusetzen, da sie den Spott und die Ablehnung der Fachwelt fürchten. Zu wissenschaftlichen Erkenntnissen zu gelangen, die über den normalen Wissenshorizont hinausführen, ist zwar nicht einfach, aber keineswegs unmöglich.

Mentale Umlagerung

Bei jeder medialen oder spiritistischen Betätigung umlagern Geistwesen die beteiligten Menschen. Man könnte das als eine ‚freiwillige Umsessenheit' bezeichnen. Dabei wirken Kräfte und Schwingungen auf die Anwesenden ein, deren Auswirkungen selten überblickt werden. Bei jedem medialen Verkehr mit der geistigen Welt öffnet sich das Seelenbewusstsein für die Geisterwelt. Doch bei weitem nicht jede Kommunikation erfüllt die hohen Erwartungen, die in sie gesetzt werden. Da geistige Gesetze kaum bekannt sind, können auch solche Wesen Einfluss nehmen, die eine spirituelle Entwicklung nicht fördern. Häufig stiften ungebetene Gäste Verwirrung, klammern sich an ihre Opfer und führen sie an der Nase herum.

Ein Medium wird zu einem Tor zwischen der Welt der Menschen und dem unsichtbaren Raum. Verschiedene Wesen treten durch dieses Tor in Verbindung mit den Lebenden. Jedes von ihnen weist Eigenheiten auf, an denen es erkennbar ist. Das Medium ist dazu aufgefordert, niedere Schwingungen, die bei Geistwesen anzutreffen sind, zu harmonisieren. Die Integration von Fremdenergien auf niederem Niveau kann frustrierend und quälend sein, vor allen dann, wenn die Zusammenhänge unklar bleiben. Die Stimmungslage wird mehr oder minder stark beeinträchtigt. Häufig ist den Medien nicht klar, welchen Preis sie für die Kontaktaufnahme zahlen.

Es ist nicht immer einfach, die Veränderungen in der Psyche zu erkennen, die dem Einfluss von Geistwesen zuzuschreiben sind. Das Problem wird anschaulich, wenn man sich verschiedene Menschen hinter Masken verborgen oder in einer Rüstung vorstellt. Das äußere Erscheinungsbild ist gleich bleibend, auch wenn die Person hinter der Maske wechselt. Ungewohntes Verhalten, das man sonst von einer Person nicht kennt, kann einen Hinweis auf die Wandlung geben.

Während einer medialen Trance werden feinstoffliche Energien, die für die Steuerung von Willensimpulsen im Gehirn zuständig sind, teilweise gelähmt. Im Trancezustand wird die Willenskraft des in Mediums, das sich vorwiegend passiv verhält, allmählich reduziert. Das Ich des Mediums gibt im Grunde seine Herrschaft ab an eine fremde Macht, die Einfluss auf das Gehirn nimmt. Mit der Zeit können sich vermehrt unerwünschte Einflüsse bemerkbar machen. Ohne einen starken persönlichen Willen, der das eigene Ich stärkt, ist auf Dauer keine seelische Stabilität möglich

Falls die Qualität der Fragen, die ein Medium an die geistige Ebene stellt, sehr gemischt ist, muss damit gerechnet werden, dass auch die Antworten dementsprechend ausfallen. Unterschiedliche Geistwesen melden sich. Nützliche und falsche, hilfreiche oder schädliche Mitteilungen bzw. Empfehlungen wechseln sich ab.

Wichtig bleibt zu betonen, schreibt Karl Nowotny:

„Jede mediale Betätigung führt... logischerweise zur partiellen oder auch völligen In-Besitznahme des Gehirns bzw. des Körpers des betreffenden Menschen durch den antwortgebenden oder hilfeleistenden Geist... "

Sofern diese Einflussnahme unterhalb einer gewissen Reizschwelle bleibt, unbemerkt von dem Medium, können die Wesen nach und nach immer mehr an Einfluss gewinnen und eine Person zunehmend in ihrem Sinne lenken. *„Oft wird ihr Wirken erst erkennbar, wenn sich ihre Herrschaft als Zwang oder Sucht manifestiert"*, warnt der Autor. Um kommunizieren zu können, begeben sich Geistwesen in die Aura von Medien bzw. in deren Körper. Jede mediale, spiritistische oder magische Tätigkeit hat demzufolge die Konsequenz einer temporären oder auch manifesten Umlagerung oder Inbesitznahme.

Das Einnisten fremder Wesen in die menschliche Aura verursacht Umsessenheit, während das Eindringen in den Körper Besessenheit zur Folge hat. Ist ein solches Stadium erreicht, dann wird es immer schwieriger, Distanz zu den Geistwesen zu gewinnen, denn diesen ist daran gelegen, den Kontakt fortlaufend zu intensivieren und zu festigen.

Medialität kann somit eine krankhafte und destruktive Richtung nehmen. Falls jemand Stimmen hört, die ihn wüst beschimpfen, ist dies ein klares Anzeichen für eine fehlgeleitete Entwicklung, betont Manuela Schindler: „Stimmen hören ist an sich nicht wünschenswert, wobei das natürlich von der gewählten Zielrichtung abhängig ist. Spirituelle Einflüsse sind aber nicht auf diese Weise zu hören, sondern nur Geister und ähnliches, und die Mitmenschen! Wenn Ihnen das gegen Ihren Willen passiert, legen Sie Ihre rechte Hand auf die rechte Schläfe und unterbrechen sie den Kontakt! Unter Umständen legen sie die andere Hand auf den Solarplexus, um auch ihn zu schließen. Üben sie das solange, bis es funktioniert und Sie sich abgrenzen können. Bis dahin ignorieren Sie die Stimmen!" (In: Kanal-Sein, Fragen und Antworten, S.10.)

Manche Medien sind während einer medialen Trance nicht wiederzuerkennen: Stimme, Gestik und Mimik nehmen die Merkmale einer fremden Persönlichkeit an. Vor allem dann, wenn ‚Wesenheiten' sich eines Mediums bedienen und es während der Trance völlig verändert erscheint, kommt es leicht zu einer Umlagerung der Persönlichkeit.

Wie eine solche Verwandlung plötzlich eintreten kann, berichtet der Arzt und Hypnosetherapeut Eugene G. Jussek. Nachdem er einen seiner Patienten namens Charles in eine hypnotische Trance versetzt hat, geschieht etwas Merkwürdiges: „Entspannt lag er im Sessel. Plötzlich fuhr er mit einem Ruck auf und saß völlig gerade, mit hocherhobenem Kopf. Er schien hagerer und auch älter. Sein Gesichtsausdruck hatte plötzlich etwas Fremdes, beinahe Orientalisches, und die Muskeln in seinem Gesicht zuckten heftig." (In: Begegnung mit dem Weisen in uns, S.75.)

Eine Stimme meldet sich zu Wort mit einem fremdartigen Klang. Der Arzt glaubt, seinen Ohren nicht zu trauen, als er auf die Frage „Wer sind Sie?" die Antwort erhält: „Ich heiße Yan Su Lu. Ich bin derjenige, den Charles seinen Freund und Lehrer nennt. Wir sind viele; ich bin nicht allein. Ich stehe Charles seit langem zur Seite und helfe ihm, bei seinen Übergängen aus dem irdischen Leben zurechtzukommen und sich einzugewöhnen."

Yan Su Lu, der mit einen chinesischen Akzent spricht, bekundet seine Absicht, die östliche Philosophie der westlichen Welt nahe zu bringen. Der erstaunte Arzt hat in der Folgezeit noch viele Gelegenheiten, tiefgründige Gespräche mit dem ‚Weisen' zu führen, wobei wesentliche Fragen des Bewusstseins und der Spiritualität erörtert werden. Sein Klient *Charles* ist während der Gespräche ‚geistig abwesend'. Die in der medialen Trance erfolgende Spaltung ist im Unterschied zur der psychopathologischen Bewusstseinsspaltung schizophrener Patienten hier nur vorübergehend. Sie wird nach der Versenkung von dem normalen Ich-Bewusstsein, das nicht unter psychischen Deformationen leidet, abgelöst.

Kurz erwähnt werden soll, dass Adolf Hitler aller Wahrscheinlichkeit nach unter dem Einfluss einer fremden Macht stand. Der Gauleiter von Danzig, Hermann Rauschning, der eine enge Beziehung zu dem Despoten unterhielt, hat in seinem 1939 erschienenen Buch *Gespräche mit Hitler* davon berichtet. „Man ist gezwungen, an Medien zu denken, die die meiste Zeit ganz gewöhnliche, unbedeutende Menschen sind. Doch plötzlich fallen wie aus dem Himmel übernatürliche Kräfte auf sie, die sie weit über das Maß des Gewöhnlichen hinausheben und nichts mit ihrer eigenen, wahren Persönlichkeit zu tun haben. Sie verhalten sich wie Besucher von einem anderen Planeten. Das Medium ist besessen. Doch wenn der Bann überwunden ist, fällt es wieder in die Mittelmäßigkeit zurück. Auch bei Hitler verhielt es sich so; er war zweifellos von Mächten außerhalb seiner selbst besessen." (Vgl.: A. Maclellan, S.122.)

Diese Angaben Rauschnings passen zu der Darstellung des indischen Gurus Bhagwan Shree Rajneesh (später: Osho), der behauptete, Hitler sei das Medium einer okkulten Gruppe mit Namen *Die Neun von Ashoka* gewesen (S.206f.). Damit ist eine asiatische Gruppe gemeint, die seit Jahrtausenden aus dem Hintergrund agiert und bei bestimmten Anlässen die Fäden zieht. Das Symbol der Nazis, das Hakenkreuz (die Swastika), das in der östlichen Mystik eine bedeutsame Rolle einnimmt, untermauert diese Mitteilung.

Gewisse Risiken gehen nicht nur Medien, sondern auch die rat- und hilfesuchenden Klienten ein. Ratsuchende als Nutznießer medialer Aktivitäten rechnen in keiner Weise damit, manipuliert oder umlagert zu werden. Ein Klient, der zu einer Wahrsagerin bzw. einem Medium geht – oder die Hilfe eines Geistheilers in Anspruch nimmt, um dessen Rat zu erbitten – öffnet sich gewissermaßen für jenseitige Energien. Die seelische Öffnung kann von den Geistwesen, die mit dem Medium verkehren, ausgenutzt werden. Diese Gefahr besteht vor allem dann, wenn die Motivation zu der Kontaktaufnahme und die damit einhergehende Schwingung ein eher niedriges Niveau aufweist. Ein Risikofaktor des medialen Verkehrs ist der Wunsch nach materieller Bereicherung, eine Vorteilsnahme durch Wissenserwerb oder die Einflussnahme auf den freien Willen anderer Menschen. Auch wenn überwiegend Neugier ohne tieferes Interesse im Vordergrund steht, sind die Probleme absehbar. Mediale Tätigkeit um eigennütziger Vorteile willen ist in der Regel zum Scheitern verurteilt.

Auch Personen, die ihre Probleme vorwiegend mithilfe der Geisterwelt lösen wollen, um sich eigene Anstrengungen und Mühen zu ersparen, werden wenig Erfolg für sich verbuchen können. Die Flucht vor den Problemen des Alltags, vor den alltäglichen Verpflichtungen, oder der Wunsch, mit jenseitiger Hilfe alle Aufgaben leicht und bequem erledigen zu können, findet in der geistigen Welt keine Unterstützung.

In vielen Fällen ziehen sich die geistigen Ratgeber unbemerkt zurück, und der Kontakt bleibt ohne negative Folgen.

Inbesitznahme

Während anhaltender Meditationsübungen und Energiearbeit kann es geschehen, dass sich die Übenden plötzlich müde und erschöpft fühlen. Sie sind zerstreut; zielgerichtetes Denkens fällt ihnen schwer. Einige haben die Empfindung, plötzlich nach hinten gezogen zu werden. „Manchmal kann diese Beeinflussung so stark sein, dass man das Gefühl hat, regelrecht aus dem Körper herausgedrängt oder gezogen zu werden. Dies passiert besondert medial veranlagten Menschen, die diese Fähigkeit entweder falsch anwenden oder ein mediales Leben leben", heißt es in einer Broschüre von Manuela Schindler. (Vgl.: Was man tun kann: SOS-Nothilfe für mediale und sensitive Menschen.)

Die verschiedenen, durch Medien sich kundgebenden ‚Wesenheiten' verfolgen unterschiedliche Absichten. Befindet sich ein Mensch auf keiner fortgeschrittenen Entwicklungsstufe, kann es geschehen, dass er von Eindringlingen besetzt wird. Wenn niedere Wesenheiten durch ein Medium sprechen oder die ‚Durchgaben' ohne Einwilligung der Person stattfinden, ist von einer Inbesitznahme auszugehen: Die Stimme des Mediums hat plötzlich eine andere Klangfarbe, eigentümliche sprachliche Wendungen werden benutzt; sogar der Körper des Mediums kann auffallende Veränderungen aufweisen.

Falls sich eine Person ohne genügende Vorbereitung für Durchsagen zur Verfügung stellt, muss sie mit Übergriffen durch erdgebundene Geister rechnen. Viele Menschen öffnen sich gutgläubig der medialen Trance in der Überzeugung, in Verbindung mit ihrem ‚höheren Selbst' zu stehen. Häufig erleben sie eine herbe Enttäuschung, denn das ‚höhere Selbst' wird oft überlagert von anderen Kräften. Unerfahrene Medien erlauben daher astralen Wesenheiten, mit ihnen in engen Verkehr zu kommen. Später, wenn sie ihren Irrtum begreifen, können sie sich nur schwer wieder aus der Verbindung lösen.

Die geistige Welt antwortet auf die Frage: *Was geschieht bei einer Inbesitznahme?*

Inbesitznahme ist ein Phänomen des Unterbewusstseins; ein Mensch ist außerstande, sich fremder Geisteinflüsse zu erwehren. Das Bewusstseinsfeld wird infiltriert von einer fremden Energie. Der Energie gelingt es mit der Zeit, große Teile des Bewusstseinsfeldes seinem Einfluss zu unterstellen. Das fremde Bewusstseinsfeld beginnt, das ursprüngliche Bewusstsein zu überlagern. War das fremde Bewusstsein bis zu einem gewissen Grade erfolgreich, wird es schwierig, eine Distanzierung zu erreichen.

Die Beeinflussung des ursprünglichen Bewusstseins nimmt zu, was eine Trennung der beiden Bewusstseine erschwert. Ist es dem fremden Bewusstsein gelungen, seinen Machtbereich auszuweiten, besteht die Gefahr einer totalen Kontrolle durch das fremde Bewusstseinsfeld; eine Umkehr erscheint nicht mehr möglich. Wird das ursprüngliche Bewusstsein ausgeschaltet, kann es seine Energien nicht mehr für eigene Ziele einsetzen. Die Energien werden umgeleitet in eine dem fremden Bewusstsein genehme Richtung. Der Energiefluss wird der Kontrolle des ursprünglichen Bewusstseins entzogen.

Ein Geistwesen, das ein Medium zu beherrschen trachtet, duldet in der Regel keinerlei kritische Prüfung von außen. Es übt einen spürbaren Einfluss auf und drängt das Medium in die Isolation, um eine Hinterfragung der Kommunikation zu verhindern. Einem isolierten Menschen fällt es schwerer, Täuschungen zu durchschauen. Die ersten Kontaktaufnahmen mit der unsichtbaren Welt sollten daher unter Anleitung eines erfahrenen Mediums erfolgen, damit fatale Irrwege von vornherein vermieden werden.

Varda Hasselmann, die selbst als Medium arbeitet, hat in diesem Zusammenhang folgende Zeilen übermittelt: „Die besetzenden, lästigen Kräfte stammen alle aus dem zweiten (astralen) Territorium, also von jenen Wesen, die sich im Rad der Inkarnation drehen und jetzt keinen Körper besitzen, bald jedoch wieder einen Körper haben werden. Es sind jedoch unreife, schwach entwickelte Seelen, die sich auf den Schwingen der Angst zu jenen begeben, die sich für die Übermittlung aus der astralen Welt öffnen" (S.183).

Der chinesische Lehrer des *Falun Gong*, Li Hongzhi, der sich selbst als ‚Meister' dieser Kultivierungsmethode bezeichnet, erwähnt eine schädliche Form der Inbesitznahme (S.38f.). Eine materielle Einstellung während des Praktizierens von *Qi Gong* kann niedere Geistwesen anziehen. Das, was sich an einen Menschen heftet, bezeichnet Li Hongzhi als *Futi*. Der Praktizierende kann plötzlich den Eindruck gewinnen, hellsehend geworden zu sein (das Himmelsauge ist geöffnet). Dieser Eindruck beruht aber auf einer Täuschung. In Wahrheit regiert ein *Futi* das Gehirn: „Was das Futi gesehen hat, spiegelt sich im Gehirn des Besessenen wieder, so dass dieser meint, sein Himmelsauge wäre geöffnet", erklärt Li Hongzhi (S.39).

Das tierähnliche *Futi* hat keine Möglichkeit der eigenen Fortentwicklung, es sei denn, es gelingt ihm, sich an den Körper eines Menschen zu heften. Das *Futi* hilft dem Praktizierenden in seiner Entwicklung; es ist z.B. in der Lage, dessen Wünsche hinsichtlich persönlicher Vorteile zu erfüllen. Dafür möchte es aber auch etwas erhalten, denn im Universum gilt der Grundsatz: *„Ohne Verlust kein Gewinn."* Das *Futi* hat es auf die ‚Essenz' des Menschen, seine Energie, abgesehen und schwächt ihn damit.

Manche Menschen schreiben plötzlich Sätze in einer unbekannten Sprache oder sprechen Worte, die nicht zum irdischen Sprachgebrauch gehören. Die Worte werden nach Auskunft von Li Hongzhi von Wesen übermittelt, die keiner sehr hohen Ebene angehören. Sie befinden sich nur etwas oberhalb der menschlichen Ebene. „Menschen, deren Himmelsauge auf einer höheren Ebene geöffnet ist, können genau sehen, dass ein Lebewesen sich schräg über dem Kopf des Sprechenden befindet und durch dessen Mund redet... Aber von da an befindet sich dieser Mensch unter der Kontrolle dieses Lebewesens" (S.38).

Diese Wesen haben sich vorgenommen, den Menschen in gewisser Weise zu helfen, um sich dabei selbst höher entwickeln zu können.

Li Hongzhi kritisiert diese Methode allerdings als unorthodox und unzureichend. Der Meditierende gerät in die Abhängigkeit von einem Wesen, das der eigenen Entwicklungsstufe nur wenig voraus hat.

Ein enger Zusammenhang zwischen Medialität und Inbesitznahme ist unbestreitbar. Trancezustände begünstigen zwar Inbesitznahmen, sind aber nicht deren Voraussetzung. Dass ein Individuum seinen freien Willen aufgibt und wie eine Marionette funktioniert, kommt zum Glück nicht allzu häufig vor. Eine Ausnahme hiervon sind Voll-trance-Medien, deren Geist während der Übermittlung zeitweilig das Feld räumt.

Häufiger anzutreffen ist die Umlagerung, bei der die Psyche eines Menschen mehr oder weniger massiv von Fremdenergien beeinflusst wird. Umlagerung hat psychische und körperliche Störungen zur Folge, die den psychotischen Symptomen sehr nahe kommen. Unverarbeitete Probleme und Ängste drängen in den Vordergrund, in zum Teil vehementer Verstärkung. Destruktive Impulse brechen hervor und verleiten zu unkontrollierten Handlungen.

Dass Beeinflussungs- und Besessenheitserlebnisse keine Seltenheit sind, zeigen die Schriften von Manuela Schindler und dem *Phönix-Netzwerk*. Das Netzwerk erhält diverse Anfragen von Menschen, die unter okkulter Beeinflussung leiden und kaum Anlaufstellen finden, die ihnen weiterhelfen können. Empfohlen wird vom Phönix-Netzwerk, bei auftretenden Problemen die Meditation bis auf weiteres zu unterbrechen und sich durch ausschließliche Fixierung auf die alltägliche Gegenwart wieder fest in der physischen Welt zu verankern.

Dunkle Energiewesen

Beziehungen zur Geisterwelt können durchaus nur vorübergehenden Charakter haben; die Geistwesen ziehen sich nach Erledigung einer Aufgabe wieder zurück. Kommt aber ein negativer Kontakt zustande aufgrund magischer oder spiritistischer Praktiken, dann entfernen sich die Wesen nicht ohne weiteres. Sie verankern sich in ihrem ‚Wirt' und entziehen ihm Energie, manipulieren sein Denken und beeinflussen sein Handeln. Der mediale Empfang von Botschaften kann ebenfalls die Basis für schwere Belastungen sein, gegen nur schwer anzukommen ist.

Die Informanten der geistigen Welt antworten auf die Frage:

Wie können negative Energiewesen wirksam auf Distanz gehalten werden?

Um diesen Energien auf angemessene Art begegnen zu können, ist die Kenntnis über die Entstehung sehr von Nutzen. Energien bilden Muster die – wenn sie zusammen passen – miteinander verzahnt sein können. Aufgrund der Musterbildung ist es für die Energien leicht, zugehörige Teile zu identifizieren und sich zusammenzuschließen. Auf diese Weise entstehen mächtige Energiefelder. Eine Zusammenballung (Konglomerat) gleichgerichteter Energien löst sich nur schwer wieder auf. Das darin enthaltende Bewusstsein strebt nach Beständigkeit. Je mehr Bewusstseine ihre Energie versammelt haben, desto größer ist das Ausmaß an Energien.

Ein umfangreiches Bewusstseinsfeld ist in der Lage, andere Systeme zu infiltrieren. Das Bewusstsein trifft auf Rezeptoren, d.h. energetische Anschlüsse, welche das Eindringen ermöglichen. Die Zustimmung des ursprünglichen Bewusstseins ist erforderlich, um ein Eindringen zu ermöglichen. Ist die Einwilligung einmal erfolgt, sind auch nachfolgende Energien in der Lage, den einmal gewährten Freiraum in Anspruch zu nehmen. Die Resonanzschwingung erlaubt bestimmten Energien, sich mit einem Menschen zu verbinden.

Das Bewusstseinsfeld des infiltrierenden Partners passt sich beim Vorgang des Eindringens so weit wie möglich der Schwingung des anderen an, um später wieder auf das Ursprungniveau zurück zu fallen. Dann entsteht für das Opfer der unangenehme Effekt einer Minderung der gesamten Stimmungslage. Aufgrund der Anpassungsfähigkeit der Energie ist eine Gegenwehr äußerst erschwert. Der energetische Zusammenschluss erfolgt auch gegen den bewussten Willen der Betroffenen.

Um eine Zusammenschaltung zu verhindern, sind sehr spezielle Kenntnisse vonnöten. Die Rezeptoren enthalten kleine Widerstände, welche aktiviert werden können. Die Betroffenen können Rezeptoren aktivieren mit Hilfe gewisser Vorstellungsbilder. Dazu ist allerdings eine ausreichende energetische Disposition erforderlich. Ein infiltriertes Bewusstseinsfeld ist daher von sich aus kaum in der Lage, geeignete Gegenmaßnahmen zu ergreifen. Die Hilfe der geistigen Welt ist erforderlich, um eine Befreiung zu erreichen. Die Richtung der Aufmerksamkeit auf die geistige Welt schwächt die Fremdenergie auf Dauer, was eine Einflussnahme möglich werden lässt.

Erst wenn der richtige Zeitpunkt gekommen und ein Lernprozess abgeschlossen ist, wird auf entsprechende Bitten hin die Hilfe gewährt.

Die Infiltration mit artfremder Energie ist ein Eroberungsfeldzug, der Menschen dazu bringen soll, sich mit artfremder Energie zu verbinden und ihr letztendlich das Terrain zu überlassen.

Die Pläne sind teilweise äußerst durchtrieben und geschickt und stoßen manchmal auf wenig Gegenwehr, da den Menschen nicht klar ist, was vor sich geht. Die Infiltration mit niedriger Energie schadet nicht nur dem feinstofflichen Kleid, sondern auch dem physischen Körper, der ja auf die Signale aus dem Feinstofflichen angewiesen ist. Die Signale werden mit der Zeit immer verwirrender und chaotischer, so dass Fehlfunktionen im physiologischen Bereich die unvermeidbare Folge sind.

Es kommt nicht nur zu mentalen Ausfällen, vorübergehenden Bewusstseins-Verlusten, sondern auch zu feinmotorischen Störungen, zu Bewegungs- und Sehstörungen. Das gesamte Körpersystem gerät in Aufruhr, denn es ist sich auf einer gewissen Ebene der Probleme bewusst, sieht sich aber nicht imstande, etwas dagegen zu unternehmen. Die Infiltration erfolgt in einer Weise, die das körpereigene Abwehrsystem umgeht. Es ist nicht in der Lage, zu reagieren und entsprechende Schutzmaßnahmen zu ergreifen. Der körperliche Gesundheitszustand wird immer desolater und anfällig für alle möglichen Infektionen und negativen Einflüsse. Die Menschen werden sozusagen ‚neu programmiert', ohne auch nur im Geringsten zu ahnen, was vor sich geht. Diese Programmierung gereicht ihnen aber durchweg zum Schaden, denn die Psyche und die körperliche Gesundheit werden bedroht.

Die niederen Energien infiltrieren jedes System soweit wie irgend möglich, um dann in einem gegebenen Augenblick die Kontrolle zu übernehmen. Diese ‚feindliche Übernahme' erfolgt nach und nach, fast unmerklich für die Betroffenen. Sie werden ‚ausgebootet', ihre Psyche wird zurückgedrängt, um einem anderen, fremden Bewusstsein den Platz zu überlassen.

Existieren auch positive Aspekte dieses Bewusstseinswandels?

Das menschliche Bewusstsein wird verwandelt in ein anderes, das nicht es selbst ist. Dieser Umstand weist auf die Art des Bewusstseins hin, von dem es übernommen wird. Die heimtückische Vorgehensweise verhindert eine angemessene Gegenwehr, weshalb sich dem Menschen kaum Chancen bieten, zu entkommen.

An dieser Stelle wird wieder einmal deutlich, wie wichtig es ist, über ausreichende Informationen zu verfügen, um gegen Gefahren dieser Art gewappnet zu sein.

Der Kontakt mit Entitäten aus dem Astralreich findet bei Menschen mit spirituellen Interessen regelmäßig statt. Linda Roethlisberger bringt Umsessenheit in einen direkten Zusammenhang mit spirituellen Entwicklungsprozessen. „Die geistigen Energien, die geistigen Helfer und Poltergeister, sind nach dem Gesetz der Synchronizität gleichzeitig überall und immer dort, wo ein Prozess, eine Entwicklung, ausgelöst werden muss, damit das ewig Zentrierte in der Wesensmitte eines jeden, die tiefsten Abgründe des Unterbewussten (der

Seele) mit den höchsten Gipfeln des Geistes vereint werden können"
(S.118f).

Doch was geschieht mit Menschen, denen es nicht gelingt, die
‚höchsten Gipfel des Geistes' zu erklimmen? Die Gestrauchelten am
Wegesrand landen nicht selten in der Psychiatrie, sofern sie nicht
imstande sind, aus eigener Kraft den Knoten zu lösen, den eine fehlgeleitete Entwicklung bei ihnen hinterlassen hat. In diesem Zusammenhang stellt sich natürlich die Frage, wie man sich von unerwünschten Wesenheiten befreien kann.

Einige diesbezügliche Informationen aus der geistigen Welt lauten:

Mit unerwünschten Energiewesen in Berührung zu kommen, ist
keine Seltenheit im spirituellen Werdeprozess. Die Freigabe der
Energien aufgrund einer Öffnung des 3. Chakras bewirkt die Anziehung jeglicher Energieströme, auf die sich ein Übender konzentriert. Eine Verbindung geschieht aufgrund lang anhaltender
Konzentration auf bestimmte Energieströme.

Die Freigabe ungebetener Energie können Betroffene erreichen,
wenn sie ihre Gedanken auf höhere Ziele konzentrieren. Der stetig
nach oben gewandte Gedankenfluss verhindert das Eindringen
weiterer Energien und schafft einen Kanal für höhere Energieströme, die letztlich die Präsenz ungebetener Energien verhindern.
Der gesamte Organismus wird auf eine höhere Schwingungsstufe
angehoben, was den Aufenthalt niedrig schwingender Energien
unmöglich werden lässt. Die Schwingungsfrequenz ist also in diesem Zusammenhang von entscheidender Bedeutung.

*Welche schädlichen Auswirkungen können durch negative Energie-
ströme entstehen?*

Sie verbinden sich mit den Betroffenen, um von ihrer Energie zu
profitieren. Je enger die Verbindung, desto mehr Energie geht
ihnen verloren. Sie können die Bindung nach einer Weile nicht
mehr ohne weiteres lösen. Hierzu benötigen sie die Hilfe hoch
entwickelter Geistwesen. Ursprünglich ist eine derartige Verbin-

dung zu beiderseitigem Nutzen angelegt. Den Lernenden werden Informationen zuteil, die sie auf andere Art nicht erhalten hätten. Wenn aber eine
Fremdenergie ein gewisses Eigenleben entwickelt, dann ist dies in der Form nicht geplant.

Es liegt an den Betroffenen selbst, Gegenmaßnahmen zu ergreifen, sich zu befreien durch Anhebung ihrer Schwingungsfrequenz. Ihnen wird die Hilfe höherer Kräfte zuteil, wenn sie sich mit ihnen verbinden. Andernfalls wird die unerwünschte Energie weiterhin an ihren Kräften zehren. Probleme entstehen dann, wenn Lernende sich der Entwicklung verweigern. Sobald sie sich entscheiden, den Weg weiter zu gehen, erhalten sie die Unterstützung, die sie verlangen.

Nicht in jedem Fall ist die geistige Welt offenbar bereit, Unterstützung zu leisten. Eine Abkehr von der spirituellen Entwicklung zieht negative Konsequenzen nach sich. Der Aspekt der Freiwilligkeit wird hierbei allerdings nicht berücksichtigt. Ein gewisser Druck hinsichtlich der geistigen Fortentwicklung ist unverkennbar, was jeden nach geistiger Erkenntnis Strebenden zum Nachdenken anregen sollte.

Was geschieht, wenn letzten Endes eine Verschmelzung stattfindet zwischen einem Menschen und einem Geistwesen?

Verschmilzt ein Geistwesen mit einem Menschen, so ist dies nicht von vornherein beabsichtigt. Ein intensiver Kontakt erlaubt eine immer weiter gehendere Annäherung. Diese Verbindung hört auch nach dem Tod nicht auf.

Welchen Nutzen und welche Nachteile hat eine derartige Verbindung?

Der Nutzen für die Wesenheit besteht darin, von dem Menschen mit Energie versorgt zu werden. Das Wesen hingegen stillt auf geschickte Weise die Neugier des Menschen auf alles, was mit der geistigen Welt zusammenhängt. Hierbei kann es zu einem sehr fruchtbaren Austausch kommen.

Der Nachteil wird aber ebenfalls deutlich: Der Geist hält den Menschen umklammert und auch nach dessen Tode löst sich die Verbindung nicht. Hier ergeben sich Konflikte, da der Mensch zum ersten Mal in aller Deutlichkeit seine Abhängigkeit erkennt. All sein Bitten und verzweifeltes Flehen wird ihm da nicht weiterhelfen. Der Geist ist nicht an einer Loslösung interessiert, da sonst seine Fortexistenz in Gefahr wäre. In vielen Fällen kommt es hier allerdings zu einem Eingreifen seitens der höheren Geistebenen, wenn sich der Betroffene mangels Wissen in die Abhängigkeit gebracht hat und die Verbindung nicht schädlichen oder selbstsüchtigen Zwecken diente.

Auch Angst kann ein starkes Band schaffen zwischen Geistwesen und Mensch. Hier sind selbst die Bemühungen höherer Geistebenen oft vergeblich. Treffen die Versuche des Elementals auf fruchtbaren Boden, dann neigt er dazu, seinem ‚Wirt' Angst einzujagen. Je häufigere und intensivere Angstzustände dieser durchlebt, desto fester umklammert ihn der Geist. Auch häufige, fast ununterbrochene Kontaktaufnahme kann dem gleichen Ziel dienen.

Ist eine Verschmelzung zwischen Mensch und Wesenheit erfolgt, dann löst sich die Abhängigkeit des Geistes, da es zur Ebene des Wirts aufgestiegen ist. Dieser hat es als seinesgleichen akzeptiert, weshalb hiermit keine weiteren Nachteile verbunden sind. In problematischen Verbindungen hingegen bleibt die Abhängigkeit des Geistwesens erhalten und damit auch dessen Bemühungen um Aufmerksamkeit seitens des Menschen, in welcher Form auch immer.

Was geschieht, wenn ein solcher Mensch reinkarniert?

Kann sich ein Mensch weder im Diesseits und auch nicht im Zwischenreich von der Umklammerung durch ein Wesen der Astralebene – von dort kommt das Geistwesen in der Regel – befreien, dann droht ihm ein wahrhaft trauriges Schicksal. Hier kommt es zu spontanen Übergriffen seitens des Geistwesens bereits im Kindesalter, was sich in unkontrollierten Tobsuchtsanfällen äußern kann oder in vehementer Zerstörungssucht. Abartiges Verhalten aller Schattierungen kann aus einer solchen ungewollten Verbindung entstehen.

Therapeuten stehen hier vor einem Rätsel, da alle Versuche, helfend einzugreifen, fehlschlagen. Auch geringere Abweichungen von der Norm kommen vor, wie: häufiges Bettnässen, Einkoten, Quälsucht. Die Entstehungsursachen dieser Abweichungen können allerdings sehr unterschiedlich sein.

Gemeinsam ist den Fällen die Uneinsichtigkeit der Verhaltensweisen dieser Kinder. Nichts deutet auf eine Verursachung hin, die ihr Verhalten auch nur einigermaßen erklären würde. Die Kinder stehen unter starkem seelischen Druck, den sie sich selbst nicht erklären können. Ihre mangelnde Fähigkeit zu kontrolliertem Verhalten verunsichert und ängstigt sie. Die Kinder geraten bald ins Abseits, was ihr Leiden nur verschlimmert.

Ist jedwede Therapie vergeblich?

Ein therapeutisches Eingreifen ist, wie bereits angedeutet, nicht einfach, selbst in Fällen, wo ein für derartige Probleme aufgeschlossener Therapeut die Zusammenhänge ahnt. Aufgeklärte Therapeuten oder auch sonstige Bezugspersonen, die die Hilfe der geistigen Welt hinzuziehen, haben am ehesten die Möglichkeit, das Übel an der Wurzel zu fassen. Seitens der geistigen Welt ist immer die Bereitschaft vorhanden, auf erstgemeinte Bitten hin handelnd einzugreifen.

Da die Ursachen eines solchen Verhaltens, das unter negativer Beeinflussung leidende Menschen an den Tag legen, in der Regel nicht verstanden werden, bleibt zu hoffen, dass auch herkömmliche Therapien Mittel und Wege finden, den bedrängten Menschen einen Ausweg aus ihrem Dilemma zu weisen.

Walk In

Der Preis für die Hilfe eines Dämons:
Das Leben eines Menschen!

Der Austausch von Seelen

Bei einem *Walk In* (Einsteigen) findet ein Seelentausch statt. Zur Veranschaulichung eines solchen Vorgangs kann der Körper mit einem Automobil verglichen werden, während die Seele in der Rolle des Fahrers die Richtung vorgibt. Bei einem *Walk In* wechselt der Lenker am Steuer; der bisherige Fahrer steigt aus oder wird unsanft verdrängt, während das Gefährt erhalten bleibt. In der Regel findet kein heftiger Konflikt statt zwischen der alten und der neuen Seele, wie dies bei einer Umlagerung oder Inbesitznahme geschieht, sondern es kommt zu einem vollständigen Austausch der Seelen.

Die frühere Seele ist nicht mehr anwesend. Diese Gelegenheit nutzt eine andere, fremde Seele und übernimmt den verlassenen Körper. Jan Erik Sigdell schreibt: „Die Seele, die vorher den Körper bewohnte, hat den Körper verlassen – zum Beispiel während eines Nahtoderlebnisses – und eine neue Seele hat den Körper übernommen. Für die Seele, die wegging, war es ein wirklicher Tod, denn sie hat den Körper ja tatsächlich verlassen. Für die neue Seele war es eine Gelegenheit, einen noch belebbaren Körper zu animieren und ihn dann zu bewohnen" (S.43).

Den Unterschied zwischen *Inbesitznahme* und *Walk In* hat Edith Fiore wie folgt beschrieben: „Auf der Seelenebene (zwischen dem höheren Selbst und dem entwickelten Geist, der inkarnieren will) wird eine Vereinbarung getroffen zwischen lebenden Menschen, die ihren Körper verlassen wollen (oder in Kürze sterben werden), und hochentwickelten Seelen, die einen Beitrag zum Wohl unserer Welt leisten wollen und es vorziehen, nicht durch eine lange Kindheit und Reifung zu gehen. Erstere gehen, und letztere, die Walk-ins, übernehmen den physischen Körper. Bei Besessenheit verlassen die ursprünglichen Bewusstsein ihre Körper nicht, und ihre Symbiose ist *niemals* eine positive Lösung" (S.195).

Bei Bhagwan Shree Rajneesh wird Meister *Kut-Humi* erwähnt, der angeblich hinter den Kulissen die theosophische Bewegung ins Leben gerufen hat. Er war Mitglied einer indischen Gruppe von Eingeweihten, welche *Die Neun von Ashoka* genannt werden. Mitglieder der Theosophischen Gesellschaft planten zu Anfang des 20. Jahrhunderts, günstige Bedingungen zu schaffen, um *Maitreyas* Wiederkunft zu ermöglichen. Die *Neun von Ashoka* benötigten für diese Wiederkunft des neuen Buddha ein ,menschliches Gefäß', welches die Seele von Maitreya aufnehmen sollte. Zu diesem Zweck wählten sie den jungen Inder Krishnamurti aus, der für die Reinkarnation des allseits erwarteten neuen Weltlehrers in Frage kam. „Krishnamurti sollte sich hingeben und so leer werden, dass Maitreya in seinen Körper eintreten konnte. Aber im letzten Moment verweigerte Krishnamurti die Hingabe. Niemand in seiner Umgebung hätte diesen Schritt für möglich gehalten", berichtet Bhagwan. Angeblich war die *Theosophische Gesellschaft* nur zu dem einen Zweck gegründet worden, Maitreyas Wiederkunft zu ermöglichen.

Doch kurz vor dem letzten Sprung verweigerte Krishnamurti die völlige Hingabe. „Die ganze Arbeit ging darum, seine Individualität aufzugeben, sonst kann man nicht zu einem Medium gemacht werden. Man muss selbst nicht vorhanden sein und sich höheren Mächten hingeben", erklärt der Guru (S.205). Krishnamurti lehnte es ab, sein Ego aufzugeben und betonte seit dieser Zeit die Bedeutung der persönlichen Individualität. Er gab allen Zuhörern den Rat, niemals Jünger eines Meisters zu werden. Jeder solle für sich seinen eigenen Weg suchen.

Derartige Praktiken, denen sich Krishnamurti erfolgreich widersetzte, werden auch von Coralf hart kritisiert: „Was sich hinter der harmlosen Bezeichnung ,Übernahme des Körpers des Jüngers' verbirgt, ist in Wahrheit eine Besessenheit, die sich dadurch äußert, dass eine fremde Seele in den Körper eindringt und diesen zum Teil beherrscht, so dass die eigene Seele den Körper nicht mehr vollständig unter Kontrolle hat. Der ‚vorbereitete' Jünger wird so als machtloses Werkzeug für die Zwecke des Meisters missbraucht." (In: Maitreya. Christus oder Antichrist?)

Benjamin Creme hingegen erklärt, der Kontakt zwischen einem Durchschnittsmenschen und den ‚Meistern' könne über die modernen Medien, über Rundfunk und Fernsehen, stattfinden. Die klassische ‚Wiederkehr' der Meister sei dagegen die Übernahme des Körpers eines seiner Jünger, der auf diese Aufgabe besonders vorbereitet werde.

Die schamanische Medizinfrau Mary Summer Rain erwähnt Seelen, die mit einem besonderen Auftrag auf die Erde zurückkehren. Diese seien häufig nicht geneigt, den mühevollen Weg einer Inkarnation auf sich zu nehmen. „Die meisten von ihnen treten dadurch in den Körper von Erwachsenen ein, dass sie eine Seele, die dem zustimmt, einfach gegen eine eintauschen, die in dieser großen Zeit der Menschheit im Bereich des Körperlichen sein wollte" (S.178). Die Schamanin glaubt an eine besondere Mission solcher Seelen für die Menschheit in bedeutsamem Perioden der Entwicklung.

Auch bei schweren Unfällen, die vorübergehenden Bewusstseinsverlust und Bewegungsunfähigkeit zur Folge haben, können Seelenanteile mit ‚hohen Aspekten des Seins' ausgetauscht werden. (Vgl.: Jan van Helsing; Wer hat Angst vor'm schwarzen Mann? S.250.) Manche Unfallopfer wachen nach tiefer Bewusstlosigkeit mit herausragenden Fähigkeiten auf, die ihnen zuvor fremd waren. Etliche von ihnen legen plötzlich eine ungeahnte Kreativität an den Tag: Sie musizieren, beschäftigen sich mit Malerei oder Dichtung; manche entwickeln ein Supergedächtnis. Diese so genannten *Savants* geben der Wissenschaft nach wie vor Rätsel auf.

Walk In oder Reinkarnation

Die okkulten Kenntnisse indischer und tibetischer Mystiker sind sehr weitreichend. Zu ihnen gehört auch die Fähigkeit des *Walk In*. Der indische Yogi Swami Rama erhält von seinem Lehrer, einem tibetischen Meister, die Mitteilung, dieser könne seinen Körper nach Belieben verlassen und in den Körper eines anderen eintreten. Anschließend kehre er wieder in den eigenen Körper zurück. Tatsächlich verschwindet der Meister plötzlich vor den Augen mehrerer verblüffter Schüler. Zu Beginn erscheint er wie eine Wolke in menschlicher Gestalt. Nach einigen Sekunden ist die Wolke nicht mehr zu sehen. Ca. 15 Minuten später steht die wolkige Gestalt wieder vor der Schülerschar und verfestigt sich zusehends, bis sie ihr normales Aussehen erreicht hat.

Swami Rama berichtet ebenfalls von einem alten Yoga-Meister, der hellsichtig in die Zukunft schauen kann. Als sein Ende naht, legt er seinen alten Körper ab wie ein altes Kleid und geht in einen jungen, gesunden Körper ein. Auf die Frage, warum er einen anderen Körper annehmen wolle, antwortet der alte Yogi: „Ich bin über neunzig Jahre alt, und mein Körper ist kein gutes Instrument mehr, um länger in Samadhi zu bleiben. Außerdem bietet sich eine Gelegenheit. Morgen gibt es einen toten Körper in gutem Zustand. Ein junger Mann wird von einer Schlange gebissen, und sein Körper wird dann in den Fluss geworfen, etwa dreizehn Meilen von hier" (S.507f.).

Einige Zeit später trifft Swami Rama den alten Yoga-Meister als jungen Sadhu wieder, der mit ihm gemeinsame Erinnerungen auffrischt. Swami Rama erzählt: „Ich stellte fest, dass sein neues, physisches Instrument keine Beeinträchtigung seiner vorherigen Fähigkeiten und Eigenschaften darstellte. Intelligenz, Wissen, Gedächtnis, Begabungen und persönliche Eigenheiten waren dieselben wie beim alten Baba. Ich prüfte das, indem ich seine Rede und sein Verhalten genauestens beobachtete. Der junge Mann hatte sogar den gleichen bambusrohrartigen Gang wie der alte Mann."

Swami Rama fährt in seinen Betrachtungen fort: „Alle Hinweise, die ich gesammelt habe, deuten darauf hin, dass es für einen hochentwickelten Yogi möglich ist, den toten Körper eines anderen anzunehmen, wenn er dafür geeignet ist. Nur die Adepten kennen den Prozess. Für den gewöhnlichen Verstand ist es nur Phantasie." Nach dem *Walk In* kann der Yoga-Meister bewusst weiterleben und sämtliche frühere Erfahrungen auf den neuen Körper übertragen.

Von den *Meistern des Lichts*, die der *Weißen Bruderschaft* angehören, wird Ähnliches berichtet. Jürgen Wandel erklärt, dass die Meister bei einer Wiederverkörperung die langwierige menschliche Entwicklung abkürzen, „indem sie in einen geeigneten fertigen Körper ziehen. Wenn ein schon genügend weit vergeistigter Mensch aus karmischen Gründen in jungen Jahren zu sterben hat, kann ein dazu Befähigter sich mit dem zurückgelassenen Körper magnetisch verbinden und diesen wieder beleben, um darin weiterzuleben. Es kostet dann immer noch viel Zeit und Kraft, um durch Umgestaltung des Körpers eine dem neuen Bewohner angepasste Ausdrucksform zu bilden, aber manchmal wird diese Methode für günstiger gehalten, als die lange Entwicklung von der Schwangerschaft der Mutter bis zur eigenen Pubertät" (in: Vademecum zur Initiation, S.3). Ob die ‚Meister' einen mehr oder weniger bereitwilligen Jünger für ihre Zwecke heranziehen, verrät J. Wandel nicht.

Walk Ins in Literatur und Film

Die Erzählung *Ligeia* von Edgar Allen Poe ist ein herausragendes Beispiel für ein *Walk In*. Der Körper einer kürzlich verschiedenen Ehefrau erlebt plötzlich eine unerwartete Auferstehung durch die Seele einer toten Geliebten des noch lebenden Gatten. Die neue Seele belebt den starren Körper, von dem sich die alte Seele bereits gelöst hat. Der Tod ist zwar eingetreten, doch der physische Körper ist noch gut erhalten und geeignet für eine Wiederauferstehung. Eine fremde

Seele übernimmt den Leichnam der Verstorbenen – und der Körper erwacht zu neuem Leben! (Vgl. Jan Erik Sigdell, S.79f.)

Der Schauspieler Orson Welles spielt in dem US-Film *Morgen ist die Ewigkeit* von 1946 die Rolle eines Wissenschaftlers, der in den Wirren des 2. Weltkrieges einen Körpertausch vollzogen hat. Zu seiner Bestürzung trifft er bei einem Besuch in den USA auf die ehemalige Frau des Toten (gespielt von Claudette Colbert). Sie glaubte bislang, ihr Mann wäre im Krieg gefallen – und sieht ihn nun leibhaftig vor sich! Alle Beteuerungen des Besuchers, er sei nicht der Gesuchte, treffen bei der Frau auf taube Ohren, denn zu groß ist die Ähnlichkeit mit ihrem früheren Mann. Offensichtlich war es dem Wissenschaftler gelungen, sich des Körpers eines gefallen Soldaten zu bemächtigen und diesen wieder ins Leben zurück zu bringen.

Auch in dem US-Film *Rendezvous mit Joe Black* wird die ‚Übernahme' eines fremden Körpers in eindrucksvoller Weise in Szene gesetzt. Brad Pitt spielt darin die Rolle eines Schatten-Wesens, das für eine gewisse Zeit den Körper eines jungen Unfallopfers übernimmt. Der Zweck der Übernahme liegt darin begründet, die gegenwärtigen Lebensgewohnheiten in einer wohlhabenden amerikanischen Familie kennen zu lernen.

In dem Film *Body Switch* ist das Thema ebenfalls in unterhaltsamer Weise zum Ausdruck gebracht worden. Hier findet sich Meg Ryan am Tage ihrer Hochzeit nach einem Kuss unfreiwillig in den Körper eines alten Mannes versetzt! Der Kuss der Braut ermöglicht es dem Alten, einen Körpertausch zu vollziehen.

Eine gewaltsame Übernahme geschieht in Fällen von Besitzergreifung, bei denen es einer fremden Seele gelingt, die frühere Seele völlig zu verdrängen und deren Platz einzunehmen. H.G. Wells befasst sich in seiner Erzählung *Die Geschichte des + Mr. Elvesham* mit einem solchen Fall: Ein junger Student begegnet einem kleinen, alten Mann mit gelber Gesichtsfarbe, der sich ihm bald als berühmter Gelehrter vorstellt. Der Alte behauptet, auf der Suche nach einem würdigen Erben zu sein, da er keine Angehörigen habe. Er lässt durchblicken, den jungen Studenten als Universalerben seines stattlichen Vermögens in Betracht zu ziehen.

Nach einem feuchtfröhlichen Umtrunk mit dem Alten schüttet dieser ein mattrosa Pulver in den Kümmelschnaps, den er dem jungen Mann offeriert. Dieser Trank bringt den Studenten in eine seltsame Verfassung. Er hat Mühe, den Weg nach Hause zu finden, da fremde Erinnerungen ihn fortwährend bedrängen. Kurz gesagt: Als er am nächsten Morgen erwacht, befindet er sich im Körper des alten Mannes! Dieser hatte wohlweislich zuvor sein gesamtes Vermögen dem jungen Studenten überschrieben, von dessen Körper er nun Besitz ergriffen hat.

Dass diese und ähnliche Erzählungen nicht völlig aus der Luft gegriffen sind, zeigen Berichte über die besonderen Fähigkeiten asiatischer Mystiker und Yoga-Meister. Diejenigen, deren Körper von einem *Walk In* mit Beschlag belegt wurde, sind naturgemäß nicht dazu in der Lage, der Nachwelt davon zu berichten.

Geistige Gesetzmäßigkeiten

Nicht die mediale Entwicklung ist gefährlich, sondern gefährlich ist die Unwissenheit auf diesem Gebiet.

Die mediale Öffnung

Die Verbindung mit geistigen Ebenen ist durch strenge Gesetze geregelt. Eine Kontaktaufnahme zu unsichtbaren Wesen, ohne dazu berufen zu sein, zieht häufig Probleme nach sich, denn das Leben auf der Erde hat den Zweck, „den Menschen nach freien Willen entwickeln zu lassen, und dieser freie Wille wird gestört, wenn der Mensch sich in Abhängigkeit von Jenseitigen begibt", erfährt man bei Karl Nowotny. In seiner ursprünglichen Daseinsform lebte die Menschheit in völliger Harmonie mit dem Universum. Doch irgendwann zog sie es vor, eigene Wege zu gehen und unabhängig von ihrem Ursprung zu werden.

Das höhere Sein in jedem Menschen mischt sich unter normalen Bedingungen nicht in die Erfahrungen des Einzelnen ein. Doch mittlerweile hat die Menschheit die Grenzen des ihm zugestandenen Spielraums erreicht, behauptet der mediale Autor Arthur Garside, der sich eigenen Angaben zufolge mit der ‚vitalen Energie des Universums' in Verbindung wähnt. Die Menschheit befindet sich auf einem Irrweg, dessen Reichweite jedoch Grenzen gesetzt sind. Es bleibt den Menschen nun nichts weiter übrig, als ‚nach Hause' zurückzukehren in ihren ursprünglichen Zustand, damit die Entfremdung nicht noch größer wird. Infolge des Missbrauchs ihres freien Willens hat die Menschheit folgenschwere Fehler begangen. Sie ist aus den höheren Gefilden herabgestiegen in die Materie. Nach den Gesetzen von Ursache und Wirkung muss sie nun ernten, was sie gesät hat.

Aufgrund ihrer Willensfreiheit kann die Menschheit Saaten ausstreuen nach eigener Wahl. Es versteht sich, dass die daraus erwachsende Ernte dem ausgesäten Samen entspricht. Stets konnte die Menschheit nach eigener Wahl Entscheidungen treffen. Deshalb ist sie nun allein verantwortlich für die Folgen, die als Auswirkung des Gesetzes auf sie zukommen.

Menschen, die nach geistigen Wahrheiten suchen, dabei aber bestimmte Regeln nicht beachten, kommen nicht selten mit dunklen Wesen in Kontakt, warnt Omraam M. Aivanhov. Sie versäumen es, sich in ausreichender Weise gegen negative Einflüsse zu schützen. Eine Verbindung mit positiven Kräften wirkt wie eine Schranke, die ungebetene Eindringlinge fernhält. Niedere Geistwesen können bestimmte Grenzen nicht überschreiten, wenn höhere Kräfte mit im Spiel sind. (Vgl.: Die Freiheit, Sieg des Geistes, S.89f.)

Jemand, der bewusst den Verkehr mit der geistigen Welt sucht, zieht eine ganze Anzahl unterschiedlicher Wesen an. Bei jeder Verbindung mit unsichtbaren Kräften öffnet sich das Seelenbewusstsein und wird aufnahmebereit, weshalb jeder mediale Kontakt mit einem gewissen Risiko verbunden ist. Welches Medium kann schon mit Sicherheit sagen, von welcher Ebene die Geistwesen kommen, mit denen es verkehrt? Karl Nowotny warnt daher: „Der Mensch darf sich nur so weit auf einen Verkehr mit Geistwesen einlassen, als er sicher ist, die richtige – oder... ungefährliche Verbindung erreicht zu haben."

Die mediale Öffnung bewirkt eine gesteigerte Empfänglichkeit für unsichtbare Einflüsse. Machen sich verstärkt destruktive Impulse in der Psyche eines Menschen bemerkbar, tauchen unverarbeitete Probleme und starke Ängste explosionsartig auf. Eine ungesunde Lebensweise sowie Reizüberflutung (Rauchen, Kaffee, Drogen, zuwenig Schlaf etc.) verstärken die Anfälligkeit für negative Impulse. In einem solchen Fall sind Schutzmaßnahmen unerlässlich.

Im Anfangsstadium einer medialen Entwicklung fällt es den Betroffenen meist schwer, die Beeinflussung als solche zu erkennen, die sich als Unwohlsein, Disharmonie oder Ängste bemerkbar macht.

Die in den unsichtbaren Sphären lauernden Wesenheiten zapfen die Energien ungeschützter und labiler Menschen an und missbrauchen nicht selten deren Gutgläubigkeit. Unwissenheit auf diesem Gebiet sei gefährlich, warnt auch Linda Roethlisberger: „Sie ernähren sich von deren Energie, um sich weiterzuentwickeln – wie Parasiten. Es kann sogar vorkommen, dass der Einfluss dieser negativen Geistenergien so stark wird, dass die betroffenen Menschen in ihrer eigenen Entwicklung blockiert oder sogar krank werden" (S.111f.). Daher ist bei medialen Kontakten, vor allem zu Beginn, Vorsicht geboten.

Während die meisten Medien unterbewusst die geistigen Kräfte einschätzen können, mit denen sie in Kontakt sind, kann für einen psychisch labilen Menschen die mediale Betätigung mit großen Unannehmlichkeiten verbunden sein. In der unsichtbaren Welt gibt es eine Vielzahl von Wesen, die bereit sind, einen Kontakt herzustellen. Bei der Verbindung mit fremden Kräften kann eine stabile psychische Verfassung ein wirksamer Schutz sein.

Auf die Problematik des Jenseitsverkehrs macht W. Schiebeler aufmerksam: „Der Jenseitsverkehr wird aber von den allermeisten Menschen versucht, ohne sich über sein Wesen und seine Gefahren und notwendigen Schutzmaßnahmen vorher zu unterrichten. Um mit Jenseitigen in Verbindung zu treten, muss man sie rufen und sich ihnen öffnen. Das kann ohne Schutzmaßnahmen aber so sein, als wenn jemand auf Erden in einer Großstadt nachts seine Haustür öffnet und ruft: ‚Kommt nur alle herein, ich will mit euch reden!' Wer da dann eintritt, kann sich als sehr unangenehm erweisen und will unter Umständen gar nicht wieder weggehen" (S.123).

Viele mediale Menschen haben eine Tür nach innen geöffnet, durch die unsichtbare Wesen eintreten und sich bei ihnen einnisten können. Sie beginnen, innere Stimmen zu hören; ihre Gedanken werden beeinflusst; sie erhalten unsinnige Aufträge oder werden unflätig beschimpft und am Schlaf gehindert. Ein Zustand der Umsessenheit entwickelt sich. Werden die Betroffenen mit der Situation nicht allein fertig, treffen sie bei Ärzten und auch bei Seelsorgern in der Regel auf wenig Verständnis. Leider mangelt es den meisten Psychiatern an fundierten okkulten Kenntnissen. Lediglich die Symptome einer geistigen Erkrankung gehören zum diagnostischen Inventar, wobei die tieferen Ursachen oftmals übersehen werden.

Wer sich die Lieder, Symbole und Gesten fremder okkulter Traditionen zu eigen macht, kann allein durch diese Praxis, ohne sich dessen bewusst zu sein, alle möglichen dunklen Wesen heraufbeschwören, behauptet Omraam M. Aivanhov. (In: Was ist ein geistiger Meister? S.58.)

Die Beweggründe, einen Kontakt zu jenseitigen Welten aufzunehmen, können sehr unterschiedlich sein. Neben einfacher Neugier oder der Verfolgung persönlicher Interessen ist die Suche nach dem Außergewöhnlichen und Geheimnisvollen eine der Triebfedern. Ähnlich wie in der Naturwissenschaft und Technik kann auch die Beschäftigung mit dem Okkulten konstruktiven oder destruktiven Zielen dienen. Medialität kann für rein materielle Zwecke und zweifelhafte Ideale missbraucht oder aber für den geistigen Fortschritt eingesetzt werden. In der spirituellen Landschaft sind die Motive von ausschlaggebender Bedeutung. Auf diesen Umstand wird leider zu selten hingewiesen. Menschen, die ideale Voraussetzungen mitbringen, betreten das geistige Gebiet zur Vertiefung ihrer Erkenntnisse und zur Erreichung spiritueller Ziele.

Innere Gelassenheit

Jede Art von Stress stört den Fluss lichtvoller Energien.

Dunkle Wesenheiten ernähren sich von destruktiven Energien, die bei Streitereien und Feindseligkeiten entstehen. Heftige Gefühlsausbrüche sind für diese Wesen ein ‚gefundenes Fressen‘. Daher sind sie darauf aus, konfliktreiche Auseinandersetzungen zu fördern. Dies gelingt ihnen, indem sie über das Unterbewusstsein ihrer Opfer wirken. (Vgl.: Edith Fiore, S.184.)

Nicht die mediale Entwicklung an sich ist gefährlich, erläutert Linda Roethlisberger, sondern gefährlich ist vor allem die Unwissenheit (S.112). Eine negative Einstellung zieht entsprechende Wesenheiten an. Grundfalsch ist es zudem, sich auf ein Kräftemessen mit der Geisterwelt einzulassen. Die Konzentration auf höhere Welten, auf die göttliche Urkraft, ermöglicht eine konstruktive Verbindung. Diese Verbindung sorgt dafür, dass schädliche Elemente ferngehalten werden.

Eine der Voraussetzungen für den Verkehr mit der geistigen Welt ist die psychische Stabilität der Medien. Eine vorurteilsfreie Haltung jenseits illusionärer Wunschvorstellungen kann verhindern, auf Irrwege zu geraten. Viele Medien, die der festen Überzeugung sind, mit der göttlichen Allmacht und Weisheit in Verbindung zu stehen, sind nicht selten Opfer von Täuschungen. Trugbilder, getarnt als Lichtgestalten, führen sie unbemerkt in die Irre. Aus fehlgeleiteten Überzeugungen kann religiöser Wahn entstehen, der sich im Tarnmantel falsch verstandener Religiosität versteckt.

Diejenigen, die sich der Welt des Lichtes öffnen, nähern sich einem feinstofflichen Bereich, in dem die Widerstandsfähigkeit erhöht und schädliche Einflüsse neutralisiert werden. Ein ausgeglichenes, harmonisches Leben trägt dazu bei, von schädlichen Elementen verschont zu bleiben. Starke lichtvolle Energieströme können feindselige Kräfte an negativer Beeinflussung hindern.

Eine Geisteshaltung, die schützende Energien erzeugt:

- Freundschaft für alle Lebewesen empfinden.
- Mitleid mit den Unglücklichen haben.
- Bei fröhlichen Anlässen Freude spüren.
- Auf boshafte Reaktionen mit Gleichgültigkeit reagieren.

Diese Haltung wird sich im Alltag nicht immer bewahren lassen. Manchmal kann es auch angebracht sein, auf Situationen angemessen zu reagieren. Doch negative Reaktionen bedeuten grundsätzlich eine Vergeudung an Kraft. Wenn es gelingt, auf unfreundliche Reaktionen anderer Leute mit Gelassenheit zu reagieren, werden die destruktiven Energien in lichtvolle Energie umgewandelt. Wer auch in schwierigen Situationen einen klaren Kopf behält, wird von der inneren Kraft, die ihn leitet, hilfreiche Impulse empfangen.

Eine Frage an die geistige Welt lautet:

Manche Menschen leiden unter Fremdenergien, die – wie es scheint ungehindert – in sie eindringen. Woran mag das liegen?

Der Schutzschild wird dann durchlässig, wenn es Menschen nicht gelingt, das Gleichgewicht der Energien aufrecht zu erhalten. Dann können sich vermehrt Kräfte von außen bemerkbar machen und eindringen, denen normalerweise der Zugang verwehrt wäre. Das Gleichgewicht der Kräfte aufrecht zu erhalten, ist daher von äußerster Dringlichkeit.

Harmonische Energien erzeugen eine schützende Aura, die den Körper wie eine Hülle umgibt. Disharmonische Energien hingegen bewirken eine Durchlässigkeit, was den Zustrom fremder, gleichfalls disharmonischer, Energien ermöglicht. Auch Alkoholkonsum trägt nicht zur Stabilisierung der Aura bei, sondern bewirkt ganz im Gegenteil eine noch stärkere Durchlässigkeit. Die Stabilität des gesamten Systems ist in Gefahr, wenn Schutzmaßnahmen ausbleiben.

Welche wären das?

Der Schutz besteht in der Harmonisierung der Energien und der Visualisierung einer Schutzaura, wodurch die natürliche Aura gestärkt wird. Unterbleibt die Harmonisierung der Energien, gelingt es mit der Zeit immer gröberen Energien von außen, Zugang zu dem Organismus zu erhalten und Störungen zu verursachen, die sich verheerend auf das Lichtkleid auswirken und die nach einiger Zeit kaum noch beherrscht werden können.

Häufige Arbeit am PC trägt ihren Teil dazu bei, ein Durcheinander im Energiehaushalt zu bewirken. Wenn die schnell schwingenden Energien keinen Ausgleich erfahren, ziehen sie den Organismus in Mitleidenschaft. – Es liegt an jedem selbst, entsprechende Gegenmaßnahmen zu ergreifen und das Energiefeld zu schützen.

Auf die Arbeit am PC können viele Leute nicht verzichten. Wieviel Zeit sollten sie täglich aufwenden, um die Energien zu stabilisieren?

Täglich ½ Stunde sollte anfangs genügen, um Energieverluste und unerwünschte Verbindungen zurückzuhalten. Während dieser Zeit wäre es von großem Vorteil, wenn die Übenden in harmonischer, aufbauender Stimmung die Regeneration ihres Energiefeldes unterstützten. Nur dann können heilende Energieströme in sie hineinfließen.

Sind es bestimmte Energien, die Menschen erreichen? Wer sind die Sender dieser Energieströme?

Die Sender sind meist bekannt, doch es wäre keine Hilfe, sie zu nennen. Nur soviel: Das Problem liegt in jedem selbst; die Sender der Energieströme sind nur sekundär beteiligt.

Jeder ist der Adressat einer Vielzahl von Energien aus anderen Räumen, die ihm nicht bekannt sind. Die Absender der Energien sind manchmal Wesenheiten, die einer Person einen Denkzettel erteilen wollen, weil sie ihren Belehrungen kein Gehör schenkt. Nun ist sie gezwungen, sich mit der Problematik auseinanderzusetzen, so oder so.

Ob solche Maßnahmen zur Lösung seiner Probleme beitragen, muss jeder selbst herausfinden.

Ein Medium, das erschöpft oder verängstigt ist, wird zugänglich für Kräfte, die seine Schwäche ausnutzen, warnt Varda Hasselmann (S.179f.). Um eine negative Verbindung zu lösen, kann alles helfen, was die Erschöpfung und Ängste mindert. Wird die Energie auf eine höhere Ebene transformiert, z.B. durch Versetzen in eine harmonische Stimmungslage, vermindert die erhöhte Schwingung die Durchlässigkeit für niedere Wesenheiten.

Das Niedere hat keine Macht über das Höhere. Sobald es den Betroffenen besser geht, werden sie erleben, dass die konstruktiven Impulse und Botschaften wieder klarer und stärker bei ihnen ankommen. Varda Hasselmann empfiehlt:

- Bei nervlicher Angegriffenheit täglich eine hohe Dosis Lecithin einnehmen. Die Nervenbahnen werden dadurch besser isoliert und können negative Energien fernhalten. Die Dosis sollte das Doppelte oder Dreifache der empfohlenen Tagesmenge betragen.

- Johanniskrautöl, regelmäßig angewandt, beruhigt und schützt ebenfalls. Nach etwa 14 Tagen Anwendung wird sich eine wohltuende Wirkung zeigen.

Eine angegriffene Person ist durchaus in der Lage, eine Krise aus eigener Kraft zu bewältigen, wenn es ihr gelingt, sich auf ihre eigene Stärke zu besinnen. Selbstvorwürfe sind von großem Nachteil, denn sie tragen zu dem Verwirrtheitszustand bei und bewirken im ungünstigen Fall einen nervlichen Zusammenbruch.

Spirituelle Sucher können ihren Weg nur dann finden, wenn sie sich gestatten, auf Irrwege zu geraten. Eine ruhige, besonnene Geisteshaltung ist die Voraussetzung dafür, der eigenen Intuition wieder zu vertrauen. Die Energiezentren werden harmonisiert und so weit geschlossen, dass unerwünschte Energien nicht länger eindringen können.

Warnhinweise

Zur Förderung des geistigen Fortschritts ist eine magische oder mediale Betätigung nicht erforderlich. Zwar existiert mittlerweile eine unübersehbare Flut von Büchern und Anleitungen zu magischen und spiritistischen Experimenten, doch leider sind dort nur wenige Hinweise auf die Gefährlichkeit dieser okkulten Betätigungen zu finden. Die in derartigen Schriften empfohlenen Schutz- und Befreiungspraktiken können unter Umständen die Lage Betroffener eher noch verschlimmern.

Einige Regeln im Umgang mit Geistwesen vermitteln Jacob Lorber und Karl Nowotny. Ausreichende Kenntnisse und persönliche Reife sind notwendig, um negative Konsequenzen zu vermeiden. Die Informationen von Jacob Lorber, der sie aus ‚jenseitigen Quellen' erhielt, lauten:

◙ Mediale Experimente setzen persönliche Eignung und Erfahrung voraus.

◙ Neugierde ohne ausreichende Grundkenntnisse darf kein Motiv für mediale Betätigung sein.

◙ Gegen eine ernsthafte Erforschung der spiritistischen Wissenschaft ist nichts einzuwenden.

◙ Aus solcher Forschungsarbeit sollte keine ständige Betätigung erwachsen, denn der Wert spiritistischer Forschung ist begrenzt.

◙ Eine entsprechende ‚Berufung' sollte der medialen Öffnung vorausgehen.

◙ Wer sich mit der rechten Motivation mit geistigen Probleme auseinandersetzt, erhält aus unsichtbaren Sphären Schutz und Hilfe.

Falls jemand ernsthafte Forschungen bezüglich spiritistischer Experimente betreiben will, sollte er die Grenzen des Erlaubten und Zulässigen festlegen, erklärt Karl Nowotny und folgert daraus „Für die Allgemeinheit und die meisten Forscher ist der Spiritismus eine... so riskante Beschäftigung, dass sie eine Ausnahme für wenige bilden, und keinesfalls eine Allgemeinbeschäftigung sein darf."

Vor einer medialen Kontaktaufnahme sollte man aus der geistigen Welt einen ‚Ruf' empfangen oder durch ein anderes menschliches Medium, das in höherem Auftrag handelt, auf den Weg gebracht werden. Manchmal ist es eine innere Stimme, die zu medialer Betätigung auffordert, oder innere Bilder legen eine mediale Tätigkeit nahe. Bei medialer Betätigung ohne Berufung ist der Schutz durch geistige Helfer nicht ausreichend. Daraus können sich schwere Belastungen ergeben.

Eine praktische mediale und magische Arbeit sollte niemals ohne eine ausreichende Schulung stattfinden. Erstaunlich ist, dass bei vielen Medien das Vertrauen in die geistige Welt trotz besorgniserregender Zwischenfälle ungebrochen bleibt. Es ist immer wieder verblüffend, wie wenig unerfreuliche Begebenheiten das Interesse an okkulten Themen zu beeinträchtigen vermögen. Die unangenehmen ‚Zwischenfälle‘ sind allerdings als Warnzeichen gedacht und als solche aufzufassen! Ein Medium gerät bei Nichtbeachtung zunehmend in Gefahr, zum Spielball dunkler Gewalten zu werden. In einer solchen Situation kann es hilfreich sein, sich mit spirituellen Beratern in Verbindung zu setzen, die über ausreichende Kenntnisse auf dem Gebiet verfügen.

Falls die Probleme sich häufen und besorgniserregende Vorfälle zunehmen, sendet die geistige Welt Warnhinweise aus, die bei gegebenen Anlässen auch mehrfach wiederholt werden. So erzählt Carola Cutomo von der Aufforderung der ‚anderen Seite‘, das von ihr praktizierte *automatische Schreiben* einzustellen, da Kontaktaufnahmen dieser Art die Aura schädigen und die Geistwesen mit der Zeit immer fester an den Empfänger der Botschaften binden.

Unerwünschten Geistern sollten Grenzen gesetzt werden, um ihnen zu zeigen, dass man nicht beliebig mit sich umspringen lässt. Kyriacos C. Markides rät, den Einfluss niederer Geister und Elementale unschädlich zu machen durch die Erzeugung entgegengesetzter, förderlicher Elementale, die einen Ausgleich bewirken (in: Heimat im Licht, S.47). Auch bei Werner Widmer finden sich ähnliche Empfehlungen.

Zwei Dinge sind für die Sicherheit im Okkultismus notwendig, erfährt man bei Dion Fortune: Die rechten Motive und die rechten Mitarbeiter. „Wir wiegen uns in eine falsche Sicherheit, wenn wir glauben, dass gute Absichten genügend Schutz gewähren", warnt die Autorin (in: Selbstverteidigung mit PSI, S.116). Die eigene Motivation sollte kritisch überprüft werden, um nicht Wesen der niederen Ordnung anzuziehen, die sich nur zum Schein als Lichtwesen präsentieren.

Um dämonischen Einflüssen vorzubeugen, ist es von Nutzen, die eigenen Schwächen und charakterlichen Mängel zu kennen. Irrtümliche Annahmen führen zu Illusionen, die objektive Erkenntnisse verhindern. Diese Hinweise finden sich bei Rudolf Steiner. Ein Mangel an Mitgefühl kann bspw. bei hellsichtigem Schauen die Begegnung mit unangenehmen Gestalten bewirken, denen man beim Eintritt in die geistige Welt begegnet. Die gegnerischen Mächte haben leichtes Spiel mit dieser Menschenseele, der sie alles Mögliche vorgaukeln. Die Entwicklung von Mitgefühl ist eine gute Vorbereitung für eine Seele, die in den geistigen Welten existieren will. (Vgl.: Flensburger Hefte. Der Hüter der Schwelle, S.150.)

Ein Mensch, der die Unterstützung der geistigen Welt erbittet, sollte zuvor einem anderen, hilfsbedürftigen Menschen Beistand leisten. Auf diese Weise zieht er aus der unsichtbaren Welt lichtvolle Wesen herbei. Das universelle Gesetz der gegenseitigen Hilfe wird nur bei eigener Anstrengung ausgelöst. Wie selbstverständlich würden alle Menschen Hilfe von außen erwarten, kritisiert Omraam M. Aivanhov. Er rät, nicht auf ein Wunder ‚von oben' bzw. auf Hilfestellung von Geistlehrern zu hoffen. Eine solche Einstellung hemmt nur den eigenen Fortschritt. Es wird höchste Zeit, dass die Menschen aufhören, sich wie Kinder zu benehmen. Anstatt einen Meister zu idealisieren, sollten sie sich lieber entschließen, etwas von seinen Ideen anzunehmen und diese in die Tat umzusetzen. (Vgl.: Was ist ein geistiger Meister? S.125f.).

An der Tat verfügen Eingeweihte über die wirksamsten Schutzmaßnahmen. Den dunklen Geistern droht die Vernichtung, falls sie deren Verbote missachten. Doch die Meister werden nichts tun, sofern das Opfer, das von dunklen Mächten tyrannisiert wird, keine eigenen Anstrengungen unternimmt und eigene Maßnahmen ergreift. Die innere Haltung des Betroffenen, seine Willenskraft, spielt dabei eine große Rolle. Ein spiritueller Mensch, der lichtvolle Wesen heranzieht, wird von den dunklen Geistwesen, die sich unbemerkt herangedrängt haben, nach einiger Zeit befreit werden.

Ein Geistlehrer warnt diejenigen Jünger, die sich auf Abwege begeben, frühzeitig vor den Folgen, die auf sie warten, falls sie die eingeschlagene Richtung fortsetzen. Wenn die vom Lehrer vorausgesehen Probleme dann eintreffen, ist dieser nicht ohne weiteres bereit, sogleich alles wieder in Ordnung zu bringen. Räumt er seinen Jüngern alle Schwierigkeiten aus dem Weg, werden diese den Wert der Unterstützung nicht erkennen und in Abhängigkeit geraten. Ein Meister ist erst dann bereit, seinen Jüngern beizustehen, wenn diese Einsicht in ihre Situation zeigen. Nur dann wissen sie die Hilfe zu schätzen, die ihnen entgegengebracht wird, und werden in Zukunft vorsichtiger zu Werke gehen.

Die Einstellung zur Realität steht auf dem Prüfstand, wenn jemand das Opfer hartnäckiger Astralgeister ist. Verantwortungslosigkeit erzeugt eine Frequenz, die negative Geistwesen anzieht. Übernimmt jemand nicht in ausreichendem Maße die Verantwortung für seine Handlungen und sein Fortkommen, begibt er sich in die Gefahr, von dunklen Mächten überwältigt zu werden.

Damit die Jünger Unterscheidungsvermögen entwickeln, müssen sie selbst geschaffenes Leid auf sich nehmen, meint Omraam M. Aivanhov: „Wenn die Menschen bestimmte Gesetze überschreiten, ergeht es ihnen wie den Kühen, die auf die Nachbarswiese laufen: Der Teufel stürzt sich auf sie… Wenn sie in verbotene Bereiche eindringen, überschreiten sie gewisse Gesetze, und die Hunde erhalten den Befehl, sie zurückzuholen. Und das sind dann die Prüfungen, das Leid, die Folgen der Übertretung." Aivanhov geht in seinen Ausführungen noch weiter: *„Ja, Sie müssen wissen, dass die Teufel und alle höllischen Geister Diener Gottes sind… die kommen und die Menschen quälen, wenn sie die göttliche Ordnung stören."* (In: Die Antwort auf das Böse, S.113f.)

Der geistigen Welt ist nicht daran gelegen, die niederen Wesen zu vernichten, denn sie gleichen Insekten, die sich einstellen, sobald sich irgendwo Schmutz und Unreinheiten ansammeln. Sobald der Schmutz beseitigt ist, entfernt sich das Ungeziefer.

Beim Aufstieg durch die niederen Seelenregionen gilt das Gesetz der Entwicklung, das lautet:

„ Überwinde das Niedere durch das Höhere ".

Schutz und Widerstand

Jeder Spiegel hat zwei Seiten: Wenn die helle sich abwendet,
saugt die dunkle dich ein.

Die Luziferkraft

Bei jeder medialen Sitzung besteht die Gefahr, dass niedere Wesenheiten sich einschalten, falls das Medium nicht über genügend innere Kraft und Selbstbeherrschung verfügt. Das Mittel zur Abwehr jener Geister, die der individuellen Wesensart entsprechen, ist zuallererst die Erkenntnis der Ursachen, die zu der ungewollten Verbindung geführt haben. Eine innere Wandlung, die den niederen Wesen keinen Angriffspunkt mehr bietet, hilft dabei, Abstand zu gewinnen.

In früheren Zeiten waren die Städte und Burgen durch festes Mauerwerk geschützt. Dementsprechend errichten achtsame Medien in ihrem Innern eine mentale Barriere, um nicht dem Kommen und Gehen unerwünschter Wesenheiten ausgesetzt zu sein. Wird das Bewusstsein des medialen Menschen nicht durch eine Lichtschranke abgeschirmt vor fremden Eindringlingen; werden Wesen der Finsternis angezogen, um ihn seiner Schätze zu berauben.

Die Konzentration auf ein höheres Ideal bewahrt das Medium vor Gefahren, die im Unsichtbaren lauern. Neben der Erzeugung von Lichtenergien im eigenen Innern sind die Mittel, um niedere Kreaturen aus der Geisterwelt fernzuhalten, persönliche Eigenschaften wie Aufrichtigkeit und Integrität. Menschliche Schwächen geben den niederen Geistern die Möglichkeit, sich an einen Organismus anzuklammern.

Lichtvolle Geistwesen stehen denjenigen Menschen bei, die bereit sind, eigene Anstrengungen zu unternehmen, um ihre Lage zu verändern. *Negative Geister sind oftmals ein Werkzeug der Disziplinierung, die mit Erlaubnis höherer Mächte einem Uneinsichtigen solange zusetzen, bis er zur Einsicht und zur Umkehr gelangt*, erklärt Omraam M. Aivanhov. Dies ist eine bittere Wahrheit. Selbst Heilige und Propheten wurden von bösen Geistern geplagt, um sie auf die Probe zu stellen, erläutert der Autor: „Diese Geister sind Diener. Sie gehen, wohin man sie schickt. Sie gehorchen einem Befehl. Und jene, die die Menschheit mit Unglück und Krankheiten verheeren, werden auch von Wesen entsandt, die über die Beachtung der Gesetze wachen. Sobald aber die Menschen wieder in die Ordnung zurückkehren, verlassen die Geister sie. Sie sind dazu gezwungen, denn sie tun nicht, was sie wollen." (In: Die Antwort auf das Böse, S.115.)

Dieser hintergründige Aspekt der Plagegeister und ihrer Umtriebe wird gemeinhin übersehen, denn er passt nicht in das harmonische Bild von ‚guten Mächten', an die viele Menschen so gerne glauben. Die strenge Einteilung in helle und dunkle Mächte, d.h. in zwei entgegengesetzte, sich ausschließende Kategorien, wie sie bei vielen Religionen zu finden ist, entspricht anscheinend nicht den tatsächlichen Gegebenheiten. Die Annahme, dass höhere geistige Mächte das Böse zulassen und teilweise sogar billigen, ist für manchen sicher eine unangenehme Wahrheit. Die Akzeptanz dieser Erkenntnis kann ein erster Schritt sein bei der Verarbeitung und Überwindung schwieriger Situationen auf dem geistigen Weg.

Die dunkle Macht, die bei Jan van Helsing *Luziferkraft* genannt wird, hilft manchem bei der Ereichung hochgesteckter Ziele, falls er bestimmte Pläne zu verwirklichen trachtet. Gleichzeitig wird der Bittsteller Prüfungen unterzogen, die es zu bestehen gilt. „Gelingt ihm das nicht, handelt er sich zusätzlich noch Besetzungen dunkler Fragmente ein, die ihn noch mehr knechten und ihm wehtun, bis er seine Störrigkeit aufgibt und demütig wird. Meist wenden sich die Menschen erst dann dem Licht zu, und erinnern sich an Gott, wenn sie von Luzifer geknechtet werden.

In letzter Konsequenz zwingt die dunkle Macht die Menschen, ins Licht zu blicken – durch Leid und Schmerz. Somit dient die dunkle Seite der Schöpfung sehr wohl dem Licht!" erklärt Jan van Helsing. (Vgl.: Wer hat Angst vor'm schwarzen Mann? S.199.) Die Luziferkraft stellt zudem Leute mit extremen Standpunkten auf die Probe. Das Gesetz der Polarität zwingt sie letztlich, auch den abgelehnten, entgegengesetzten Standpunkt anzuerkennen und zu akzeptieren. Entziehen kann man sich diesem nervtötenden Wechselspiel allein durch eine Haltung der Neutralität. Nur dann wird es möglich, die luziferische Kraft auf gebührenden Abstand zu bringen.

Niederen Wesenheiten ist es gottlob verwehrt, einen aufrichtigen Menschen auf dem spirituellen Pfad zu behelligen. Angriffe prallen von ihm ab, ähnlich wie Wurfgeschosse von einer unsichtbaren Mauer. Die Grenze für die dämonische Macht ist die Lauterkeit der Seele. Damit ist aber keineswegs sorglose Vertrauensseligkeit gemeint, erläutert Varda Hasselmann (S.184). Medien, die ausgesprochen arglos sind, verhalten sich wie Fürsten, die in ihrer Naivität weder Spione noch Verräter am Hofe vermuten. Nur deshalb, weil sich alle freundlich verhalten, verdienen sie noch lange nicht das unbedingte Vertrauen.

Wenn es darum geht, Hilfe aus der geistigen Welt zu erlangen, sind weder Rituale noch Worte von Belang. Die Signale, welche Hilfsaktionen in Gang setzen, sind aufrichtige Bitten, begleitet von intensiven Gefühlen. Werden die entsprechenden Signale an die geistige Welt gesandt, ist die Gewährung von Unterstützung nur eine Frage der Zeit. Jeder Mensch erhält im übrigen tagtäglich Hilfsangebote, die er entweder ungefragt akzeptiert oder nicht bemerkt, da sie auf eine subtile Weise erteilt werden. Zu der Unterstützung, die ohne Unterlass geleistet wird, gehört die Übermittlung von nützlichen Einfällen und Ideen zur rechten Zeit. Die möglichen Hilfestellungen sind sehr vielfältig. Ein geistiger Lehrer kann bspw. Kraftströme im feinstofflichen Bereich erzeugen, sie zu einem bestimmten Ziel lenken und mit ihnen die beabsichtigte Wirkung ausüben. Dennoch ist die Unterstützung von oben keineswegs selbstverständlich.

So beklagt Werner Widmer, vergeblich auf Hilfe von seiten seines ‚höheren Selbst' gewartet zu haben. Nichts geschah trotz inständiger Bitten seinerseits (S.122). Er begann, gegen die ihn quälenden negativen ‚Einstrahlungen' hochschwingende Gedankenenergien einzusetzen, indem er über geistige Themen und das ‚göttliche Prinzip' meditierte. Dies führte bald zu einem Erfolg gegen die dunklen Gewalten, die ihn plagten. Damit war für ihn die überlegene Wirkung positiver Ausstrahlungen bewiesen. Widmer verzweifelte nicht, obwohl er seinen Kampf allein ausfechten musste. Es gelang ihm sogar, hierin ein Mittel zu seiner Weiterentwicklung zu erblicken.

Nicht alle medialen Menschen sind während ihrer Tätigkeit in der Lage, dunkle Wesenheiten fernzuhalten. Die Lösung besteht darin, nicht den fremden Einflüssen nachzugeben, sondern an der eigenen geistigen Freiheit um jeden Preis festzuhalten. Edith Fiore empfiehlt, in Gedanken oder in Worten laut den Schutz und Beistand höherer Wesen oder geistiger Führer zu erbitten (S.184). Hat jemand hingegen einen besonderen Wunsch, der ihm sehr am Herzen liegt, dann gilt die Regel: *Was man nicht gegeben hat, das kann man nicht empfangen.* Wenn jemand bspw. aus der geistigen Welt bestimmte Informationen erhalten möchte, dann ist es von Vorteil, dieses Wissen mit anderen zu teilen. Auf diese Weise zieht man Wesen aus den geistigen Sphären an, die bereit sind, ihr Wissen zu übermitteln.

Auch der feste Glaube an übernatürliche Kräfte kann jemandem aus einer Notlage befreien. Gebraucht jemand in einer gefährlichen Lage seine Vorstellungskraft in der Überzeugung, dass die dringend benötigte Hilfe eintreffen wird, kann dieser Glaube ihn retten, selbst wenn er jeglicher Grundlage entbehrt.

Ein Mensch, der dringend Hilfe benötigt, wird sie auch in der einen oder anderen Form erhalten, selbst wenn ihm dies nicht in jedem Fall bewusst ist.

Was sind Entities?

Es gibt keinen leeren Raum.

Parasitäre Eindringlinge

Die so genannten *entities* basieren auf einer relativ modernen Auffassung der innerpsychischen Realität, deren Erkenntnis auf der intuitiven und visuellen Erforschung des eigenen Innern beruht. Dem Therapeuten der *Clairvision School* in Australien, Samuel Sagan, ist die detaillierte Kenntnis dieser Wesenheiten zu verdanken. Er definiert den Begriff *entities* als *nichtphysikalische Wesen, die mit menschlichen Wesen verbunden sind und sich wie Parasiten verhalten.* Dabei erzeugen diese Wesen verschiedene emotionale, mentale und physische Probleme; angefangen bei Essstörungen und unkontrollierbaren Emotionen, bis hin zu schweren psychischen und physischen Erkrankungen. Meist klagen die Klienten über Energieabzug durch die Wesenheiten, denn diese partizipieren von der Lebensenergie der Betroffenen.

Diese parasitären Wesenheiten werden bei Sagan ausführlich beschrieben. Seine Darstellung liefert eine Erklärung für viele Symptome, unter denen Klienten, die eine psychologische oder psychiatrische Praxis aufsuchen, leiden. Die *Clairvision School* ist eine der wenigen Einrichtungen weltweit, die alternative Therapien für spezielle Symptomfelder anbietet.

Die Klienten selbst nehmen eine Präsenz in ihrem Innern wahr, die getrennt ist von der eigenen Psyche; ein fremdes Wesen lebt in ihnen. In den meisten Fällen haben sie kein Problem damit, die fremde Präsenz mit einer bestimmten Form zu verbinden. Es sind entweder menschliche Formen, schattenhafte Umrisse oder unterschiedliche monströse Gestalten, die sich ihnen zeigen (S.6f.). Diese Formen befinden sich entweder innerhalb des Körpers oder sind mit ihm in irgendeiner Weise verbunden. Manche werden am Rücken lokalisiert, andere auf dem Kopf oder – sehr häufig – in der linken Körperhälfte. Auch die Geschlechtsteile von Frauen sind oftmals betroffen.

Manche beschreiben das Wesen als Oktopus mit Armen und Saugnäpfen an den Enden, wie Samuel Sagan berichtet: „The two front legs are around my neck. It's big. It covers my back. It's gray. It feeds off the base of my brain. It takes life energy, but not all the time, just sometimes – when it;s hungy. When it sucks my energy, I get confused. It gives me thoughts that go round and round, thoughts that do not make any sense. It bites my head and my head hurts." (Die beiden Vorderbeine sind um meinen Nacken gelegt. Es ist groß. Es bedeckt meine Rückseite. Es ist grau. Es nährt sich von der Basis meines Hirns. Es entzieht Lebensenergie, doch nicht die ganze Zeit, nur manchmal – wenn es hungrig ist. Wenn es meine Energie saugt, werde ich verwirrt. Es gibt mir Gedanken ein, die sich immerzu drehen in meinem Kopf, sinnlose Gedanken. Es beißt meinen Kopf und mein Kopf schmerzt. (S.8.)

Das Wesen partizipiert an der Nahrungsaufnahme, wobei anscheinend vor allem Süßigkeiten und Tomaten bevorzugt werden. Diese spezielle Nahrung bedeutet einen Kraftzuwachs für die *entities* und damit einhergehend eine gesteigerte Einflussnahme. Ähnliches gilt für Alkohol, Tabak, Kaffee und Drogen. Auch Ängste bewirken einen verstärkten Energieabzug. Leidenschaftliche Gefühle nähren die Wesen; davon leben sie.

Etliche Klienten, die zu Samuel Sagan in die Praxis kommen, befinden sich in einem Prozess der Selbst-Transformation. Doch diese Besonderheit zieht nicht die Aufmerksamkeit des Therapeuten auf sich, d.h. er stellt keinen speziellen Bezug zu spirituellen Krisen her.

Wie gelingt es einem *entity*, sich anzuheften? Das natürliche Verteidigungssystem, über das jedes gesunde Individuum verfügt, kann nicht ohne weiteres durchbrochen werden. Ähnlich, wie das Immunsystem des physischen Körpers Krankheitskeime abwehrt, ist auch der Ätherkörper geschützt vor dem Eindringen fremder Wesenheiten.

Eine Entität hat nur dann eine Möglichkeit, einzudringen, wenn ihm die Erlaubnis erteilt wird oder die natürliche Verteidigung zeitweilig durch außergewöhnliche Umstände außer Kraft gesetzt ist.

Dazu gehören traumatische Situationen, wie:

▶ Ein vorübergehender Kollaps des natürlichen Verteidigungssystems, hervorgerufen durch einen Unfall, einen Schock, eine Vergewaltigung etc.

▶ Die Geburt eines Kindes, der Tod eines nahen Verwandten, eine Abtreibung.

▶ Jede Art von starken Schmerzen, denen ein Individuum über einen längeren Zeitraum ausgesetzt ist.

▶ Riskante Situationen, in denen akute Lebensgefahr besteht, (z.B. ein Überfall, Gefahr durch Ertrinken u.ä.).

▶ Ein erschreckendes Initiationserlebnis, das die inneren Tore geöffnet hat.

Die Einwilligung eines Menschen, seine Bereitschaft, dem *entity* freiwillig Zugang zu gewähren, ohne sich über die Konsequenzen im Klaren zu sein, lässt die inneren Schutzvorrichtungen ebenfalls einbrechen. Eine 48-jährige Heilpraktikerin beschreibt das *entity* wie folgt:

„It's like a big insect, or something like a crayfish, on the left part of my skull. It certainly seems to have legs that are dug in around my occiput and my eyebrows."

"What is it doing there?

It's feeding. It's got a little tube going inside my head and it's feeding like a tick. But it's not sucking blood, it's sucking some sort of energy. It's feeding off my anger and it's getting bigger as it feeds."

(Es ähnelt einem großen Insekt oder igendeinem Flusskrebs, im linken Teil meines Kopfes. Es scheint tatsächlich Beine zu haben, die sich um meinen Hinterkopf und meine Augenbrauen gegraben haben. – Was macht es dort? – Es nährt sich. Mit einem kleinen Rohr langt es in meinen Kopf und nährt sich wie eine Zecke. Aber es saugt kein Blut, es saugt eine Art Energie. Es nährt sich von meinem Ärger und wird größer, während es sich nährt. (S.25.) Das Wesen bringt die Gedanken der Klientin durcheinander, bis sie kaum noch einen klaren Gedanken fassen kann.

Von einer Wesenheit, die keine einfache Interpretation zulässt, wird eine 31jährige Klientin geplagt. Sie berichtet von einem *tapeworm (*Bandwurm*)* in ihrem Innern. Dieser verursacht einen Verlust an Motivation und Energie sowie das Empfinden, bei den alltäglichen Verrichtungen nicht wirklich präsent zu sein. Der Wurm hat einen engen Bezug zu Blut, das er konsumiert Blut und dabei wächst. Er bevorzugt traurige, depressive Gefühle und unterdrückte Emotionen. Die Klientin sieht die wurmartige Kreatur in ihrem Herzen. Sie vermehrt sich in ihrem Inneren (S.146).

In der anthroposophischen Medizin wird Blut als diejenige Substanz betrachtet, die das Leben und das Ich einer Person enthält. (Vgl.: R. Steiner; Blut ist ein ganz besonderer Saft.) Die ätherische Energie des Blutes ist unter normalen Umständen geschützt, doch wenn es einem Parasiten gelingt, die Barriere zu überwinden, kann er einen Zustand verursachen, in dem das persönliche Ich sich mehr oder weniger getrennt empfindet von der physischen Existenz. Die Ich-Persönlichkeit kann sich im Leben nicht mehr vollständig zur Geltung bringen. Die Betroffenen verspüren einen Hang zu Melancholie und Resignation, gefördert durch die Anwesenheit des Parasiten. Er entzieht ihnen Energie und verunsichert sie zutiefst.

Sagans Klientin behauptet, der Parasit sei verbunden mit ihrem Blutstrom, woraus er alles ziehe, was er brauche. Zudem sei er übertragbar von einem Menschen auf den anderen. Ihr selbst wäre er von ihrer Mutter übertragen worden. Anfangs würden die Menschen krank, doch sie erholen sich halbwegs. Anschließend vegetierten sie nur noch. Dieser Wurm befinde sich in vielen Leuten. Es sei immer der gleiche Parasit, dem es gelungen ist, sich in vielen Menschen anzusiedeln.

Entity oder Teilpersönlichkeit?

Zu der wichtigen Frage, ob es sich bei *entities* um Teilpersönlichkeiten (*subpersonalities*), ungelöste Komplexe oder Schattenanteile der menschlichen Psyche handelt, nimmt Samuel Sagan ausführlich Stellung. Die *subpersonalities* definiert Sagan als Teile des Astralkörpers (S.47). Die Psyche des Menschen ist keineswegs, wie häufig angenommen wird, eine psychische Einheit. Die Psyche des Menschen (= der Astralkörper) besteht aus vielen Teilen, die als ‚Unterpersönlichkeiten' bezeichnet werden können. Sie bestehen aus einer Gruppe unterschiedlicher Charaktere, die oft wenig miteinander gemein haben. Sie verhalten sich nicht wie Provinzen, die zusammen einen Staat bilden, sondern eher wie Vögel, die unterschiedlichen Spezies angehören und in einen Käfig gesperrt wurden, in dem sie die ganze Zeit über Kämpfe miteinander ausfechten.

Die Vielzahl der Charaktere korrespondiert mit einem Mosaik astraler Partikel. Der Astralkörper ist kein einheitliches Gebilde; auf der astralen Ebene ist man keine Person, sondern ein ungeordneter Haufen. Die von den meisten Individuen empfundene Einheit ist im Grunde eine Illusion. Der deutsche Chemieprofessor Ludwig Staudenmaier hat sich zu Beginn des 20. Jhdts. im Selbstversuch intensiv mit der Thematik der Teilpersönlichkeiten auseinandergesetzt. Er erkundete in der eigenen Psyche die verschiedenen Unterpersönlichkeiten, die mit verschiedenen Zeitabschnitten im biografischen Ablauf seines Lebens korrespondierten, und dokumentierte dies ausführlich. Allerdings ist eine derartige Forschung nicht ohne Tücken. Letztendlich untergrub sie die psychische Gesundheit des Gelehrten und er beschloss sein Lebensende in einer psychiatrischen Anstalt.

In seiner Tätigkeit als Psychotherapeut hat auch Samuel Sagan viel Zeit mit der Erforschung von Teil- und Unterpersönlichkeiten zugebracht: „My observations have led me to recognize a fundamental difference between a subpersonality and an entity: a subpersonality is selfgenerated. It is a part of the client's psyche that has gradually been formed and developed over the years. An entity, on the other hand, is something that has suddenly entered the client. In many cases, clients can actually reexperience the moment when 'the thing' came in. They can see how it came from outside, approached them, and found its way inside." (Meine Beobachtungen haben mich dazu gebracht, einen fundamentalen Unterschied zwischen Unterpersönlichkeiten und einem *entity* festzustellen: eine Unterpersönlichkeit wurde selbst erzeugt. Sie ist Teil der Psyche des Klienten und wurde über Jahre hinweg allmählich geformt und entwickelt. Auf der anderen Seite ist ein *entity* etwas, das plötzlich in den Klienten eingedrungen ist. In vielen Fällen kann der Klient tatsächlich den Moment wieder erleben, als ‚das Ding' hereinkam. Sie können sehen, wie es sich von außen näherte und einen Weg nach innen fand (S.29).

Entities vermitteln ihrem Wirt häufig ein Fremdheitsgefühl. Die Klienten geben Kommentare ab wie: „Ich fühle mich nicht wie ich selbst" oder „es fühlt sich fremd an", „es ist ein Parasit", „es war nicht immer da" und „es gehört nicht hierher." Zweifler könnten einwenden, dies seien lediglich subjektive Erfahrungen einer individuellen Psyche. Diesen Einwand lässt Sagan nicht gelten. Das psychologische Gebiet sei nun mal im Allgemeinen subjektiv, kontert er.

Eine 19jährige Studentin erzählt Sagan, sie fühle sich unablässig beobachtet, egal, womit sie gerade beschäftigt sei. Desweiteren stehe sie in telepathischem Kontakt mit einem unsichtbaren Wesen, das sie immer dann entmutigt, sobald sie etwas Neues beginnen wolle. Es rede ihr ein, sie sei hässlich und dumm und sie würde es niemals zu etwas bringen. Derartige Klagen sind häufig bei Menschen anzutreffen, die sich von Wesen der unsichtbaren Welt belästigt fühlen.

Astrale Fragmente

Der Dämon lebt von dem Groll und der Rachsucht im Herzen.

Etliche der *entities* bezeichnet Samuel Sagan als Fragmente von Verstorbenen, bestehend aus astraler Materie. Sie wiederholen in endloser Folge dasjenige, wozu sie im Leben konditioniert wurden. Nach dem Tode löst sich der Astralkörpers auf; er zerfällt in einzelne Teile. Einige Fragmente zerfallen zu Staub, andere bleiben mehr oder weniger erhalten. Dies hat mit der Beschaffenheit einzelner Charakterzüge zu tun und damit, wie tief sie in die Astralsubstanz eingeprägt sind.

Intensive Wünschen und Leidenschaften erzeugen einen tiefen Eindruck in der Astralsubstanz und erschaffen damit ein kohärentes, kristallisiertes Astralfragment. Nach dem Tod des Betreffenden fällt es nicht auseinander, sondern verbleibt in der astralen Sphäre. Das Fragment treibt haltlos in der Astralwelt und ist bestrebt, die heftigen Wünsche und Begierden, die es zusammenhält, zu befriedigen. Es wird von Lebenden angezogen, die ein ähnliches Bedürfnismuster aufweisen.

Angenommen, jemand ist dem Alkohol verfallen und konsumiert alkoholische Getränke im Übermaß. Nach seinem Ableben schwebt ein Astralfragment durch die Sphäre, das verzweifelt danach verlangt, seine Sucht zu befriedigen. Orte, in denen Leute dem Alkoholkonsum frönen, wie z.B. Kneipen und Bars, üben eine magnetische Anziehung auf besagtes Fragment aus. In der astralen Welt gilt der Grundsatz: *„Gleich zu gleich gesellt sich gern."*

Dinge und Kräfte sind in der astralen Schicht nicht in gleicher Weise voneinander getrennt, wie in der physikalischen Welt. Steht ein Astralwesen in der Nähe von jemandem, der sehr ängstlich und voller Furcht ist, beginnt es, das gleiche zu empfinden. Die emotionale Welle überträgt sich von einem Astralkörper zum nächsten. „Similarly, the vibration of enjoyment generated by the drinkers is communicated to the beer-drinker fragment through a kind of resonance. The closer to a drinker the fragment can get, the more intimately it will take part in the enjoyment vibrations", erläutert Sagan. (In ähnlicher Weise wird die Schwingung des Genießens, die der Trinker erzeugt, dem Fragment des Biertrinkers übertragen durch eine Art Resonanz. Je näher das Fragment einem Trinker kommen kann, desto intimer wird es teilnehmen an seinem Genuss. (S.54.)

Das Astralfragment sucht nun nach einem Weg, um sich permanent in der Nähe des Trinkers aufzuhalten oder sich sogar in dessen Astralkörper einzunisten. (Vgl. auch das Kapitel: Alkoholsucht.)

Es kann auch geschehen, dass eine verstorbene Seele sich nicht von einem geliebten Menschen, der noch im Irdischen verweilt, lösen will; sei es der Partner, ein Kind oder der Enkel. In manchen Fällen kommt es dabei zu einer Art ‚Besetzung'. Obwohl die Seele des Verstorbenen nicht die Absicht hat, den lebenden Verwandten Schaden zuzufügen, wird der Betreffende an seiner freien Entfaltung gehindert. Im Ernstfall wird er körperlich oder seelisch krank. (Vgl.: Jan van Helsing, Wer hat Angst vor'm schwarzen Mann? S.171f.)

Einige Seelen Verstorbener verbleiben aufgrund ihrer Erdgebundenheit in einem bestimmten Gebäude. „Oftmals ist es ein Gebäude, in dem eine Seele als Mensch für ein ganzes Leben lang gelebt hat und von dem sie sich nicht lösen will. Es kann auch die Familie sein, welche die Seele nicht loslassen will. Es kann auch Neid sein oder Zorn darüber, dass jemand anderes das Haus erworben hat", erklärt van Helsing.

Nicht alle *entities* sind Fragmente eines zerstörten Astralkörpers, doch auf einen großen Teil von ihnen trifft dies zu. Der Mechanismus ist einfach: Jedes Astralfragment ist sehr stark festgelegt in eine bestimmte Richtung. Es will nichts weiter als das zu wiederholen, was seiner Prägung entspricht.

Sexuelle Partizipation

Entities haben spezielle Bedürfnisse, wie eine 49-jährige Frau berichtet. Sie beschreibt das Wesen als sehr fordernd. Obwohl es hässlich ist, möchte es geliebt und gewärmt werden. Doch sie findet es schrecklich, denn es ähnelt einem Seeungeheuer mit langen Armen und großem Maul.

Manche Klienten können auch Nutzen aus der Gegenwart der fremden Präsenz ziehen. Sie berichten von sinnlichen Vergnügungen, welche ihnen die *entities* verschaffen. Aus erotischen Empfindungen beziehen die Wesen – ebenso wie aus heftigen Emotionen – einen ‚thrill'. „The entity's enjoyment and that of it's host reinforce each other, so that eating chocolate or masturbating become acutely intense and addicitive experiences", schreibt Sagan. (Das Vergnügen des *entitys* und das seines Wirts verstärken sich gegenseitig, so dass Schokolade essen oder masturbieren eine besonders intensive und suchterzeugende Erfahrung wird. (S.21.)

Diese Empfindungen bewirken eine ambivalente Haltung auf seiten der Klienten. Einige schätzen die Gesellschaft von *entities*, die sie bereits seit ihrer Kindheit kennen; einer Zeit, in der sie sich einsam fühlten. Das *entity* füllte ein emotionales Vakuum, wobei die negativen Aspekte, wie Energieentzug und parasitäre Beeinflussung, ihnen erst viele Jahre später bewusst wurden.

Einige *entities* sind als Stimmen im Kopf zu vernehmen, Andere verursachen schmerzhafte Empfindungen. Die Wesen sind in der Lage, Schmerzen zu kontrollieren und üben damit enormen Druck aus. Sagan rät in einem solchen Fall, sich möglichst neutral zu verhalten, da die Wesen sich von heftigen negativen Gefühlen ernähren und entsprechende Reaktionen wie ein Verstärker wirken. Gefühle der Zuneigung sind ebenfalls nicht angebracht, da sie gleichfalls das Wesen nähren und emotionale Abhängigkeiten schaffen (S.173).

In der Therapie Samuel Sagans werden Wesenheiten im Innern einer Person mithilfe einer Technik der inneren Vision (clairvision) dem Bewusstsein zugänglich. Eine 24-jährige Klientin ‚sieht' in Höhe ihres Brustbereichs einen alten Mann, der einem Skelett ähnelt. Das Skelett bedrängt die Frau, sich mit irgendwelchen Männern sexuell einzulassen. Es bekommt „a sort of thrill out of it"; es zieht also ein gewisses Vergnügen daraus. Aus der sexuellen Energie bezieht das Wesen Kraft und verstärkt damit gleichsam seinen Einfluss auf das Opfer.

Eine andere Klientin, eine 36-jährige Frau, wird von der innewohnenden Wesenheit zur Masturbation veranlasst. Die sexuelle Energie erfüllt das Wesen mit Kraft. „It's as if he was making love to me. But he never gets enough. I have a very clear image of his face now. He looks violent... very mean." (Es ist, als ob es Liebe macht mit mir. Aber es kriegt niemals genug. Ich habe jetzt eine sehr klare Vorstellung von seinem Gesicht. Er sieht brutal aus... sehr gemein. (S.16.) Das Gesicht erinnert sie entfernt an ihren Großvater.

Samuel Sagan erwähnt einen 41 Jahre alten Mann, der besonders stark von einem Wesen bedrängt wird, wenn er allein ist. „Just because I'm alone it gets all excited. It sends me voices: ‚Lie down, lie down!' It's like it pulls my hands to my genitals. The sexual desire is very much exacerbated." (Sobald ich allein bin, gerät es außer sich. Es fordert mich auf: ‚Leg dich hin, leg dich hin!' Mir ist, als ob es meine Hände an meine Genitalien zieht. Das sexuelle Bedürfnis ist sehr heftig (S.25).

In dem US-Film *Entity* von 1982 wird eine heftige sexuelle Belästigung eindrucksvoll in Szene gesetzt: Eine junge Frau, dargestellt von Barbara Hershey, wird in ihrem Haus gegen ihren Willen immer wieder von unsichtbaren Wesen attackiert und vergewaltigt. Sie ist verzweifelt, da sie keine Möglichkeit sieht, sich gegen die Attacken zur Wehr zu setzen. Die Anwesenheit der übergriffigen Wesen wird auch visuell sichtbar als Vertiefung in der Bettdecke oder im Kopfkissen.

Der Film beruht auf einer wahren Begebenheit, die sich 1977 in Kalifornien ereignet hat. Seinerzeit fand eine ausführliche und gut dokumentierte wissenschaftliche Untersuchung statt, die aber dem Spuk letzten Endes nicht Einhalt gebieten konnte. Die junge Frau zog nach Texas und litt auch in der Folgezeit weiterhin unter den Angriffen.

Die Vorstellung von mysteriösen Wesen, die mit Menschen sexuellen Verkehr haben, war bereits im europäischen Mittelalter weit verbreitet. Sie wurden als *incubi* und *succubi* bezeichnet. Auch in der taoistischen Literatur Chinas werden ähnliche Wesenheiten erwähnt. Der Therapeut Samuel Sagan ist aufgrund seiner Erfahrungen in der Praxis weit davon entfernt, die historischen Berichte als reine Phantasiegebilde abzutun. Er nimmt die Beschwerden der Klienten ernst und hilft ihnen, sich zu öffnen und das Problem anzugehen.

Geistwesen, die sexuelle Kontakte zu Menschen suchen, sind Wesen ohne spirituelle Orientierung. Es geht ihnen darum, Menschen für ihre eigenen Zwecke zu gebrauchen. Sie sind ausschließlich an ihrer eigenen Bedürfnisbefriedigung interessiert, auf Kosten der Person, mit der sie verkehren. Die sexuelle Stimulation versetzt sie in die Lage, einen Menschen mit der Zeit vollständig zu infiltrieren. Maßgebend hierfür ist die anfängliche Bereitschaft der betroffenen Person, dies geschehen zu lassen.

Sexuelle Energie ist Lebensenergie, und die ist sehr begehrt auf den verschiedenen Geistebenen. Die Wesenheiten kommen aus den unteren Schichten; aus Bereichen, in denen die vorherrschende Schwingung dunkel ist. Daher versuchen sie, im Kontakt mit Lebenden ihre Schwingung auf ein höheres Niveau zu heben.

Die dunklen Mächte sind nicht prinzipiell böse. Es sind unterentwickelte Geister, die auf primitive Befriedigungen aus sind. (Vgl. auch das das Kapitel ‚Sexualität und Transformation' in meinem Buch: *Channel-Medien zwischen Licht und Schatten*, in dem ausführlicher auf diese Zusammenhänge eingegangen wird.)

Geistführer oder Entity?

Manche der Wesenheiten tarnen sich als Geistführer (spirit guide), die im Innern eines Menschen wohnen und ihn beraten. Eine 26jährige Klientin berichtet Sagan von einem Besuch im Libanon, wo sie einem seltsamen Mann begegnet war. Er drängte sie dazu, Erdbeeren von ihm anzunehmen, und sie hatte kurze Zeit später Sex mit ihm. Zurückgekehrt an ihren Wohnort wurde sie plötzlich von seltsamen Träumen heimgesucht. Auch hörte sie plötzlich Stimmen und hatte den Eindruck, fremde Präsenzen hielten sich in ihrem Schlafzimmer auf. Diese bezeichneten sich selbst als *spirit guides*, die sie in okkultem Wissen und Mysterien unterweisen wollten.

Immer öfter hörte sie Geräusche; verschiedene Gegenstände wurden des Nachts in ihrem Zimmer bewegt. Morgens wachte sie auf mit Prellungen an ihrem Körper. Die ‚Präsenzen' entpuppten sich als zwei männliche Wesen, die ihr die Anweisung erteilten, sie solle ihr Leben ändern. Gleichzeitig zeigten sie großes Interesse an sexueller Betätigung. Die Frau fühlte sich berührt an den Brüsten und an den Sexualorganen. Offenbar waren die Wesen vor allem darauf aus, sie sexuell zu erregen, denn sie hatten Interesse an der Sexualenergie. Schließlich wurde sie von beiden *entities* regelmäßig sexuell belästigt und vergewaltigt (S.152).

Indem die *entities* sich anfangs als Geistführer tarnten, schlichen sie sich ins Vertrauen ihres Opfers ein. Spätestens dann, als das Interesse an Sex deutlich zutage trat, kamen die wahren Absichten der Wesenheiten, die an der Befriedigung der eigenen Bedürfnisse interessiert waren, ans Licht. Die Parallele zu einem *incubus* ist nicht zu übersehen, wie auch Samuel Sagan feststellt.

Er äußert geradeheraus seine Ansicht: „This chapter is entitled ‚Possession and Extraordinary Entities'. Unfortunatly, I am afraid there is nothing extraordinary at all in mistaking an entity for a spirit-guide. This has become only too common these days, when 'talking to one's spirit-guides' is increasingly regarded as a sign of status, just as credit cards or membership in certain clubs used to be. My perception is that many of the peobple who presently think they are in contact with a spirit guide are in reality in contact with nothing more than an entity." (Dieses Kapitel hat den Titel 'Besessenheit und außergewöhnliche Entities'. Ich fürchte, es ist leider überhaupt nicht außergewöhnlich, ein *entity* mit einem Geistführer zu verwechseln. Doch heutzutage ist es allgemein üblich, die ‚Reden mit einem Geistführer' zunehmend als Statussymbol zu betrachten, ähnlich wie das bei Kreditkarten oder der Mitgliedschaft in gewissen Klubs üblich ist. Meiner Ansicht nach sind viele der Leute, die gegenwärtig glauben, in Kontakt mit einem Geistführer zu sein, in Wahrheit mit niemand anderem in Kontakt als mit einem *entity.)*

Es gibt aufregende spirituelle Erlebnisse, die geeignet sind, einem Leben besonderen Schwung zu verleihen, mit manchmal dramatischen Auswirkungen. Samuel Sagan berichtet über die Erfahrungen eines 29jährigen Ingenieurs in Thailand. Der Mann hatte zuvor weder mit meditativen Übungen noch mit Drogen irgendwelche Erfahrungen gemacht. Während er einen imposanten Palast in Bangkok besichtigte, fand er sich urplötzlich in einer anderen Dimension wieder!

In der darauf folgenden Nacht erlebte er eine außerkörperliche Erfahrung: „An evil spirit came to me and promised it would give me eternal life. But I could see that in reality it was eternal death." (Ein böser Geist kam zu mir und versprach mir ewiges Leben. Doch ich konnte erkennen, dass es in Wahrheit der ewige Tod war.) Der Geist nahm ihn mit auf eine Reise ins Weltall. Er schaute zukünftige Ereignisse, bereiste fremde Welten, stattete himmlischen Sphären einen Besuch ab und wurde von Göttern begrüßt. Alle diese Erlebnisse vermittelten ihm den Eindruck, einen höheren Bewusstseinszustand zu erleben.

Tagelang befand sich der Mann in einem äußerst exaltierten, euphorischen Zustand, der ihm schlaflose Nächte bereitete. Die manische Phase dauerte auch an, als er nach Hause zurückgekehrt war. Er glaubte plötzlich, die Gedanken der Leute lesen zu können und sah geisterhafte Wesen in seiner Umgebung. Das alles verstörte ihn zutiefst. Unfähig, mit der veränderten psychischen Verfassung, in der er sich befand, fertig zu werden, versuchte er zweimal, sich das Leben zu nehmen.

Samuel Sagan ist sicher, keinen schizophrenen Patienten vor sich zu haben, als der Mann in seine Praxis kommt. „Moreover there was an intensely concentrated aura of energy around him when he arrived at my place", bemerkt er. (Da war eher eine sehr stark konzentrierte energetische Aura um ihn herum, als er bei mir ankam.) Der Klient ‚sieht' ein Wesen in seinem Innern in Gestalt eines schwarzen Panthers. Die Energie des Wesens ist in der Nähe des Bauchnabels verdichtet. Es scheint ihn zu beobachten und zu versuchen, ihm die Sicherheit zurückzugeben. Doch es fühlt sich noch schwärzer an als schwarz und wartet wahrscheinlich nur auf den richtigen Zeitpunkt, um seinen Geist in Besitz zu nehmen. Es wirkt nicht unfreundlich – doch es will seinen Geist!

Der Mann befürchtet, das Wesen wolle die Kontrolle über ihn erlangen: „It gives you the feeling that it can make you die, that it can make life slip out of your body, and than it can take over and you belong to it forever. I had the same feeling in Bangkok. There is an incredible life force concentrated in that cat. It creates a very euphoric feeling for me. My body feels completely hyper, but cool at he same time. I can go for weeks without sleeping. No stress, no fatigue, just power, raw power. It makes you feel fantastic and you can accomplish heaps. Every single thing you do succeeds." (Es gibt dir das Gefühl, dass es dich töten kann, dass es das Leben aus deinem Körper hinausdrängen und es übernehmen kann und du ihm für immer gehörst. Das gleiche Gefühl hatte ich in Bangkok. Eine unglaubliche Lebenskraft ist konzentriert in dieser Katze. Sie vermittelt mir ein sehr euphorisches Gefühl. Mein Körper fühlt sich komplett aufgeladen an, doch gleichzeitig kühl. Über Wochen komme ich ohne Schlaf aus. Kein Stress, keine Müdigkeit, nur Kraft, reine Kraft. Es gibt dir ein phantastisches Gefühl und du kannst viel schaffen. In allem, was du tust, bist du erfolgreich.)

Dem Therapeuten gelingt es, den Fluss der übernatürlichen Wahrnehmungen zu stoppen und damit die Psyche des Mannes zu stabilisieren. Er hält dieses *entity* nicht für ein Fragment, bleibt aber weitere Erklärungen schuldig.

Eine 25 Jahre alte Klientin beschreibt das innewohnende Wesen als intelligenten Beobachter, dem genau bewusst ist, was er da tut und womit er die Frau beeindrucken kann. Das Wesen hat eine ausgezeichnete Realitätssicht („it sees things as they are") und regt ihr Denkvermögen an („it tries to make me think about things before doing them"). Die Wesenheit regt eine rastlose Gedankentätigkeit bei der Frau an und provoziert damit eine Gegenreaktion bei ihr.

In diesem Fall kommen einerseits leicht erkennbare, andererseits subtile Strategien der Beeinflussung zum Einsatz, was nicht immer auf den ersten Blick klar wird. Eine Art ‚geistige Schulung' durch die Entität scheint stattzufinden, indem der Frau problematische Mechanismen der eigenen Psyche deutlich vor Augen geführt werden. Diese Methode der Intervention entspricht tatsächlich dem Einfluss eines Geistlehrers, der telepathisch einem Jünger Anweisungen erteilt. Die Art des Vorgehens gibt Hinweise auf die Anregung innerer Prozesse, die eine Klärung der Energien herbeiführen sollen.

Einige der Entitäten scheinen tatsächlich Geistlehrer zu sein, die eine innere Entwicklung in Gang setzen. Ihr Niveau korrespondiert mit den Charaktermerkmalen der Person, mit der sie in Verbindung stehen. Diesen Aspekt einer geistigen Schulung berücksichtigt Sagan zu wenig, womit ihm ein wichtiger Teil des gesamten Vorgangs entgeht.

Die angewandte ‚Schulungsmethode' ist allerdings suspekt, wie die Fallbeschreibungen zeigen. Eine große Verunsicherung geht damit einher. Auch ist ein gewisser Zwang unverkennbar. Die Betreffenden sollen durch die Anwesenheit eines *entities* zu mehr Einsicht in die eigenen psychischen Vorgänge gebracht und dabei einem Läuterungsprozess unterzogen werden.

Schwarze Magie ist eine der Möglichkeiten, wie *entities* Einlass gewährt wird. Diese Art von Kreaturen ist mit bestimmten Zeichen versehen und recht effizient in ihrem Vorgehen. Die Vermutung liegt nahe, dass sie bewusst in bestimmte Personen hinein gesandt werden von Individuen, die über okkulte Kenntnisse verfügen. Durch ein fachgerecht ausgeführtes *Clearing* könnte den Betroffenen geholfen werden. Doch wenn die Opfer nicht das Glück haben, einen qualifizierten *Clearer* zu finden, kann ihre Situation tragisch enden. Die *entities* sind extrem anhaftend und reagieren nicht auf eine konventionelle Therapie.

Die Bemühungen von unorthodoxen Therapeuten wie Samuel Sagan sind eine unschätzbare Hilfe, wenn es darum geht, Menschen aus einem tiefen Tal der Ohnmacht und Verzweiflung herauszuholen und sie von lästigen Parasiten zu befreien.

Befreiung durch *Clearings*

Zur Heilung braucht es sehr viel Licht.

Ein so genanntes *Clearing* geht von der Möglichkeit aus, sich selbst und andere vom Einfluss dunkler, unerwünschter Geistwesen und belastenden Energien zu befreien. Im medialen Kontakt mit unsichtbaren Ebenen öffnet sich das Bewusstsein für einen erweiterten Einflussbereich. Dabei kommt es auch zu ungewollten Begegnungen, bei denen unerfahrene Wanderer damit rechnen müssen, auf Gestalten der unteren Astralebenen zu treffen. Wie sind diese Ebenen beschaffen?

Das so genannte ‚Jenseits' existiert nicht wirklich, erfährt Jan van Helsing während einer medialen Übermittlung. Die Vorstellung von einem jenseitigen dunklen Bereich beruht auf menschlichen Auffassungen. Im Grunde existiert nur ein Diesseits, das die materielle Existenz ebenso umfasst wie die Existenzebenen nach dem Verlassen des physischen Körpers. (Vgl.: Wer hat Angst vor'm schwarzen Mann? S.67). „Der Bereich der Ebenen, in denen sich die Seelen aufhalten, ist mindesten so vielschichtig wie die Erde und noch vielschichtiger" (S.126f.). Wo die einzelne Seele verweilt, ist abhängig vom Stand ihres Bewusstseins und dem Seelenplan, der zukünftige Inkarnationen umfasst.

Auf energetisch niedrig schwingenden, erdgebundenen Ebenen halten sich Seelen auf, die sich nicht von der Erde lösen wollen. Sie werden als *Geister* oder *Gespenster* bezeichnet und können Besetzungen verursachen. Dies sind die Wesen, die Menschen in die Irre führen. Medien, die mit einem Pendel arbeiten, werden leicht zu ihrem Opfer. Nur die Wenigsten können mit einem Pendel richtig umgehen, bemerkt van Helsing.

Dem Drängen unsichtbarer Geistwesen stehen die Menschen in der Mehrzahl völlig ahnungslos gegenüber, stellt W. Beyer fest: „Bei allen Erkrankungen, welche mit mehr oder weniger auffälligen Störungen des nervlichen und seelischen Gleichgewichts einhergehen, spielt Geistereinfluss eine bedeutsame Rolle", erklärt der Autor (in: C. Wickland; S.24f.).

Bei van Helsing werden Besetzungen mit ‚Besatzungen' verglichen. In ähnlicher weise wie Menschen werden Länder besetzt, weil sie einen Krieg verloren und sich als schwächer als die Besatzer erwiesen haben. „So gesehen ist im Irdischen auch der Körper Besetzungen ausgesetzt, und zwar dann, wenn er schwächer ist als derjenige, der ihn besetzt. Dies ist *ein* Punkt. Deswegen sind viele, die psychisches Leid erleben, Besetzungen ausgesetzt. Es sind viele besetzt, die in Sensibilität sind, die schwächer sind als die Erdfrequenz, da die Erde stark auf sie drückt. Ein sensibler Mensch auf Erden, der eine höhere Frequenz trägt, ein feineres Nervenkostüm hat, dessen Nerven werden oft vom Irdischen belastet, wenn die schwere Erdfrequenz darauf drückt" (S.155).

Die Absicht, Besetzungen zu entfernen bzw. abzulösen, wird von dem geistigen Berater van Helsings als Unfug bezeichnet, denn „die Ablösungen schwirren im Kosmos umher, vergleichbar mit Mücken und Fliegen in einem Zimmer. Dann prallen sie von Wand zu Wand und mitunter dann wieder zurück an den, von dem sie gelöst worden sind, oder sie beginnen, woanders zu haften. Die Menschen sind im Prozess der Ablösung fleißig, doch nicht ausdauernd. Sie sollen auflösen. Es bedarf der Auflösung." Werden die Besetzungen aufgelöst, gehen sie ins Licht und schwächen damit die luziferische Kraft, deren Abspaltungen sie sind.

Edith Fiore geht von erdgebundenen Geistern aus, verirrten Seelen, die sich in dem bedauernswerten Zustand befinden, nicht über ihre Lage im Bilde zu sein. Es geht der Therapeutin darum, eine umherirrende Seele über ihren derzeitigen Zustand aufzuklären, um sie dann ins Licht zu senden. Diese verblüffend einfache Methode, die auch C. Wickland anwandte, führt angeblich zu erstaunlichen Resultaten.

Manche Hinterbliebene berichten stolz, ihre lieben Verstorbenen seit Jahren bei sich zu haben. Diese seien für sie eine Quelle des

Trostes und der Unterstützung gewesen. Gelegentlich erfährt der Verwandte, an den sich eine jenseitige Seele gehängt hat, einige geringfügige Vorteile durch eine solche Verbindung, wie „besondere Fähigkeiten der Geister, deren Begleitung etc., doch ist es nie eine gesunde Lösung und verhindert das geistige Wachstum beider Beteiligten. Ist sich jemand erst einmal der Situation bewusst, sollte sie nicht fortgesetzt werden, *egal wie eng die Bindung ist!*" kritisiert Edith Fiore (S.156).

Der amerikanische Psychiater C. Wickland hegte die feste Überzeugung, die meisten Fälle geistiger Verwirrung wären nicht auf Bewusstseinspaltung und andere psychische Störungen zurückzuführen, sondern von den Patienten hätten Fremdwesen Besitz ergriffen und diesen ihren Willen aufgezwungen. Diese Ansicht versuchte er unter Mitwirkung seiner Ehefrau, die sich als Tieftrance-Medium zur Verfügung stellte, zu beweisen. Die Ehefrau ließ ihren Körper von unsichtbaren Fremdwesen in Besitz nehmen, um dem Arzt eine Kontaktaufnahme zu ermöglichen.

Wickland kommunizierte in der Folgezeit mit den Geistern und erfuhr von diesen, die seelischen Störungen kranker Menschen ließen sich auf ein Medium übertragen! Auf diese Weise wäre eine Einwirkung fortgeschrittener Geistwesen auf die niederen Geister möglich. Patienten könnten auf diesem Wege von Quälgeistern befreit werden. Dem Arzt wurde mitgeteilt, seine Frau wäre ein ‚geeignetes Werkzeug' für eine derartige Übertragung. *Zu diesem Zweck müsste den Wesen erlaubt werden, den Körper des Mediums vollständig in Besitz zu nehmen.* Auf diesem Wege könnte er mit den unwissenden Geistern, die Krankheiten verursachen, in Kontakt zu treten.

Bereits vor der ersten Inbesitznahme klagt Frau Wickland über starkes Unwohlsein. Ihr Körper schwankt kraftlos hin und her. Dann meldet sich eine fremde Wesenheit aus dem Mund des Mediums. Wickland berichtet: „Wenn meine Frau sich als Medium betätigt und ihren Körper entkörperten Geistwesen zur Benutzung überlässt, dann geschieht das stets im Zustande der sogenannten Tief-Trance. Dabei sind ihre Augen geschlossen, ihr eigenes Bewusstsein gänzlich ausgeschaltet, und sie befindet sich die ganze Zeit über in tiefem Schlaf. Sie selbst hat hinterher keinerlei Erinnerung an das, was währenddessen geschehen und verlautet ist." (S. 49). Außerhalb dieser Trancezustände zeigt Frau Wickland keinerlei Anzeichen einer Beeinträchtigung.

Von den Wesenheiten erfährt Wickland, der Geist des Mediums halte sich während der Inbesitznahme ihres Körpers in der magnetischen Aura auf. Die Inbesitznahme eines Körpers könne immer nur durch einen einzigen Geist zur gleichen Zeit geschehen. Während dieser Zeit befinde sich der Mensch in einem Zustand der Bewusstlosigkeit. Das Medium habe lediglich die Funktion einer ‚Batterie' oder eines ‚Motors', mithilfe dessen die Geistwesen wirken können.

Die kritischen Äußerungen spiritueller Lehrer wie Rudolf Steiner und Bo Yin Ra bezüglich der tiefen Trancezustände lassen einige Zweifel an der Integrität der Geistwesen aufkommen, denen Wickland und seine Frau offenbar unbedingtes Vertrauen entgegen brachten. Die Erfolge, die der Arzt angeblich mit dieser Methode verbuchen konnte, sind daher nicht glaubwürdig.

Geisteraustreibung ist kein Allheilmittel gegen psychische Erkrankungen, denn die Ursachen sind nicht immer leicht zu ergründen. Eine Infektionskrankheit z.B. wird auch nicht allein durch das Eindringen von Bakterien verursacht. Den Angriffen von Bakterien kann ein geschwächter Organismus, der nicht über genügend Abwehrstoffe verfügt, nur ungenügenden Widerstand entgegensetzen. In gleicher Weise „ist auch für das seelische Befallenwerden durch fremden Geistereinfluss nicht bloß das Dasein der Geister, sondern weit mehr der Gesundheits- und Kräftezustand des bedrohten Menschen ausschlaggebend. Sowohl seelische als auch körperliche Unordnung und Schwäche können einer Besessenheit Eingang verschaffen. Wie durch eine wirklich gesunde Lebensweise die Widerstandskraft des Organismus gegen Infektionen erhöht werden kann, so gibt es auch bewährte Mittel zur Hebung und Festigung der seelischen Widerstandskraft gegen unheilvolle seelisch-geistige Einflüsse", erklärt W. Beyer.

Das vegetative Nervensystem ist in erster Linie maßgebend für das seelische Gleichgewicht. Eine körperliche Schwäche, z.B. nach einer bakteriellen Infektion, wirkt sich schwächend auf das Nervensystem aus. Hierdurch wird die Widerstandskraft gegen fremde Beeinflussung vermindert. Eine gefestigte Persönlichkeit lässt sich nicht leicht durch Einflussnahme, von wem auch immer, aus dem Gleichgewicht bringen.

Aus der geistigen Welt wird die Botschaft übermittelt:

Die Organisation der Astralebenen entspricht nicht den irdischen Bedingungen. Dort ist keine feste Stütze vorhanden, die es den Wesenheiten ermöglicht, einen Halt zu finden. Sie sind daher bestrebt, sich wieder in einer Form zu verankern, die ihnen Halt und Sicherheit verspricht.

Die Aura des Menschen schützt ihn im Allgemeinen vor diesen Eindringlingen. Der Schutz besteht nicht mehr, wenn Menschen aus einer freien Willensentscheidung heraus die Eindringlinge willkommen heißen. Die wesensfremde Energie, die sich einmal verankert hat, lässt sich in der Regel nicht ohne weiteres zum Fortgehen bewegen. Bei dem Versuch, ein Wesen ins Licht zurückzuschicken, wird Energie frei, was zu einer Erschütterung des menschlichen Organismus, der als Herberge dient, führen kann.

Ein Betroffener hat verschiedene Möglichkeiten, eine Energie zum Verlassen seines Organismus zu bewegen:

◉ Die eine besteht in einer Atemtechnik, welche eine Reinigung des Organismus bewirkt. Schnelles Aus- und Einatmen bewirkt eine erhöhte Zirkulation des Blutes, wodurch die Widerstandskraft der fremden Energie geschwächt wird. Der höheren Geistebene ist es dann leichter möglich, auf die Energie, die den Organismus schwächt, einzuwirken.

◉ Die zweite Möglichkeit besteht in einer Entspannungsübung, bei der auch das Atmen eine Rolle spielt. Die Ruhigstellung des Organismus bewirkt eine Abnahme der Energie insgesamt; in entspanntem Zustand können andere Energien wirksam werden. Die Entspannungsübung hilft, ein pulsierendes Licht wahrzunehmen, welches eine Sogwirkung auf die Energie ausübt. Mit Hilfe dieses Lichts wird es möglich sein, die Aura zu klären und sich letztlich von der Fremdenergie zu befreien.

Diese Übungen reichen aber nicht aus, um eine Befreiung zu erreichen. Sie sind allenfalls ein Mittel, um günstige Voraussetzungen zu schaffen, die ein Freiwerden von Fremdenergien ermöglichen, wie Edith Fiores Schilderungen bestätigen.

Bei Jan van Helsing wird der Vorgang erklärt, wie Seelenteile nach dem Ableben an der Materie haften bleiben. Diesen Anhaftungen liegen starke Emotionen zugrunde. Es kann vorkommen, dass sich gewisse Teile der Seele, die sehr stark am physischen Körper haften, verselbständigen. Sie weigern sich, die Bereiche des bisherigen Daseins aufzugeben. In dieser Hinsicht sind sie wie zornige, uneinsichtige Kinder. Die ‚Seelenfäden' die sie mit dem materiellen Sein verbinden, lösen sich nicht ab.

Diese Seelenteile einfach ins Licht zu schicken, ist aber keine adäquate Lösung, denn das wurde aus geistiger Sicht bereits versucht. Der menschliche Therapeut, der den Seelen helfen möchte, sollte sich mit einem Geistführer verbinden, dessen ureigene Aufgabe es ist, die Seelen ins Licht zu befördern. Die Seelen benötigen jemanden, der auf sie eingehen kann. Jemand muss ihnen erklären, wo sie sich befinden. Das bedeutet, dass der Therapeut sich in einem solchen Fall an den inneren Geistführer wendet, denn es ist dessen Aufgabe. Die Phase der Entwicklung auf Erden ist für die Seele vorüber, der Weg in die Heimat wird angetreten.

Die Begleitung verirrter Seelen bedarf „einer höheren und bewussteren Spiritualität. Denn was sagt dir, wenn du damit arbeitest, dass sich die Seelenfäden nicht um deinen Hals schlingen und dir durch dieses emsige Tun nicht irgendwann die Luft nehmen; was heißt, dass es dich belastet? So ist es bei dieser Arbeit wichtig, dies nur dann zu tun, wenn du mit der Sicherheit beider Beine auf der Erde stehst und wenn du dir absolut sicher bist, dass das Licht bei dir ist – das Licht in dir und mit dir. Oft werden solche Vertreibungen oder Loslösungen gebundener Seelen von ungeschulten Menschen durchgeführt, die dann irdisch gesagt ‚verhext‘ sind. Da die Seelenaspekte nicht richtig gelöst werden, klammern sie sich nun an den Menschen. Es ist von Wichtigkeit, dass mit diesen Seelenaspekten klar gesprochen und es ihnen richtig erklärt wird", meint Jan van Helsing. Die Helfer werden selbst zu Opfern, wenn ihnen nicht bewusst ist, worauf sie sich da einlassen.

Die ‚Geistbefreiung‘ in Edith Fiores Praxis findet in einem entspannten Zustand statt. Die Klienten schließen die Augen und stellen sich vor, von weißem Licht umgeben zu sein. Dann bitten sie gemeinsam mit der Therapeutin um Hilfe aus den geistigen Ebenen. Das innewohnende fremde Geistwesen, dessen Anwesenheit nicht erwünscht ist, wird direkt angesprochen und ggf. beim Namen genannt. Es geht darum, das Wesen aufzuklären, damit ihm sein nachtodlicher Zustand bewusst wird. Häufig ist Verstorbenen nicht klar, in welcher Lage sie sich befinden. Dem Wesen wird geraten, zusammen mit herbeigerufenen feinstofflichen Begleitern ins Licht zu gehen.

Diese Prozedur führt nach Auskunft der Therapeutin erstaunlich oft zur Befreiung der in Bedrängnis geratenen Klienten. Edith Fiore bekundet, man könne beliebige Geistwesen herbeirufen, die als Helfer tätig werden. Den Geistern, die sie zum Fortgehen bewegen will, gibt sie den Hinweis, auch nach dem Verlassen ihres Wirtes sei ihre Weiterexistenz gesichert.

Nach einem erfolgreich durchgeführten *Clearing* berichten einige Betroffene „von einem Gefühl, als ob aus ihnen heraus ‚etwas‘ in wellenartigen Bewegungen durch den Körper gerieselt und ‚nach oben geschwebt‘ und durch den Kopf, die Brust oder andere Zonen ausgetreten sei" (S.165). Sie fühlen sich anschließend erleichtert und entspannt.

Den Klienten wird nach dem *Clearing* geraten, die entfernten Wesenheiten vollständig aus dem Denken zu verbannen, denn Gedanken und Gefühlsäußerungen schaffen eine erneute Verbindung. „Häufig bedarf es vieler Wiederholungen, um den Geist – ob Angehöriger oder Fremder – zum Gehen zu bewegen", berichtet Fiore. Die Chancen dafür, ob eine Befreiung erfolgreich ist, hängt von der Wesenheit ab und ihrer Bereitschaft, zu gehen.

„Manchmal ist die Geistbefreiung nur zum Teil erfolgreich – der Geist lässt von einem ab, geht aber nicht in die geistige Welt oder ins Licht. Er oder sie gleitet aus dem Körper und der Aura heraus und bleibt bei der zuvor besessenen Person oder verweilt im Umfeld der Aura – nur, um später zurückzukehren. Dann bedarf es einer weiteren Sitzung, bei der man versucht, den Geist mit seinen oder ihren Angehörigen zu verbinden", erzählt die Autorin (S.166). Das *Clearing* scheint unter diesem Aspekt ein Geduldsspiel zu sein, bei dem sich erweisen wird, wer den längeren Atem hat.

Jan van Helsing spricht von ‚Abspaltungen der Luziferkraft' die im Raum umherschwirren und Besetzungen verursachen. Diese gilt es aufzulösen. Mit Angst darauf zu reagieren, multipliziert diese Energien und verstärkt die Dunkelheit. „Wann immer Dämonen kommen, fülle sie mit Licht, damit sie sich auflösen. Mit Licht füllen heißt nicht, sie *ins Licht* zu schicken. Den Weg *ins Licht* – kennst du ihn? Kein Mensch kennt den Weg ins Licht, doch alles wird ins Licht geschickt..." (S.158). Der menschliche Therapeut sollte nicht das Dunkle ‚bei der Hand nehmen und weiterreichen', sondern auf eine höhere Bewusstseinsstufe überwechseln und die dunklen Energien auflösen.

Samuel Sagan hält eine spezielle *Clearing*-Technik für erforderlich, um aufdringliche Wesenheiten loszuwerden. Psychotherapien seien nicht die richtige Methode, um mit dem Problem umzugehen. Zeigt der Clearing-Prozess Erfolg, dann ist dies ein Indikator dafür, dass der Patient nicht an einer Psychose erkrankt war. Unglücklicherweise ist ein *Clearing* bei schizophrenen Patienten nicht ausreichend, um die Balance wieder herzustellen.

Ein *Clearing* ist, auch wenn es in kurzer Zeit zum Erfolg führen kann, keineswegs ungefährlich. Es gibt wichtige Einschränkungen bei der Frage, welche Personengruppe geeignet ist, ein *Clearing* durchzuführen. Der *Clearing*-Prozess ist eine delikate und potentiell gefährliche Angelegenheit, und zwar für beide: den *Clearer* und den Klienten. Daher sollten nur Personen mit besonderen Fähigkeiten Clearings durchführen.

Ein *Clearing*, bei dem ein qualifizierter Therapeut tätig ist, zeigt überaus zufrieden stellende Ergebnisse. Während der Therapie können einige Klienten beobachten, wie eine Wesenheit aus ihrem Körper herausgezogen wird. Andere spüren, das ,etwas' ihren Körper verlässt. Anschließend nehmen sie die fremde Präsenz nicht länger wahr. Sie hören keine Stimmen mehr; die bleierne Müdigkeit lässt nach und die Energie kehrt zurück. Innerhalb kurzer Zeit vermindern sich die Symptome oder verschwinden ganz.

Samuel Sagan räumt ein, dass nicht sämtliche Probleme der Klienten durch ein *Clearing* gelöst werden können. Diejenigen Symptome, die direkt mit der fremden Präsenz zusammen hängen, verschwinden. Andere psychologische Probleme sind auch nach einem *Clearing* noch vorhanden. Doch eventuell wird es nun leichter, damit umzugehen.

In besonders schwierigen Fällen kann selbst ein fachgerecht durchgeführtes *Clearing* nicht helfen, die lästige Wesenheit loszuwerden. Dann liegt eventuell ein schwerwiegendes Suchtproblem vor, bei dem die Betroffenen eine langdauernde Verbindung zur niederen Astralwelt unterhalten haben. Auch eine Verstrickung aus vergangenen Leben kann die Lösung des Problems verhindern.

Welche Kenntnisse werden bei *entities* benötigt, um erfolgreiche *Clearings* durchführen zu können? *Entities* sind zähe Kreaturen. Spezielle Verfahren müssen angewandt werden, damit sie verschwinden. Neben der ausreichenden Kenntnis über die Zusammenhänge und einer angemessenen Technik ist ein spezielles Training notwendig. Auch ein Initiationsprozess, den der Therapeut zuvor durchlaufen hat, gehört zu den Voraussetzungen. Andernfalls könnte eine falsch angewandte *Clearing*-Technik in die Katastrophe führen, warnt Sagan.

Die Wesenheit ist verbunden mit dem ätherischen und dem astralen Körper seines Opfers. „It is literally trapped inside the client's structure. A particular force is needed to pull it out of the client's energy. This must be done fully and properly, for a partial clearing is worse than no clearing at all: entities that manage to resist a clearing, even partly, often get rigidified and are harder to clear later on." (Es ist buchstäblich gefangen innerhalb der Struktur des Klienten. Eine besondere Kraft ist nötig, um es aus der Energie des Klienten herauszuziehen. Dies muss vollständig und gründlich erfolgen, denn ein partielles Clearing ist schlimmer ist als gar kein Clearing: entities, denen es gelingt, einem Clearing – auch nur teilweise – zu widerstehen, verhärten sich oft und sind später schwerer zu entfernen.)

Im Moment der Befreiung können sich Teile der Wesenheit, die aus ätherischer und astraler Substanz besteht, loslösen und im Therapeuten festsetzen. Dies ist nicht ungewöhnlich. „This is imperative that the clearer has enough perception to recognize when this is happening and knows how to eliminate them. Otherwise these little fragments will accumulate, and in the long run they could be responsible for health deterioration and possibly severe diseases." (Es ist unbedingt erforderlich, dass der Clearer über genügend Einsicht verfügt, um zu erkennen, wenn dies geschieht und weiß, wie er sie eliminieren kann. Andernfalls werden diese kleinen Fragmente sich ansammeln und auf lange Sicht für eine Verschlechterung der Gesundheit und möglicherweise für ernsthafte Erkrankungen verantwortlich sein.

Spezielle Kenntnisse sind daher eine notwendige Voraussetzung für die Arbeit. *Clearer* benötigen einen ausreichenden Grad an Hellsichtigkeit, um erkennen zu können, was während des *Clearing*-Prozesses vor sich geht:

▶ Eine besondere Kraft ist nötig, um eine Wesenheit von der Energie eines Klienten loszulösen.

▶ Der *Clearer* muss eine Verbindung herstellen können mit einer bestimmten Frequenz des spirituellen Lichts. Dorthin wird die Entität nach seiner Freisetzung in die Atmosphäre geschickt.

Bei diesem Vorgang wird die Mitarbeit geistiger Helfer benötigt, wie Samuel Sagan erläutert: „The clearer must therefore be linked to nonphysical guides or angels that will assist in the process. This cannot be improvised, and requires that one has received approval from these beings to carry out the work, like a 'clearing license'. Of cource these beings must be real guides or angels, not entities trying to impress you like making lots of vibration and letting bogus light rain onto your head." (Der Clearer muss verbunden sein mit nicht verkörperten Führern oder Engeln, die ihm in diesem Prozess assistieren. Dies kann nicht improvisiert werden und erfordert das Einverständnis dieser Wesen, um die Arbeit zu verrichten, so etwas wie eine ,Clearing-Lizenz'. Diese Wesen müssen natürlich echte Führer oder Engel sein und keine Entitäten, die dich beeindrucken wollen, indem sie jede Menge Schwingungen erzeugen und Pseudo-Licht in deinem Kopf regnen lassen.)

▶ Während des Prozesses sollten sich *Clearer* ausgeruht und energetisch aufgeladen fühlen, um Risiken auszuschließen.
▶ Personen, die sich mit *Clearing* befassen, müssen emotional stabil sein und einen kühlen Kopf bewahren, um den diversen Drohungen seitens der Entitäten standhalten zu können.

Wie kann mit Anfeindungen seitens der *entities* umgegangen werden? Sagan vertritt die Auffassung, die meisten Drohungen seien nicht ernst zu nehmen, da von ihnen keinerlei Gefährdung ausgehe und Konsequenzen in der Regel ausblieben. Die Stärke der Therapeuten bestehe in der Energie, die hinter ihnen steht. Sind ihre Absichten wahrhaftig und befinden sie sich im Einklang mit der geistigen Hierarchie, bräuchten sie sich keine Sorgen zu machen (S.177f.). In Verbindung mit dem nichtphysischen Helfer öffnet der *Clearer* das ,Große Licht' über dem Kopf des Klienten und schickt das *entity* hinein. Der eigentliche *Clearing*-Prozess benötigt, wenn man von der Vorarbeit absieht, weniger als 20 Minuten.

Die Fähigkeit, *entities* ins Licht zu schicken, ist nicht die Gabe einiger Weniger, die berufen sind, sondern sie kann von geeigneten Personen durch ein entsprechendes Training, welches das Erreichen von Stadien höheren Bewusstseins einschließt, erlernt werden.

Der schöpferische Wille

Die gleichen Energien, die binden, bewirken die Befreiung.

Die Erde ist eine Zone des freien Willens, die grenzenlosen Austausch und gegenseitige Beeinflussung ermöglicht. Es existiert nichts, das nicht ein Teil des Ganzen ist. Die Aufgabe des sich entwickelnden Menschen besteht darin, zu verstehen, dass jedes Individuum ein einzigartiges Geschöpf mit einem freien Willen ist. Dualität und Polarität sind notwendig, damit der freie Wille in seinem höchsten Potential aktiviert wird. Die einzelnen Individuen spiegeln sich gegenseitig. Sie dienen als Anregung untereinander mit dem Ziel, die Gegensätze auszugleichen und zu vereinigen.

Das menschliche Dasein kann mit einem Theaterstück verglichen werden. Die kosmische Intelligenz hat die Schauspieler geschaffen und ihnen die Freiheit gegeben, sich die Rolle, die ihnen gefällt, selbst zu wählen. Wenn das Schicksal aller Menschen von vornherein festgelegt wäre, gäbe es keine freie Entscheidung und auch keine Verantwortung. Wären Menschen für ihr handeln nicht verantwortlich, dann hätte ihr Leben keinen Sinn. *Ein jeder schafft seine eigene Realität*, in jedem Augenblick; daher kann sich niemand beklagen, wenn sein Leben ihm nicht gefällt, bemerkt Omraam M. Aivanhov. (In: Die Freiheit, Sieg des Geistes, S.56.)

Viele Menschen fragen nach der Unausweichlichkeit von Kriegen, Verbrechen oder menschlicher Grausamkeit. Sie neigen dazu, der kosmischen Intelligenz bzw. dem heiligen Geist die Verantwortung hierfür zuzuschieben. Diese Annahme ist falsch, denn die Menschheit hat sich vor langer Zeit aus dem Einflussbereich der kosmischen Intelligenz entfernt und damit selbst die Verantwortung übernommen.

Die Welt, in der wir leben, hat – wie alle Materie – ihre Ursache im freien Willen der Bewusstseine, die darin existieren. Den Lebewesen ist die Möglichkeit gegeben, vielfältige Erfahrungen zu sammeln und an ihrer Weiterentwicklung zu arbeiten. Im Verlauf der Evolution wird das Bewusstsein die feinstoffliche Beschaffenheit der Existenz erkennen und sich wieder in das ursprüngliche Sein zurückverwandeln, das seine ursprüngliche Heimat ist.

Der Geist übt kraft seines Willens einen erheblichen Einfluss auf die Molekular-Materie aus; daher ist es begreiflich, dass er nicht nur die Substanzformen, sondern auch ihre Eigenschaften verändern kann, erklärt Allan Kardec (in: Buch der Medien, S.115). Der Wille ist eine wesentliche Eigenschaft des Geistes. In gewissen Grenzen ist er dazu in der Lage, die Elementar-Materie zu verändern. So erklärt sich die Fähigkeit von Heilern, durch Handauflegen krankes Gewebe zu beeinflussen.

Jedes Individuum hat die Freiheit, durch seinen einzigartigen Brennpunkt unterschiedliche Erfahrungen zu sammeln. Seine Erlebnisse lassen in ihm bestimmte Überzeugungen reifen, und diese werden zur Grundlage dafür, wie die Realität gestaltet wird. Jeder Gedanke besitzt Schöpferkraft. Gefällt jemandem das Resultat seiner Bemühungen nicht, dann ist es an der Zeit, die Vorstellungskraft zu gebrauchen, um eine Veränderung zu bewirken.

Diese Zusammenhänge werden von immer mehr Leuten erkannt. Allerdings ist es viel schwieriger, sie in die Praxis umzusetzen, als es den Anschein hat. Die Überzeugung, die eigene Realität verändern zu können, reicht längst nicht aus, um damit auch Erfolge zu erzielen. Verschiedene Faktoren spielen bei der Umsetzung eine Rolle, wie z.B. die Beharrlichkeit, mit der ein Ziel verfolgt wird, die Intensität der Gefühle, die daran beteiligt sind und nicht zuletzt die Fähigkeit zur Konzentration, um eine bestimmte Absicht in die Wirklichkeit zu transportieren.

Der Wille ist ein Ausdruck menschlicher Energie. Die Willenskraft wird gestärkt mit jedem Einsatz der Gedankenkraft, mit jeder positiven Umsetzung eines Planes und der Bereitschaft, sich zu verändern.

Die Grenzen seiner Handlungen werden dem Menschen durch Widerstände bewusst, die seinen Absichten im Wege stehen. *„Tue, was du willst, sei das ganze Gesetz."* Dieser berühmte Grundsatz von Aleister Crowley hat zu vielen Missverständnissen geführt, denn er suggeriert, jedwede Handlung sei akzeptabel und es gäbe keinerlei Grenzen des eigenen Tuns. Crowley selbst macht deutlich, dass die Formel keineswegs mit *„Tue was dir beliebt"* verwechselt werden darf. Es sei viel schwieriger, einem solchen Grundsatz zu folgen, als sich sklavisch einer Reihe starrer Gesetze zu unterwerfen, betont der Autor. Festen Regeln zu gehorchen sei gleichbedeutend damit, die gesamte Verantwortung für das eigene Verhalten abzugeben. (Vgl.: Über Yoga, S.39f.)

Die Einführung des Gesetzes von Thelema: *„Tue was du willst"* war für Crowley selbst eine „höchst entmutigende Sache". Nur in den seltensten Fällen finde man jemanden, der überhaupt eine Vorstellung vom Thema Freiheit hat, beklagt er sich. Die Ausübung der Freiheit bedeute, dass jeder aufgefordert ist, für sich selbst zu denken. Die natürliche Trägheit des Menschen verlange leider in der Regel nach vorgefertigter Religion und Ethik.

Den Grundsatz *„Tue was du willst"* sieht Crowley als Verallgemeinerung eines Ausspruchs von Kirchenlehrer Augustinus (353-430 n.Chr.). Dieser lautet: *„Liebe und tue, was du willst."* Crowley denkt nicht daran, die Bindung an die Sittengesetze zu leugnen, denn er hat einen weitere Grundsatz hinzugefügt: *„Liebe ist das Gesetz, Liebe unter Willen."* Liebe und der Akt der Vereinigung kann nicht unterschiedslos, sondern nur ‚unter Willen' geschehen, also in Übereinstimmung mit dem Wesen der beteiligten Personen. Crowley widerspricht damit dem Freisein von jeglichem Reglement. Viele seiner Anhänger haben Crowley in diesem Punkt gründlich missverstanden, wie er verdeutlicht (S.139).

Den bewussten Willen zu entwickeln ist eine Eigenschaft, über die allein die Menschheit verfügt, die sich damit vom übrigen Naturreich unterscheidet. Ohne den Willen wäre der Mensch nicht in der Lage, sinnvoll zu handeln. Um Willenskraft zu entwickeln, benötigt er eine

Zielsetzung, um nicht immer wieder die Gewohnheitsmuster der Vergangenheit zu reproduzieren.

Auch Reshad Feild betont die Notwendigkeit der Entwicklung von diszipliniertem Verhalten und Willenskraft, denn ohne diese Eigenschaften bringt der Mensch kaum etwas zuwege. Viele handeln nicht genügend bewusst, sondern stolpern in Situationen hinein, über die sie nur wenig Kontrolle haben. Ein erfülltes Leben haben nur diejenigen, die sich bewusst für etwas entscheiden und diese Entscheidung in die Tat umsetzen. „Das Einüben des Willens wirkt als Brücke zwischen dem Ewigen und dem Zeitlichen", schreibt Feild. „Diese Brücke ist die wahre Natur des Menschen. Sie ist so zerbrechlich, dass wir uns in einem vollkommenen Zustand der Bewusstheit befinden müssen, bevor wir sie überqueren dürfen. Unter der Brücke ist ein tosender, reißender Strom, der uns hinwegfegen würde in Bewusstlosigkeit." (In: Schritte in die Freiheit, S.75.) Menschen, die sich im alltäglichen Leben als außerordentliche Persönlichkeiten hervortun, hatten zuvor häufig mit großen Schwierigkeiten zu kämpfen.

Gelingt es jemandem, seine Willenskraft in ausreichendem Maße zu stärken, sieht er sich in die Lage versetzt, mit höheren Geistebenen in Verbindung zu treten. Die Willenskraft von Eingeweihten unterscheidet sich vom Willen gewöhnlicher Menschen, denn Eingeweihte haben gelernt, ihre Aufmerksamkeit mit großem Nachdruck und Präzision auszurichten. Da sich ihre Natur grundlegend gewandelt hat, verfügen sie über eine klare Sichtweise und schätzen Situationen mit unumschränkter Genauigkeit ein, was ihren Handlungen große Sicherheit verleiht.

Beziehung ist Zusammenarbeit. Sobald Menschen sich verändern, benötigen sie einen Ort, an dem sie wirken können, ohne jemandem verpflichtet zu sein. In Zukunft wird das gesamte Konzept von Beziehung und Zusammenarbeit neu definiert werden. Die Menschheit ist dabei, eine Frequenz der Freiheit zu entdecken und diese in ihr Leben, in ihre Familien und Freundschaften hineinzuziehen. Im besten Fall lernen Individuen, sich frei zu entfalten und dennoch in mannigfaltige mitmenschliche Kontakte eingebunden zu sein.

Menschen, die sich spirituell entwickeln, erhalten immer mehr Zugang zu ihrer Kreativität. Indem sie eine höhere mentale Kraft einsetzen, sind sie befähigt, mit lichtvollen Kräften in Verbindung zu kommen. Die Willenskraft kann nun von einer höheren Ebene aus aktiviert werden. Der Wille ist die stärkste schöpferische Kraft, die den Menschen zur Verfügung steht. Sie ist geeignet, zur Vervollkommnung des Bewusstseins beizutragen.

Moderne wissenschaftliche Forschung

In der Natur ordnet sich alles nach dem Zahlengesetz.

Metaphysische Erfahrungen verhelfen den Erlebenden zu der Gewissheit, dass viele Phänomene des Daseins nicht mithilfe des mechanistischen Weltbildes erforscht werden können. Ein Großteil der Informationen, die bei paranormalen Erlebnissen zutage treten, wird nicht über die normalen Sinne erworben. Parapsychologische Phänomene decken oft Verbindungen zwischen Individuum, Umwelt und Kosmos auf, die sich mit dem Verstandesbewusstsein nicht ohne weiteres begreifen und einordnen lassen.

Auch wenn einige der paranormalen Erscheinungen den geschulten Sinnen westlicher Menschen außergewöhnlich und bizarr vorkommen, so verdienen sie doch das Interesse aufgeschlossener Wissenschaftler. Der Mediziner, Psychoanalytiker und Philosoph Stanislav Grof bedauert, dass Phänomene wie: Hellsehen, Präkognition, Psychometrie, Astralprojektion etc. in akademischen Kreisen bislang immer noch mit ausgesprochen negativer Voreingenommenheit diskutiert werden (S.193f.).

Nach Ansicht von St. Grof „lassen sich einige übernatürliche Fähigkeiten oder Siddhis, die angeblich durch spirituelle Yoga-

Übungen erreicht werden können, eindeutig nicht mit dem Weltbild der westlichen Wissenschaft vereinbaren. Hierzu gehören auch Berichte über Levitationen des Körpers, die Fähigkeit, sich an einen entfernten Ort zu projizieren, die Bilokation oder physische Existenz an zwei Orten zugleich sowie die Fähigkeit, verschiedene Gegenstände – sogar den eigenen Körper – zu materialisieren und zu dematerialisieren. Es bleibt zukünftigen Forschungen vorbehalten, die Existenz dieser Phänomene zu bestätigen oder zu widerlegen. Im Licht des neuen Wissenschaftsparadigmas erscheinen sie aber nicht so absurd und prinzipiell unmöglich, wie die mechanistische Wissenschaft behauptet."

St. Grof berichtet über kontrollierte Experimente mit Hellsehen und Präkognition am Stanford Research Institut in den USA, die zu interessanten Ergebnissen führten (S.134). „Die Existenz und die Natur transpersonaler Erfahrungen verstoßen gegen die fundamentalsten Grundsätze der mechanistischen Wissenschaft. Sie implizieren allerlei Dinge, die als völlig absurd gelten: die Relativität und Willkürlichkeit aller physischen Grenzen, nichtlokale Verbindungen im Universum, Kommunikation mit unbekannten Mitteln über unbekannte Kanäle, Erinnerungen ohne ein materielles Substrat, Nichtlinearität der Zeit oder die Existenz von Bewusstsein in allen lebenden Organismen (einschließlich niedrigerer Tiere, Pflanzen, Einzellern und Viren) und sogar in anorganischer Materie" (S.197f.).

Wissenschaftler untersuchten in den USA und der Sowjetunion Personen, die fähig waren, Gegenstände in Bewegung zu versetzen, ohne diese körperlich zu berühren. Einige von ihnen waren imstande, Menschen über größere Entfernungen hinweg zu hypnotisieren. Andere konnten Metalle auf psychokinetische Weise verbiegen. Übersinnliche Erfahrungen sind mit der mechanistischen Wissenschaft von Grund auf unvereinbar, doch in verschiedenen wissenschaftlichen Disziplinen hat es mittlerweile revolutionäre Entwicklungen gegeben, die zu drastischen Veränderungen im wissenschaftlichen Weltbild beigetragen haben.

Der Entdecker des LSD, der Schweizer Chemiker Albert Hofmann, erzählt in seinem Buch: *LSD – mein Sorgenkind* von einem außergewöhnlichen Erlebnis, das ihm als Jugendlicher an einem Maimorgen im Wald widerfuhr. Der Frühlingswald erstrahlte plötzlich in einem eigenartigen Glanz, und ein Gefühl der Zugehörigkeit und des Glücks durchströmte ihn. In ihm entstand „die Gewissheit vom Dasein einer dem Alltagsblick verborgenen, unergründlichen lebensvollen Wirklichkeit..." (S.8).

A. Hofmann gewann später wichtige Erkenntnisse aus seinen persönlichen Versuchen mit LSD: „Bis dahin hatte ich geglaubt, dass es nur ein einziges wahres Bild der Welt, das, was man die ‚Wirklichkeit' bezeichnet, gäbe. *Die Erfahrungen im LSD-Rausch, in dem fremde Welten als ebenso wirklich erlebt werden wie die Alltagswirklichkeit, zeigten, dass die Wirklichkeit keineswegs etwas Absolutes, Feststehendes ist, sondern dass ihr Bild und Erleben durch einen veränderten Bewusstseinszustand des Betrachters verändert werden. – Zu dieser Einsicht kann man auch durch wissenschaftliche Überlegungen gelangen*" (S.196f.).

Unter dem Einfluss von LSD wird das Gehirn biochemisch verändert und auf andere, von der Alltagswirklichkeit verschiedene, Wellenlängen eingestellt. „Da der unendlichen Vielfalt und Vielschichtigkeit der Schöpfung unendlich viele verschiedene Wellenlängen entsprechen, können je nach Einstellung des Empfängers viele verschiedene Wirklichkeiten ins Bewusstsein treten. Sie schließen sich gegenseitig nicht aus; sie sind komplementär und bilden zusammen einen Teil der alles umfassenden, zeitlosen, transzendentalen Wirklichkeit, in der auch der unangreifbare, die Veränderungen des eigenen Ich registrierende Kern des Bewusstseins beheimatet ist", schreibt Hoffmann.

Die westliche Naturwissenschaft und Technik begreift die Welt als Gegenstand, als Objekt, dem das Individuum gegenübersteht. Das existentielle Erleben einer das Ich einschließenden, tiefen Wirklichkeit würde den Missbrauch der Erkenntnis und des Wissens, der stattgefunden hat, verhindern, resümiert Hofmann (S.200f.). Ihm geht es nicht um eine sentimentale Naturschwärmerei, sondern um „ein elementares Wiedererleben der Einheit alles Lebendigen, ein umfassendes Wirklichkeitsbewusstsein..."

Der Chemiker hat keinerlei Interesse daran, eine die objektive Wirklichkeit erfassende Naturwissenschaft abzuwerten. Im Gegenteil stößt das sich ausweitende Wissen, „wenn es nur tief genug vordringt, unumgänglich auf den nicht weiter erklärbaren Urgrund der Schöpfung, auf das Wunder, auf das Mysterium – im Mikrokosmos des Atoms, im Makrokosmos der Spiralnebel, im Samenkorn der Pflanze, im Leib und in der Seele des Menschen – auf das Göttliche" (S.206f.). Meditative Erkenntnis ist keine Flucht in eine imaginäre Traumwelt, sondern sie ermöglicht ein vertieftes Eindringen, ein gleichzeitiges Betrachten von Oberfläche und Tiefe der objektiven Wirklichkeit.

Unter modernen Wissenschaftlern zeigt sich allmählich eine immer größer werdende Bereitschaft, die Bereiche der transpersonalen Erfahrungen zu erforschen, wie Stanislav Grof feststellt. „Ein Haupthindernis, das sich bisher einer ernsthaften Untersuchung psychoider Phänomene in den Weg stellt, war die für die Kartesianisch-Newtonsche Wissenschaft charakteristische mechanistische Auffassung vom Bewusstsein und dessen Beziehung zur Materie" (S.181). Bewusstsein wurde als zufälliges Nebenprodukt der Materie und als Begleiterscheinung physiologischer Hirnprozesse eingestuft.

Einige Betrügereien bei parapsychologischen Vorführungen haben zu einer grundsätzlich misstrauischen Haltung seitens der Wissenschaft beigetragen. St. Grof beklagt: „Es gibt kein anderes Gebiet wissenschaftlicher Forschung, in dem die eindeutige Aussage so vieler Zeugen von Rang und Namen als Dummheit hingestellt und achtlos übergangen wurde. Zu den Forschern, die sich dieses Schicksal teilen, zählten solche mit höchstem Ansehen in der Fachwelt, etwa der Nobelpreisträger, Arzt und Physiologie Charles Richet und Sir Oliver Lodge, ein Mitglied der Royal Society in Englang" (S.190).

Diese eingleisige Denkweise wird von modernen Forschern zunehmend in Frage gestellt. Mittlerweile haben Parapsychologen die

Phänomene systematisch im Labor untersucht und sind zu bemerkenswerten Ergebnissen gelangt. "Moderne Entwicklungen in verschiedenen wissenschaftlichen Disziplinen – in der quantenrelativistischen Physik, der Informations- und Systemtheorie, der Biologie, der Thanatologie, der Neurophysiologie und der psychedelischen Forschung – weisen aber darauf hin, dass der Geist und möglicherweise das Bewusstsein von jeher bestehende Eigenschaften der Natur und des Kosmos sind" (S.181).

Zu den modernen Forschungsrichtungen gehört die neue Physik, die auf der Quanten- und Relativitätstheorie aufbaut, wie sie von Frank Capra in *Wendezeit* und *Das Tao der Physik* dargestellt wird, sowie Rupert Sheldrakes Theorie der morphgenetischen Felder. Auch David Bohms Grundlagen eines dynamischen Holismus, die Astrophysik von P. Davies in *God and the New Physics*, sowie Karl Pribrams holographisches Modell des Gehirn in *Languages of the Brain* u.a. haben frischen Wind in die verkrusteten Strukturen des Wissenschaftsbetriebs gebracht.

Verschiedene parapsychische Phänomene erscheinen durchaus möglich und plausibel. „Den zukünftigen ernsthaften Forschern auf diesem Gebiet stellt sich die Aufgabe, die meist vereinzelten Berichte über das Auftreten solcher Phänomene unvoreingenommen mit wissenschaftlicher Sorgfalt zu überprüfen und die zugrunde liegenden Theorien in moderner Weise umzuformulieren", erklärt St. Grof. Dass Gedanken eine Kraft sind, die Materie zu beeinflussen vermag, hätte man in früheren Zeiten nicht für möglich gehalten, sondern Annahmen dieser Art ins Reich der Phantasie und Magie verwiesen. Jungen Wissenschaftlern in Frankreich ist es mittlerweile gelungen, kleine, fliegende Drohnen zu entwickeln, die sich mit Gedankenkraft aktivieren und lenken lassen. (Vgl.: ARTE Futuremag vom Jan. 2016) Computerprogramme werden entwickelt, die sich nach ausgiebigem Training durch die Kraft der Gedanken steuern lassen.

Die so genannten ‚magischen' Geheimnisse werden sich höchstwahrscheinlich nach und nach als Naturkräfte erweisen, deren Besonderheit allein in ihrer Unkenntnis besteht.

Moderne Naturwissenschaftler sind sich immerhin der Schwierigkeit bewusst, die Wirklichkeit objektiv erfassen zu können, da es nicht möglich ist, den Beobachter von dem beobachteten Gegenstand zu trennen. Anzunehmen ist, „dass nicht jeder in der westlichen Welt die gleichen Vorstellungen von der Wirklichkeit hat. Diejenigen, die heute an der vordersten Front der Forschung und des Denkens stehen, werden der subjektiven, relativen Beschaffenheit der Realität mit Sicherheit am tolerantesten gegenüberstehen", lautet die Ansicht der amerikanischen Anthropologin Felicitas Goodman (S.184). Die Wissenschaftlerin hat selbst Erfahrungen in unterschiedlichen Bewusstseinswelten gesammelt und verfügt daher über einen erweiterten Realitätsbegriff.

Die Sicht der Naturwissenschaft wird ergänzt durch die Auffassung moderner Creationisten, die Evolutionstheorie in einem neuen Licht zu sehen, ohne dabei wissenschaftliche Grundsätze über Bord zu werfen. Der Begriff der Schöpfung erhält damit eine neue Bedeutung, die ihr solange verwehrt blieb. Das Bedürfnis hinter der Frage nach jenseitigen Geheimnissen ist der Wunsch nach transzendentem Wissen und Erleben. Bei der Beschäftigung mit Themen, die über das allgemein bekannte Weltbild hinausgehen, spielt die so genannte *nichtalltägliche Wirklichkeit* eine Rolle. Dieser Begriff, bekannt durch die Ethnologie und Anthropologie, ist seit dem Zeitalter der Aufklärung immer mehr in das Reich des naiven Volksglaubens abgedrängt worden.

Die Art und Weise, wie Menschen die Welt wahrnehmen, ist in der Regel antrainiert. Ein Kind lernt frühzeitig, alle seine Wahrnehmungen so zu deuten, dass diese mit der Beschreibung der Welt der Erwachsenen übereinstimmen. Auf diese Zusammenhänge verweist Carlos Castaneda (in: Reise nach Ixtlan, S.8f.). Neben der sichtbaren, materiellen Welt existiert eine andere Realität, die auf einer anderen Weltbeschreibung beruht. Alles, was unseren Sinnen zugänglich ist, macht nur einen kleinen Ausschnitt der tatsächlich existierenden Realität aus. Alle menschliche Erkenntnis wird im Bewusstsein zusammengesetzt, daher kann die transzendente Welt nicht ohne weiteres wahrgenommen werden. So gesehen kann die uns bekannte Welt als Illusion bezeichnet werden.

„Zum einen ignorieren wir die Tatsache, dass wir es lediglich mit einer einzigen, ganz bestimmten Ausdrucksebene der Realität zu tun haben, zum anderen machen wir uns nicht bewusst, dass auch dieser Manifestationsbereich unendlich ist. So sehr wir uns auch bemühen, unter Zuhilfenahme aufwendiger technischer Mittel unsere Sinneswahrnehmungen zu erweitern, es wird uns niemals möglich sein, den grenzenlosen Bereich der materiell-energetischen Manifestation zu erfassen", erklärt Lothar-Rüdiger Lütge (S.98). Unser Wahrnehmungsvermögen ist mithin auf lediglich einen Teilbereich der materiellen Welt beschränkt. Zudem nehmen wir nur diejenigen Inhalte wahr, auf die wir unsere Aufmerksamkeit richten.

Diese einseitige Richtung der Aufmerksamkeit fixiert uns auf die materielle Realitätsebene. Der Weg, diese Fixierung zu lösen und andere Ebenen der Wahrnehmung zu erreichen, besteht in spirituellen Übungen, Meditationen und Initiationen, wie sie z.B. in den Werken von Rudolf Steiner oder Carlos Castaneda beschrieben werden. Die neben der sichtbaren Wirklichkeit existierende ‚andere Realität' ist die *nichtalltägliche Wirklichkeit.* Öffnen sich die Sinne für diese ‚zweite Aufmerksamkeit', erlangt der Mensch die Fähigkeit, zuvor unsichtbare Wahrnehmungsebenen zu erfassen.

Mit der Annahme einer ‚nichtalltäglichen Wirklichkeit' geht ein ‚nichtalltäglicher Bewusstseinszustand' einher, der manchmal als religiöse Trance beschrieben wird. Diese andere, weitgehend unbekannte Seite der Wirklichkeit weist auf die Einseitigkeit von Rationalismus und wissenschaftlicher Aufklärung hin. Wünschenswert wäre es, zwischen der wissenschaftlichen Erklärung parapsychologischer Phänomene und der Anerkennung von Inhalten des Volksglaubens eine Verbindung herzustellen und nicht mehr lediglich mit dem Reflex der Ablehnung oder Verdrängung zu reagieren, wenn Unbekanntes und Unerklärtes ans Licht kommt.

Der indische Lehrer Swami Vivekananda vertritt die Ansicht, Wissenschaft funktioniere am besten, wenn sie in Harmonie mit der Natur sei. Wenn die Menschheit diese beiden zusammenbrächte, könnten ihnen Entdeckungen von großer Tragweite – wie z.B. die Entdeckung der ‚Freien Energie' – gelingen. Harmonie mit der Natur schützt die Menschen zudem vor den Folgen eines übertriebenen Raubbaus an den Ressourcen der Erde und der zunehmenden Umweltzerstörung, die für nachfolgende Generationen zu einem sich immer weiter ausbreitenden Problem werden wird.

Technik und Bewusstsein

Jedes Ding hat eine ihm innewohnende Tendenz, sich in sein Gegenteil zu verkehren.

Telekommunikation und Bewusstseinskontrolle

Unterbewusster Einfluss durch die Medien

Die Technisierung des Lebens, die Vernetzung der Kommunikationswege, kann sich problematisch auf die Entwicklung der menschlichen Psyche auswirken. Je mehr maschinelle Geräte und technischen ‚Errungenschaften' einen Menschen umgeben, desto mehr wird seine ehemals lebendige Wahrnehmung eingeschränkt und eine mechanisierte, unlebendige Welt tritt an ihre Stelle. Kinder, die den von der Technik erzeugten Bildern, Klängen, Geräuschen, Zeichen etc. ausgesetzt werden, haben es schwer, feinere vitale Vorgänge und Erscheinungen wahrzunehmen. Die übersinnliche, geistige Welt bleibt ihnen weitgehend verschlossen. (Vgl.: Flensburger Hefte. Hellsehen, S.106f.)

Rudolf Steiner hat zu Beginn des 20. Jahrhunderts auf die Möglichkeiten hingewiesen, sich übersinnliche Erkenntnisse und erweitertes Wissen zugänglich zu machen. Er geht davon aus, dass neben der uns umgebenden Sinnenwelt noch eine übersinnliche, geistige Welt existiert. Die materielle Welt ist für ihn nur eine besondere Erscheinungsform der geistigen Welt. Eine zunehmende Lockerung des menschlichen Ätherkörpers, die zum Entwicklungsprozess der heutigen Zeit gehört, könnte übersinnliche Wahrnehmungen ins Bewusstsein dringen lassen. Die Technisierung des Lebens steht dieser Wahrnehmung allerdings im Wege.

Mit der Entwicklung der Massenmedien ist es möglich geworden, große Teile der Bevölkerung gezielt in ihrem Denken und Verhalten zu beeinflussen und zu lenken. „Es ist fatal zu glauben, Massenmedien böten umfassende, ausgeglichene und wahre Information. Halbwahrheiten, Verdrehungen und Fälschungen sind eher die Regel als die Ausnahme", kritisiert Heiner Gehring (S.9). Aufgrund der dauernden Berieselung durch die Medien verlernen Menschen, sich ausreichend zu konzentrieren. Scharfsinniges Denken ist dabei kaum noch möglich. Eine einseitige, tendenziöse Berichterstattung, die mittlerweile in den meisten Ländern anzutreffen ist, lässt den Wahrheitsgehalt in den Hintergrund treten. Vor allem das Fernsehen hat sich als wirkungsvolles Instrument zur Kontrolle der öffentlichen Meinung erwiesen.

Mittlerweile macht das Internet zwar dem Fernsehen die Vormachtstellung streitig, doch die Manipulation durch Massenmedien geht unverändert weiter. Unterschwellige Botschaften können unbemerkt in die Übermittlung eingeflochten werden, ohne den Verstand mit einzubeziehen. Dabei werden gezielt Befehle in verschiedene Geräusche eingemischt und gelangen so unbemerkt in das menschliche Bewusstsein. Suggestionsformeln können in jedes niederfrequente Geräusch eingemischt werden, z.B. in erregte Diskussionen während des Telefonierens oder auch in den Lärm von Straßenbauarbeiten! Besonders leicht gelingt dies während einer Radiosendung oder bei Musikübertragungen. (Vgl.: Heiner Gehring, S.223.)

Hypnose-Experimente haben hinlänglich bewiesen, wie sehr der menschliche Geist fremden Einflüssen unterliegt. Das normalerweise dominierende Wach- und Tagesbewusstsein wird in der hypnotischen Suggestion zurückgedrängt. Die unterbewusste Wahrnehmung dringt in höhere psychische Bereiche vor und macht gegenüber dem verdrängten Wachbewusstsein seinen Einfluss geltend. Hypnose und Telepathie wurzeln beide in den tieferen Schichten des menschlichen Bewusstseins, was ihren Einsatz im Verbund sinnvoll erscheinen lässt, bemerkt Ernst Meckelburg (S.93). Er beschreibt, wie Hypnose auf telepathischem Wege zustande kommt: In tele-hypnotischen Experimenten in der Sowjetunion wurden „ahnungslose Patienten über große Entfernungen hinweg durch telepathisch vermittelte Befehle in kurzen Abständen immer und immer wieder aus dem Schlaf geweckt... Man suggerierte ihnen unter anderem, dass sie sich verbrennen würden, woraufhin sich auf ihrer Haut tatsächlich Brandflecken zeigten" (S.85f.).

Auch die in normalen TV-Spots rasch aufeinander folgenden Bilder oder Bildstreifen zielen auf eine Aktivierung und Beeinflussung des Unterbewusstseins ab. Die Botschaften werden in einem Tempo gesendet, welches das Auge nicht bewusst erfassen kann. Andererseits werden Töne extrem leise unterhalb der bewussten Wahrnehmungsschwelle eingespielt. Das Gehirn ist grundsätzlich fähig, auch solche Informationen zu erfassen, die das Wach-Bewusstsein nicht direkt wahrnimmt. Eine unterschwellige (subliminale) Programmierung findet statt.

Unterbewusste Beeinflussung kann grundsätzlich auch für konstruktive Ziele, wie z.B. Nikotin- und Alkoholentwöhnung, eingesetzt werden, wie Ernst Meckelburg anhand eines Beispiels aufzeigt: „Hierfür wurden in den USA bereits vor Jahren spezielle Subliminalprogramme angeboten, die sich mit einem EID-Gerät (Electronic Interface Device) über einen Heimcomputer in laufende Fernsehprogramme einspeisen lassen" (S.91f.). Dennoch ist die Möglichkeit einer solchen Programmierung in höchstem Maße bedenklich.

Psychotronik

Der Terminus *Psychotronik* umfasst sämtliche PSI- oder Para-Phänomene. Unter der Überschrift: *Die Psycho-Waffe. Elektronik contra Bewusstsein* schreibt Ernst Meckelburg „Die gezielte, zuverlässige Einflussnahme auf das psychische und physische Verhalten größerer Menschenansammlungen gehört zu den wichtigsten Zielen der strategisch genutzten Psychotronik" (S.249f.).

Da zwischen Gravitationswellen und Lebewesen eine permanente Wechselwirkung besteht, kann eine gezielt angewandte starke Gravitationsstrahlung sich zerstörerisch auf das Bewusstsein hochorganisierter Lebewesen auswirken. Von den elektromagnetischen Wellen könnte sich die gepulste Mikrowellenstrahlung (300 MHz bis 300 GHz) zur Manipulation von Lebewesen als besonders wirksam erweisen, indem sich neuronale Schaltvorgänge im Gehirn nachhaltig beeinflussen lassen. Auch extrem niedrige Frequenzen (ELF-Wellen[9]) eignen sich aufgrund ihrer psychoaktiven Wirkung zur Bewusstseins-Beeinflussung. Die Gehirnwellen der von starken ELF-Emissionen überschütteten Personen gleichen sich der künstlich induzierten Frequenz an.

Der Autor führt weiter aus: „Psychotronische Signale lassen sich übrigens nicht nur mittels spezieller ELF-Antennen verbreiten, sondern auch in jedem Signalträger – z.B. Fernsehen, Radio, Telefon, Satellitenfunk, Stromleitungen – entweder direkt oder über deren Energiezufuhr einspeisen." Schwache elektronische Impulse gelangen unbemerkt in das zentrale Nervensystem, wo sie unterschiedliche Reaktionen auslösen. Mittels psychotronischer Informationen könnte man große Teile der Bevölkerung eines Landes ohne ihr Wissen konditionieren.

In dem Film *Digital Virus – Killer im System* von 1999 mit Robert Wagner in der Hauptrolle wird die potentielle Gefährdung durch mo-

---

[9] ELF-Wellen (extra low frequency /Niedrigstfrequenzwellen von 1-100 Hertz) = eine spezielle Form der Radiowellen, die Nicola Tesla Anfang des 20. Jahrhunderts entdeckt hat.

derne Massenmedien dramatisch in Szene gesetzt: In Seattle werden immer mehr Menschen Opfer einer Seuche. Die Suche nach dem Ursprung der schrecklichen Krankheit führt zu einer unglaublichen Entdeckung: Ein neues, zukunftsweisendes TV-Empfangsgerät verbreitet Computerviren, die zu wirklichen Krankheitserregern mutiert sind. Die Gefahr einer Massenepidemie rückt in greifbare Nähe.

Mit ELF-Wellen, befasst sich auch Mark Brauneis, der behauptet, mit diesen niederfrequenten Wellen könnten die Gehirnwellen und somit das menschliche Bewusstsein manipuliert und kontrolliert werden: „Physikalisch kann man sich dieses Procedere folgendermaßen vorstellen: Die Hirnwellen eines Menschen senden auf einer bestimmten Frequenz, so wie ein schwacher Radiosender. Wenn man nun auf ein Tachyonenfeld ELF-Wellen aussetzt und diese auf einen Menschen richtet, kann man die Frequenz der Hirnwellen stören. Ein Entkoppelungseffekt von elektronischen Funktionen im Hirn führt dazu, dass schwere Störungen im Wachbewusstsein eines Menschen ablaufen. Dadurch werden die neurologischen und physiologischen Funktionen des menschlichen Körpers beeinträchtigt, da eine Verminderung der geistigen Funktionen künstlich herbeigeführt wird" (S.123f.).

Das menschliche Bewusstsein wird empfänglich für Suggestionen aller Art. Sogar organische Störungen, wie ein Verschluss der Herzkrankgefäße oder der Hirnarterien, können physiologisch ausgelöst werden! Russland soll bereits seit 1960 mit diesen Wellen arbeiten und auch die USA setzen dieses Verfahren ein. Die US-Defence-Intelligence-Agency behauptet, es sei mittels dieser Wellen „ohne weiteres möglich, Töne und ganze Wörter im Verstand eines Menschen erscheinen zu lassen. Doch auch Schlaganfälle, Herzversagen, epileptische Anfälle und andere Krankheiten sind angeblich durch Fernsteuerung mittels ELF-Wellen auslösbar."

Eine weitere Methode, sich die ELF-Wellen nutzbar zu machen, ist die Erzeugung von gigantischen stehenden Wellen, die man mithilfe eines Verstärkers in die Ionosphäre der Erde senden kann. Das Auslösen von Erbeben, Überschwemmungen und anderen Naturkatastrophen rückt durch Erzeugung dieser stehenden Wellen in greifbare Nähe.

TV, Radio, PC und Mobilfunk

In den 50er Jahren des 20. Jahrhunderts kam man nach Angaben von Mark Brauneis in den Labors des amerikanischen Militärs zu dem Ergebnis, die einfachste Gedankenkontrolle der Bevölkerung könne über Radiowellen und Fernsehen erreicht werden, die man den Mitbürgern jeden Tag frei Haus liefert (S.234). Verantwortlich für diese gigantische Bewusstseinsmanipulation macht der Autor den Orden der *Illuminati*, einen okkulten Geheimbund, dessen Einfluss bis in höchste Regierungskreise reichen soll.

Die *Geistesschule der Goldenen Rosenkreuzer* warnt ebenfalls nachdrücklich vor den Gefahren des TV-Konsums (vgl.: J. Schootemeijer). Außer der Strahlungsgefahr sieht sie vor allem Gefahren psychischer Natur. TV-Geräte sind eine deutlich sichtbare Manifestation von *Big Brother*, die von George Orwell in seinem berühmten Buch *1984* bereits vorausgesagt wurden.

Das Fernsehen ist nicht lediglich eine zufällig erfundene technische Neuheit, sondern es wurde vielmehr zu einem bestimmten Zweck entwickelt. Ein ausgeklügelter Plan steckt dahinter, behauptet Schootemeijer. Mächte sind am Werk, die mithilfe der technischen Entwicklung die Menschheit vollkommen unter Kontrolle bringen wollen. Je unwissender und damit unbewusster man derartigen Gefahren gegenüber steht, desto wahrscheinlicher fällt man ihnen zum Opfer (S.108).

Die technischen Erfindungen haben die Macht, „die Aufmerksamkeit und das Interesse sowie die Seelen und Vermögen von Millionen Menschen fortwährend gefangen zu nehmen und zu halten. Das Fernsehen ist die hypnotischste, die eindringlichste und daher auch gefährlichste aller Erfindungen." Es steht allerdings zu vermuten, dass mittlerweile das Internet, Satelliten, Mobiltelefone, Sendestationen und PCs dem Fernsehen den Rang abgelaufen haben.

Schootemeijer sieht im Fernsehen ein Mittel der Machtausübung, mit dem die Gefühlswelt, der Wille und die Seele nahezu aller Menschen beeinflusst werden. Außer der elektromagnetischen Verunreinigung findet eine Verschmutzung von Geist und Seele jedes Einzelnen statt. Als Drahtzieher des Ganzen entlarvt die rosenkreuzerische Geistesschule okkult agierende Bruderschaften, die sie als *Spiegelsphärenbruderschaft*[10] bezeichnet.

Während des TV-Konsums werden die Zuschauer mit künstlicher Strahlungsenergie bombardiert, die zweckgerichtet gelenkt wird. Die Strahlung wird dem Zuschauer von dem fluoreszierenden Bildschirm aus direkt in die Augen projiziert. Sie dringt über den Augapfel ein und greift die endokrinen Drüsen sowie empfindliche Organe des feinstofflichen Ätherkörpers an (S.26f.). Veränderungen in den Zellen, die Degenerationen im menschlichen Körper verursachen können, finden statt.

Beim LCD-Bildschirm (Liquid Crystal Display) ist die Strahlengefahr zwar aufgehoben, bei den übrigen Geräten existiert sie aber nach wie vor. Im Emery-Report von 1975 wird festgestellt, dass während des TV-Konsums „die menschliche Gehirnwellen-Aktivität eine ‚charakteristische' Struktur annimmt: Die Verbindung zwischen der rechten und der linken Gehirnhälfte ist unterbrochen. Verständnis, Erkenntnis und analytisches Denken sind blockiert, während der Tagtraum weitergeht. Das bedeutet, dass jede übergreifende Verarbeitung, also das Bewusst- und Nutzbarmachen unbewusster Eindrücke, ausgeschaltet ist. *Die Information dringt ein und wird unmittelbar im Gedächtniszentrum gespeichert, also ungefiltert, unverarbeitet, ohne bewusste Mitwirkung der Seele und der äußeren Welt"* (S.44).

Durch Fernsehen, Kino und PC öffnet sich die Psyche der Menschheit für Botschaften auf unterbewusster Ebene. Auch die kritische mediale Schriftstellerin Patricia Cori deutet auf die Gefährdung hin:

---

[10] Spiegelsphäre = eine andere Bezeichnung für die Astralsphäre

„Die Nachrichten überhäufen euch mit Katastrophen und Massen-spektakeln, und das Schreckgespenst menschlicher Grausamkeit und die fanatische Verehrung von Idolen macht euch blind für die Tatsache, dass eure Welt langsam in Dunkelheit zu versinken droht" (S.72).

Die große Anzahl an Funkantennen und die elektronische Vernetzung auf dem Planeten wird auch Jan van Helsing kritisiert. Sein geistiger Ratgeber erklärt, dass „all die gesendeten sinnlosen Worte" in die Struktur des Gehirns einfließen. Die elektromagnetischen Schwingungen werden auch in die Körperzellen implantiert, was für Verwirrung sorgt." (In: Wer hat Angst vor'm schwarzen Mann? S.121). Ein heilloses Durcheinander entsteht.

Heavy Metal Musik und ähnliche Klänge können zudem im Kopf eine Spaltung verursachen und die Zuhörer in tiefere Regionen des Seins hinabziehen. Auch der häufige Film- und Fernsehkonsum wirkt sich negativ aus: „Durch das ständige Einprasseln der Frequenzen des Films beginnt die Menschheit zu verblöden", schreibt van Helsing (S.271f.). Wenn der Fernseher den ganzen Tag über läuft, ist das Bewusstsein irgendwann nicht mehr in der Lage, abzuschalten. Der Zuschauer verlernt, seine eigene Denkfähigkeit zu gebrauchen; er wird immer abgestumpfter und entfremdet sich von sich selbst. Ein suchtartiges Verhalten entsteht. „Es geht darum, durch die Schwingungen das Gehirn vom Bewusstsein zu spalten." Doch bei van Helsing wird das Anschauen von Filmen oder Musikhören nicht rundweg verteufelt, denn es ist das Maß, das hier von Bedeutung ist und die Art der Musik, die gehört wird. Es liegt in der Verantwortung jedes Einzelnen, abzuschalten und regelmäßig Phasen der Ruhe zum Denken zu nutzen.

Durch technische Neuerungen steht die Privatsphäre der Menschheit auf dem Spiel. Kostenlose Spionageprogramme, die über das Internet vertrieben werden, erlauben es Hackern, sich in fremde Rechner, Tablets, Fernseher und sogar Überwachungskameras einzuschalten. Hunderttausende werden weltweit Opfer von Webcam-Piraten. Die Piraten beobachten ihre Opfern, die sie ‚Sklaven' nennen, oft monatelang und erpressen sie anschließend mit Videos und Bildern, die ihnen die Webcams liefern.

Nicht nur Webcams am PC sind betroffen. Auch Fernseher mit einer Internetverbindung, sogenannte *Smart-TVs*, sind für Hacker leicht zugänglich. Der beste Schutz dagegen ist es, die Internetfunktion des Smart-TVs nicht zu nutzen. Die Webcam am PC sollte man bei Nichtbenutzung immer abkleben, um Webcam-Piraten den Zugriff zu verwehren.

Eine Abgrenzung der Psyche gegen derartige Übergriffe, sowie gegen die negative Informationsflut, ist dringend erforderlich. Die Preisgabe der Privatsphäre und die Aufnahme all der Unglücksmeldungen und Hiobsbotschaften, mit denen die Zuschauer täglich überflutet werden, entscheiden über das Maß der Einflussnahme dunkler Kräfte auf das Bewusstsein der Menschheit.

Beim TV-Konsum ist die ungeteilte Aufmerksamkeit enorm wichtig, um Infiltrationen durch artfremde Energie zu vermeiden. Diese Infiltration entspricht einem Plan geheimer Mächte, so lautet die Botschaft aus der geistigen Welt:

Der Plan ist äußerst durchtrieben und geschickt und er stößt bislang auf wenig Gegenwehr, da den Menschen nicht klar ist, was vor sich geht. Der TV-Konsum schadet nämlich nicht nur dem feinstofflichen Kleid, sondern auch dem physischen Körper, der ja auf die Signale aus dem Feinstofflichen angewiesen ist. Die Signale werden mit der Zeit immer verwirrender und chaotischer, so dass Fehlfunktionen im physiologischen Bereich die unvermeidbare Folge sind.

Die Urheber des Programms sind mächtige Wesenheiten, denen es darum zu tun ist, eine Vormachtstellung auf der Erde zu erreichen. Sie infiltrieren jedes System soweit wie irgend möglich, um dann in einem gegebenen Augenblick die Kontrolle zu übernehmen. Diese ‚feindliche Übernahme' erfolgt nach und nach, fast unmerklich für die Betroffenen. Sie werden ‚ausgebootet', ihre Psyche wird zurückgedrängt, um einem anderen, fremden Bewusstsein den Platz zu überlassen.

Existieren auch positive Aspekte dieses Bewusstseinswandels?

Das menschliche Bewusstsein wird verwandelt in ein anderes, das nicht es selbst ist. Dieser Umstand weist auf die Art des Bewusstseins hin, von dem es übernommen wird. Die heimtückische Vorgehensweise verhindert eine angemessene Gegenwehr, weshalb sich der Menschheit kaum Chancen bieten, zu entkommen. Diejenigen Menschen, die sich dem Fernsehkonsum entziehen, - derer sind es nicht allzu viele -, werden den Abstieg der Menschheit kaum verhindern können.

Haben PCs nicht ähnliche Auswirkungen?

Ein PC sondert anders geartete Strahlungen ab. Diese befinden sich zwar ebenfalls im elektromagnetischen Spektrum (Feld), doch ist die Beeinflussung bei weitem nicht so nachhaltig und destruktiv. PCs sind als Instrumente geeignet, Arbeitsvorgänge zu erleichtern und abzukürzen, dennoch findet auch hier ein unmerklicher Einfluss statt, der nicht unterschätzt werden darf. PCs senden Strahlungen aus, die das Bewusstseins-Feld durchdringen und wieder verlassen. Die Schädlichkeit ist nicht in gleicher Weise gegeben wie beim TV-Konsum, denn PCs sind andersartig aufgebaut; sie haben nicht die gleiche molekulare Struktur, sie senden nicht auf der ‚gleichen Welle'. Doch vom häufigen Gebrauch eines PC ist gleichfalls abzuraten.

Wer seinen PC in einem anderen Zimmer als dem Wohnraum aufstellt, bleibt von den Strahlungen weitgehend unbehelligt. Der PC-Bildschirm hat den Vorteil, dass er negativ geladene Teilchen (Ionen) aussendet, welche das Körpersystem nur geringfügig angreifen.

Häufiger Fernsehkonsum ist das Mittel, Systeme mit artfremder Energie zu infiltrieren und Zerstörungen zu bewirken. Es geht um einen Eroberungsfeldzug größten Ausmaßes, der Menschen dazu bringen soll, sich mit artfremder Energie zu verbinden und ihr letztendlich das Terrain zu überlassen.

Es kommt nicht nur zu mentalen Ausfällen, vorübergehenden Bewusstseins-Verlusten, sondern auch zu feinmotorischen Störungen, zu Bewegungs- und Sehstörungen. Das gesamte Körpersystem gerät in Aufruhr, denn es ist sich auf einer gewissen Ebene der Probleme bewusst, sieht sich aber nicht imstande, etwas dagegen zu unternehmen. Die Infiltration erfolgt in einer Weise, die das körpereigene Abwehrsystem umgeht. Es ist nicht in der Lage, zu reagieren und entsprechende Schutzmaßnahmen zu ergreifen. Der körperliche Gesundheitszustand wird bei häufigem Fernsehkonsum immer desolater und anfällig für alle möglichen Infektionen und negativen Einflüsse. Die Menschen werden sozusagen ‚neu programmiert', ohne auch nur im Geringsten zu ahnen, was vor sich geht. Diese Programmierung gereicht ihnen aber durchweg zum Schaden, denn die Psyche und die körperliche Gesundheit werden bedroht.

Besonders instabile Menschen, die einen Großteil ihrer Zeit vor dem Bildschirm verbringen, sind anfällig für die besorgniserregenden Auswirkungen der destruktiven Infiltrationen.

Wie weit gehen die Versuche, das menschliche Bewusstsein mithilfe der modernen Technik zu verändern? Eine interessante Story über einen Schach-Computer, der in früheren Zeiten ein Mensch gewesen ist, regt zum Nachdenken an. Aus der geistigen Welt kommen zum Thema: ‚Verschmelzung von Licht und Metall' interessante Informationen:

Ein Schachcomputer, der ein denkender Mensch ist, existiert in dieser Weise nicht. Doch existieren ähnliche Strukturen, die einem Computer durchaus gleichen. Licht und Metall gehen eine Verbindung ein, wobei dem Metall die Lichteigenschaften aufgeprägt werden, nicht umgekehrt. Das Bewusstsein verschmilzt mit den Kathodenröhren[11] und kann sich dagegen nicht zur Wehr setzen.

Ein Bewusstsein, das in dieser Weise einen Verschmelzungsprozess durchläuft, ist zu einer freien Steuerung nicht mehr fähig und wird früher oder später seine Freiheit völlig verlieren. Kathodenstrahlen haben nämlich die Eigenschaft der Absorption, d. h. sie saugen nach und nach die Bewusstseins-Energie völlig in sich auf. Dies aber hat einen Zusammenbruch der Kohärenz zur Folge; das Bewusstsein spaltet sich auf in unzählige kleine Einzelteile. Diese Zersplitterung hat eine Verwirrung des Gesamtbewusstseins zu Folge, dennoch bleiben die Einzelteile weiterhin aktiv. Gewisse Bewusstseinskomponenten bleiben erhalten und sind fähig zur Ausführung einfacher Aktivitäten, wie sie z. B. für Steuerungsprozesse benötigt werden.

Diese Aktivitäten lassen erst nach einiger Zeit nach, weshalb dann ein Austausch der Bewusstseinsteile stattzufinden hat. Dieser Austausch geht nicht immer ganz reibungslos vonstatten, weshalb es zu Brüchen und Verzögerungen in den prozessualen Aktivitäten kommt. Verzögerungen dieser Art sind als Kapazitäts-Schwankungen bekannt. Übersteigen die Schwankungen ein bestimmtes Maß, dann kommt es zu Ausfällen, bspw. zu Stromausfällen, so dass ganze Städte oder Landstriche ohne Strom sind. Um dem vorzubeugen, werden die Leitungen in einer Weise verändert, die den Stromfluss ungehinderter fließen lässt. Eine Veränderung der Leitungsbahnen wird immer dann notwendig, wenn es zu Stockungen und Stauungen im Energiefluss kommt.

Das Bewusstsein wird aufgefangen in einem Netz, was nicht leicht zu erklären ist. Im Netz fließen magnetische Ströme, welche auf gewisse Bewusstseinsteile eine Anziehung ausüben. Die magnetischen Ströme verbinden sich paarweise mit ihren entgegengesetzten Bewusstseins-Teilen, woraus sich ein Gitternetz ergibt. Dieses Netz ist die Matrix der Erde und des Lebens. Das gesamte

---

[11] Kathodenröhren befanden sich früher allenthalben in Fernsehgeräten und PCs, *nicht* aber in Flachbildschirmen (LCD) und Laptops!

Sein fließt in diesen Energiebahnen, verbindet sich miteinander und trennt sich auch wieder. Die Matrix ist lebendig; ein lebendiges, vibrierendes Bewusstseinsfeld, welches unzählige Möglichkeiten für Jeden bereithält.

Welche Rolle spielt hierbei der PC?

Der PC ist eine Matrix im Kleinen; weit weniger gefahrvoll, als manche sich das ausmalen. Anstatt mit der Gesamtmatrix verbindet sich das Bewusstsein auf spielerische Weise mit der Matrix im Computer, was weder zu Ausfällen noch sonstigen Gefahren führt. Das Gefahrenpotential liegt eher in der Art der magnetischen Ströme, mit denen man eine Verbindung herstellen kann.

Die magnetischen Ströme in PC weisen eine höhere Intensität auf als die der Gesamtmatrix, und daher fällt es schwerer, sich von ihnen wieder zu lösen. Der häufige PC-Gebrauch führt zwar zu einer Verkettung der Energien, doch ist dies nicht unbedingt ein Nachteil. Die Bewusstseinsenergien verbinden sich mit ihnen ähnlichen zu einem Konglomerat, einem Energiemuster, welches einen Zuwachs an Möglichkeiten für das individuelle Bewusstsein bereithält.

Diese Verbindungen finden im alltäglichen Leben auch statt, nur nicht in dieser Ausprägung und Vielfältigkeit. Ein Zuwachs an Ideen und Kreativität kann hieraus resultieren, der im normalen Leben nicht zu erreichen wäre.

Jeder, der regelmäßig im Internet recherchiert oder eine Spielekonsole betätigt, wird feststellen, wie schwer es ihm manchmal fällt, wieder Abstand zu gewinnen und seine Gedanken von den Inhalten und Bildern zu lösen. Fast scheint es so, als wohne dem Bildschirm eine magnetische Kraft inne, von der ein Benutzer sich nicht ohne weiteres lösen kann. Es fällt ihm schwer, sein Bewusstsein abzukoppeln von der mannigfaltigen Welt der Bilder und Informationen. Ganz besonders die Online-Spielewelt hat die Macht, menschliches Bewusstsein zu faszinieren und zu fesseln. Viele Online-Spiele haben suchterzeugenden Charakter, der mit bloßer Spielsucht allein nicht ausreichend erklärt werden kann. Irgendetwas scheint das Bewusstsein wie ein Magnet anzuziehen, um mit zunehmender Häufigkeit und Länge der Spieldauer ein immer fester werdendes Band zu knüpfen.

Magnetische Ströme verketten sich anscheinend mit den menschlichen Energien in einem mittlerweile besorgniserregenden Ausmaß. Nur so ist es zu verstehen, dass gegenwärtig mehr als 10% der Südkoreaner Internet-süchtig sind. In China hat die Online-Sucht unter Jugendlichen ebenfalls in enormem Ausmaß um sich gegriffen. Die Sucht gilt dort als Krankheit, die in speziellen Therapie-Einrichtungen behandelt wird. Gefordert wird dabei ein rigoroser Verzicht auf den Gebrauch des Internets. Die Internet-Abstinenz soll zumindest solange andauern, bis die magnetische Anziehungskraft, der ein Benutzer sich kaum noch zu entziehen vermag, nachgelassen hat. Wenn sich die Verkettungen nach einer Weile gelöst haben, kann wieder mit der vorsichtigen Nutzung des Internets begonnen werden. Bei sich erneut abzeichnenden Anzeichen der Sucht ist es erforderlich, sich aufs Neue konsequent vom Bildschirm fernzuhalten.

Existieren geheimen Versuche im großen Stil, um das menschliche Bewusstsein zu manipulieren und zu kontrollieren? Grazyna Fosar und Franz Bludorf erwähnen ein amerikanisches Forschungsprojekt, an dem das US-Militär beteiligt war. Dessen Ziel bestand darin, Einfluss auf menschliche Gehirnfrequenzen zu nehmen (S.191f.). Das Projekt mit dem Namen *HAARP* (High Frequency Active Auroral Research Programme = Aktives Hochfrequenzprogramm zur Erforschung der Aurora) soll nach offiziellen Angaben physikalische Vorgänge in der Ionosphäre studieren. In den Weiten von Alaska wurde ein Wald von Antennen errichtet, der es ermöglicht, die Ionosphäre beinahe punktförmig mit hochfrequenter Radiostrahlung zu beschießen. Der Spiegeleffekt der Ionosphäre bewirkt, dass ein dorthin ausgestrahltes Signal wiederum punktgenau zu einem bestimmten Ziel auf der Erde geschickt werden kann.

Das menschliche Gehirn reagiert auf elektromagnetische Wellen, die in einem bestimmten Frequenzbereich liegen. Somit ist die Möglichkeit der Beeinflussung von außen gegeben. Die Frage lautet nun: Wurde in Alaska eine riesige *mind machine* errichtet, die auf das menschliche Bewusstsein oder Unterbewusstsein Einfluss nehmen kann? Ganz abwegig erscheint diese Sorge nicht.

Mittlerweile behaupten die Verantwortlichen, die Forschungseinrichtung *HAARP* geräumt und an den Staat Alaska verkauft zu haben, da die erzielten Ergebnisse nicht ausreichend gewesen seien und außerdem zu teuer waren. (Gesendet von: Pro 7, *Galileo Spezial: Secret places* vom 31.01.16) Pro 7 rühmt sich, als erster TV-Sender mit Erlaubnis der Verantwortlichen die Anlage betreten und dort gefilmt zu haben. Die Aufnahmen zeigen leere Büroräume, so weit das Auge reicht, und einen verwirrenden Wald von 180 Antennen. 300 Millionen Dollar hat das Projekt im Laufe der Jahre verschlungen.

Auch die Satelliten-Kommunikationsnetzwerke im All können, so berichtet Patricia Cori, zur Bewusstseinskontrolle missbraucht werden. Dies ist eine weitreichende These. In ihren medialen Texten hat die Autorin haarsträubende Zusammenhänge aufgedeckt, die ein kritisches Licht auf die moderne Technologie werfen. Die hochempfindlichen Apparaturen im All sind womöglich weit mehr als nur ‚Horchposten' und ‚Überwachungszentren'. Wahrscheinlich können sie nicht nur Frequenzen auffangen, sondern auch eigene Wellen ‚abschießen'.

Schutzmaßnahmen

Der Solarplexus in der Mitte des Körpers ist eine sensible Zone, in die bei Nichtbeachtung von außen kommende energetische Strahlen ungehindert eindringen können. Das Problem als solches zu erkennen, reicht aber noch nicht aus, sondern es ist notwendig, vorbeugende Maßnahmen zu ergreifen. Einige dieser Maßnahmen wurden bereits genannt. Doch es gibt noch andere Möglichkeiten, sich abzuschirmen. Ein Schutz ist besonders dann notwendig, wenn die Aura instabil ist.

Um die Strahlen, die der Fernseh-Bildschirm aussendet, abzuschwächen, ist es ratsam, ein Glas Wasser in der Nähe des Geräts zu platzieren. Wasser sammelt die Strahlen wie ein Brennglas und lenkt sie somit ab. Diese Funktion ist allerdings nur dann wirksam, wenn sich das Glas in einer Linie zwischen Bildschirm und Zuschauer befindet. Hat eine Infiltration bereits stattgefunden, dann helfen Warmwasserduschen, um den Einfluss abzuschwächen, sowie strikte Enthaltung vom Fernsehkonsum. Auch das Sonnenbaden mindert den Einfluss beträchtlich.

Eine weitere Möglichkeit ist das Anbringen einer Schutzvorrichtung, die geeignet ist, Strahlenemissionen aufzufangen. Dabei kommen verschiedene Materialien infrage: Ein Kristall, in die Nähe des Bildschirms platziert, absorbiert einen großen Teil der Strahlen. Den Bildschirm mit Seide abzudecken ist ebenfalls eine Möglichkeit, die Strahlen teilweise abzufangen. Besonders gut gelingt das Umleiten der Strahlen mit einem Becher Salz, der direkt vor den Bildschirm platziert wird. Salz hat bekanntlich eine reinigende Wirkung und ist imstande, nicht nur sichtbaren Schmutz zu entfernen, sondern ebenso unsichtbare Verunreinigungen aufzufangen, zu absorbieren und umzuwandeln. Diese Anwendungsmöglichkeit ist leider wenig bekannt und wird daher kaum angewendet. Salz kann den Solarplexus mehr schützen als alles andere. Es sollte möglichst frei von chemischen Zusatzstoffen sein und eine feste Konsistenz besitzen, denn nur der Salzblock ist in der Lage, die Energie abzufangen und festzuhalten. Streusalz besitzt diese Eigenschaften nur in ungleich geringerem Maße. Ein Salzkristall vollbringt wahre Wunder im Auffangen und Umwandeln negativer Energien.

Die destruktive Wirkung des TV-Konsums wird ebenfalls stark abgeschwächt, wenn das Bewusstsein des Zuschauers wach und aufmerksam bleibt und keine Ablenkung bzw. Zerstreuung zulässt. Vor allem im Zustand der Unkonzentriertheit können Energiestrahlen ungehindert vordringen und das menschliche System infiltrieren.

Daher ist für einen ungestörten Fernsehkonsum ein klares, in der Gegenwart verankertes Bewusstsein die notwendige Voraussetzung. Wird das Bewusstsein fortwährend abgelenkt und zerstreut, wird der Organismus massiv infiltriert von Strahlen, die destruktive Wirkungen entfalten. Diese Wirkungen sind bislang wenig oder gar nicht erforscht, doch sensitive Menschen spüren sie und leiden entsprechend darunter.

Im Allgemeinen gehen die Meinungen, den TV-Konsum anbetreffend, stark auseinander. In düsteren Zeiten kann ein gutes Unterhaltungsprogramm die Stimmung aufhellen und dort Zerstreuung bieten, wo sie dringend erwünscht ist. In schlaflosen Nächten kann ein spannender Film eine willkommene Ablenkung sein und eine rastlose Gedankentätigkeit unterbrechen. Zu empfehlen ist allerdings – wie bereits erwähnt – ein ausreichender Schutz, um die negativen Auswirkungen möglichst gering zu halten. Vor allem aber gilt es zu verhindern, in dunkle, depressive Stimmungen abzugleiten, denn aus diesem Tief wieder herauszufinden, ist äußerst schwer.

Die Macht-Elite

Eine geheime Schatten-Regierung, ein Machtkartell, arbeitet mit verdeckten Methoden, um heimlich unterbewusste Manipulationen des menschlichen Geistes vorzunehmen. Diejenigen, die im Hintergrund die Fäden ziehen, können zu jeder Zeit jegliche Information über jede x-beliebige Person auf unserem Planeten abrufen; ein eklatanter Verstoß gegen das unveräußerliche Recht auf Souveränität des Individuums, ereifert sich Patricia Cori: „Die Vereinigten Staaten, das ‚Mutterschiff' der Geheimregierung, haben in ihren Weltraumoperationen weitestgehend freie Hand und verstecken ihre Räubermethoden in den Programmen der NASA, deren Operationen vollständig aus den Taschen der Steuerzahler finanziert werden" (S.121). Dass die Überwachung weiter Teile der Bevölkerung, die von vielen besorgten Beobachtern bereits seit längerer Zeit angekündigt wurde, bereits fortgeschritten ist, wird in der Gegenwart immer offensichtlicher.

Einer geheimen Macht-Elite, die nur aus etwa 2000 bis 3000 Personen besteht, ist es mittlerweile weitgehend gelungen, die Herrschaft über die Erde an sich zu bringen, behauptet P. Cori. Manche von ihnen verbergen sich unter dem schützenden Mantel enormen Reichtums; andere wirken aus der Anonymität heraus. Sie alle betreiben Machtmissbrauch in großem Stil und haben sogar Methoden gefunden, das menschliche Verhalten zu beeinflussen. P. Cori ist davon überzeugt, dass diese ‚Geheime Regierung' als unteilbare Einheit agiert, was ihnen eine Vormachtstellung sichert (S.62f.). In ihrer Geschlossenheit ist sie der Menschheit überlegen.

Die Massen-Medien werden von der Macht-Elite als Mittel benutzt, einen großen Teil der Menschheit zu manipulieren und zu kontrollieren. „Eines Tages in nicht allzu ferner Zukunft wird Kommunikation ein weltweites Netz von Energie und Elektrizität umfassen, das zu zahlreichen Formen und Variationen innerhalb der Formen transformiert werden kann. Auf diese Weise könnte die Erde selbst in eine elektronische Kommunikations-Atmosphäre eingekapselt werden, die sie vollständig umschließt" erklärte B.N. Schwartz bereits 1973. (In: Human Connection and the New Media.)

Die neue Technik ist nicht grundsätzlich negativ zu bewerten, doch leider wird sie missbraucht. Superreiche Clans halten die Massenmedien unter ihrer Kontrolle. Dies ist ihnen möglich, weil die Nachrichten aus aller Welt in wenigen Nachrichtenagenturen zusammenlaufen. Diese Agenturen werden von einigen Wenigen kontrolliert, daher erfährt die Öffentlichkeit nur dasjenige, was dort geprüft und genehmigt wird.

Die Massenmedien sind ihre ‚globale Stimme', welche die Entfremdung der Menschen untereinander fördert. Bereits Kinder werden einer Videospiel-Konditionierung ausgesetzt, die sie immer mehr in ihren Bann zieht. Intellekt und Intuition werden daran gehindert, ihre Anlagen zu entfalten. Jeder Einzelne ist aufgerufen, sich nicht in diese diktierte Apathie hineinziehen zu lassen.

Das Welt-Management-Team, das die Macht auf Erden innehat, besteht aus einer Reihe von Familien-Clans. Es sind insgesamt nur einige Tausend Personen, die das Bank- und Finanzwesen, die Medien und den Fluss der Informationen rund um den Globus beherrschen, behauptet Barbara Marciniak (in: Die Lichtfamilie, S.159f.). Diese superreichen Familien-Clans sind über eine gewisse ‚Gedankenschwingung' mit unsichtbaren geistigen Wesenheiten verbunden. Sie benutzen bestimmte Techniken, um Menschen an niedrig schwingende Geistwesen anzuschließen, denen die erzeugte Energie zugute kommen soll.

Viele Werktätige arbeiten in großen Unternehmen an einem Computer, der an einen Zentralrechner angeschlossen ist. Unsichtbare Vampirwesen machen sich die von den Menschen dort abgegebenen Energien zunutze! Jeder, der einige Zeit vor dem PC sitzt, wird unter einer deutlichen Abnahme seines Energielevels leiden, wie Barbara Marciniak bemerkt: „Große Unternehmen wenden Methoden der Bewusstseinskontrolle an; sie verwenden euren Geist, um Energie zu erzeugen, mit der sie etwas für sich erreichen wollen. Personalcomputer sind nicht so wirkungsvoll." (In: Boten des neuen Morgens, S.135).

Beim häufigen Kontakt mit den Cyberwelten kommt der Grundsatz zum Tragen: *Worauf man sich emotional konzentriert, damit verbindet man sich.* Dies erklärt u.a. den Suchtcharakter, den Spieler am Computer entwickeln. Hierdurch verbindet sich das Bewusstsein der Spieler immer stärker mit den digitalen Autobahnen. Diese Verbindungen sind mit der Zeit nur noch schwer lösbar.

Die geistige Welt liefert weitere brisante Informationen hinsichtlich des nachtodlichen Zustandes:

Das menschliche Bewusstsein verwandelt sich in etwas, das es nicht ist; es wird manipulierbar von Mächten, die es nicht kennt und die mit konspirativer Heimlichkeit zu Werke gehen. Die Seelenenergie ist gefangen in einer riesigen Datei, der sie nicht entfliehen kann. Sie erleidet enorme Einbußen, da ihr Erfahrungshorizont begrenzt wird. Diese Art der Erfahrungen hat mit dem menschlichen Dasein nichts mehr gemein.

Löst sich unter ‚normalen' Umständen der Astralkörper nach dem Tod mit der Zeit auf?

Die Auflösung des Astralkörpers ist eine naturgegebene Einrichtung, welche den Fortschritt der Menschheit ermöglicht, in natürlicher Ausprägung. Maschinenwesen waren im ursprünglichen Plan nicht vorgesehen! Die Menschheit wird auf ein Niveau absinken, das zuvor unvorstellbar schien.

Die Astralwelt birgt doch gleichfalls unangenehme Überraschungen…

Über die Bedingungen auf dem astralen Plan ist zuwenig bekannt, was weitergehende Ausführungen und tiefere Einblicke im Augenblick nicht ermöglicht. – Der Vorgang hängt immer mit einem Transformationsprozess zusammen, bei dem niedrig schwingende Energie umgewandelt wird in die nächsthöhere Stufe.

…doch auf keine sehr angenehme Art. Ist die Natur nicht auch geprägt von Grausamkeit, wie bspw. Fressen und Gefressenwerden?

So oder so sind gewalttätige Aspekte der Lebensvorgänge nicht zu umgehen. Ein Sklavendasein im Cyberspace ist den natürlichen Vorgängen in keiner Weise überlegen.

Trotz der neuartigen Technologien ist es gottlob bisher noch nicht gelungen, den menschlichen Geist völlig zu beherrschen. Doch die Gefahr derartiger Technologien darf keineswegs unterschätzt werden. Handys, die in den vergangenen Jahren immer mehr an Bedeutung gewonnen haben, können ohne großen Aufwand von Hackern

geortet und entschlüsselt werden. Der Zugang zu sämtlichen persönlichen Daten ist damit eröffnet. Dies zeigt einmal mehr, wie dicht im
digitalen Zeitalter Selbstentfaltung und Überwachung beieinander
liegen.

Fernsteuerung durch Implantate?

Was immer du glaubst, hält dich gefangen.

Mind control

Mit *Implantat* oder *Mikrochip* werden winzige Geräte bezeichnet, die Informationen von außerhalb des menschlichen Körpers empfangen können oder die geeignet sind, Informationen an den menschlichen Körper zu senden. Über einen Chip, der ins Gehirn gepflanzt wird, können Hirnströme an ein spezielles Empfangsgerät gesandt werden. Bei gelähmten und sprachunfähigen Patienten wird diese Maßnahme als Therapie bereits in der Praxis angewandt. Das bekannteste menschliche Beispiel, mittels Gedanken einen Computer zu steuern und somit eine Kommunikation zu ermöglichen, war der englische Physiker Stephen Hawkins.

Der Autor Heiner Gehring bringt das Einsetzen von Implantaten in Verbindung mit Techniken der Bewusstseinskontrolle. „Im 21. Jahrhundert könnte Bewusstsein und Verhalten der Menschen durch technische und propagandistische Mittel nahezu lückenlos unter die Kontrolle staatlicher oder militärischer Stellen geraten", warnt er (S.9). Vor allem in den USA wurden in der Vergangenheit einer ganzen Anzahl von Personen im Rahmen von Forschungsprogrammen winzige Implantate eingepflanzt. Die implantierten Menschen dienten als Versuchskaninchen für die Wissenschaft (S.179f.). Seit über 50 Jahren werden ähnliche Forschungen betrieben; Experimente werden zu diesem Zweck von Regierungen und Militärs durchgeführt. Auch osteuropäische Länder haben bis in die Gegenwart hinein eifrig Forschungen zur Bewusstseinskontrolle vorangetrieben.

Ziel der Mind Control-Techniken ist die Konditionierung und Beherrschung des menschlichen Bewusstseins. US-Neurophysiologen vertreten die Auffassung, es sei aufgrund der Hirnforschung inzwischen möglich, direkt in cerebrale Mechanismen des Gehirns einzugreifen und menschliches Bewusstsein zu steuern. Der Menschheit droht eine neue Form der Versklavung, die ohne körperlichen Zwang auskommt. Das Bewusstsein und Verhalten von Menschen wird beeinflusst und kontrolliert auf eine verdeckte und geschickte Art und Weise. Die Betroffenen merken oft nicht einmal, dass sie manipuliert werden. Diejenigen, denen es auffällt und die unter der Beeinflussung leiden, finden kaum jemanden, der ihnen glaubt, geschweige denn zu wirksamer Hilfeleistung in der Lage ist.

Mittlerweile sind die Implantate winzig klein geworden. Sie können eingesetzt werden, ohne dass der Träger etwas bemerkt. „Die telemetrische Verbindung zu den Implantaten ist auch über sehr große Entfernungen kein Problem mehr: Satelliten ermöglichen es, weltweit an fast jedem beliebigen Punkt Kontakt mit einem Sender und Empfänger aufzunehmen", schreibt Gehring (S.186).

Um die Bürger auf den Einsatz von Implantaten vorzubereiten, verschweigt man ihnen die fortgeschrittenen Möglichkeiten der Verhaltenssteuerung. Stattdessen werden vor allem die nützlichen Einsatzmöglichkeiten der Chips hervorgehoben. Haus- und Nutztieren wird ein reiskorngroßer Sender eingepflanzt, mit dem jederzeit ihr Aufenthaltsort bestimmt werden kann. Der Vorschlag, Kindern *Biochips* einzupflanzen, dient angeblich allein dem Zweck, den Nachwuchs jederzeit orten zu können. Verurteilte Straftäter tragen eine elektronische Fußfessel, die ihre Überwachung ermöglicht.

Heiner Gehring weist darauf hin, „dass Menschen umso besser steuerbar sind, je mehr über sie bekannt ist. Es ist also fatal zu glauben: Wenn ich nichts zu verbergen habe, dann bin ich auch nicht gefährdet. Je mehr Möglichkeiten es gibt, Information über Menschen zu sammeln, umso mehr Wirkung kann Mind Kontrol haben. Weltweit hat die Kontrolle durch Information bereits begonnen" (S.198).

Implantate, die zu Mind Control-Zwecken einpflanzt werden, haben grundsätzlich zwei Funktionen, wie H. Gehring ausführt. Mit ihnen kann:

► ein Mensch nahezu vollständig überwacht werden,
► das Verhalten von Menschen ferngesteuert werden.

Biotelemetrie wird angewandt; um eine Informationsübermittlung zwischen einem Implantat und einem menschlichen Bewusstsein bzw. einem lebenden Körper vorzunehmen. Die Biotelemetrie durch Implantate kann einerseits der Übertragung medizinischer Daten dienen, wie es z.B. bei Herzinfarktpatienten geschieht, sie kann aber auch zu Mind Control-Zwecken eingesetzt werden. Die US-Militärforschungseinrichtung DARPA (Defense Advanced Research Projects Agency) kündigte an, man habe ein Projekt gestartet, das es Menschen mithilfe eines im Gehirn implantierten Chips ermöglichen soll, direkt mit Computern zu kommunizieren und sie auf diese Weise zu steuern.

Neben der militärischen Anwendung soll das Implantat neue Wege in der Behandlung verschiedener neurologischer Erkrankungen eröffnen. Es könnte dazu beitragen, die Situation von Menschen mit Behinderungen, wie Blindheit, Taubheit oder Querschnittslähmung zu verbessern. Das Implantat soll in der Lage sein, akustische und visuelle Informationen direkt in das Gehirn zu übertragen. Da das Militär involviert ist, stellt sich natürlich die Frage, für welche weitreichenderen Anwendungen auf diesem Gebiet geforscht wird?

In den Körper implantierte Sensoren machen es möglich, menschliches Verhalten ohne direkten Kontakt zu beobachten und zu steuern. Über einen ins Gehirn eingepflanzten Mini-Empfänger, der mit einem Sendegerät in Verbindung steht, kann eine direkte Einflussnahme erfolgen. Dieses Gerät kann die Daten der Hirnströme einer Person auffangen; damit ist eine elektronische Kontrolle des Bewusstseins gegeben. Derartige Zukunftsaussichten sind düster, aber sie werden nicht weniger prekär, wenn ein Grossteil der Menschheit vor dieser Gefährdung die Augen verschließt.

Bei starken Schmerzen oder während eines Schocks kann ein Implantat dem Astralkörper angeheftet werden, behauptet L. Kin. Das Implantat degradiert die Betroffenen zu einem Opfer, das sich ausge-

298

liefert fühlt. Und er fügt hinzu „Genauso wie man fremdes Gewebe in einen Organismus implantieren kann, lässt sich durch die Kombination von Schmerz, Drogen und Hypnose eine Idee in den Geist einer Person implantieren" (S.44). Auch ohne das Einsetzen von Implantaten sind die Möglichkeiten der Manipulation sehr vielfältig, und ein Ende ist nicht abzusehen. Das Vorenthalten von Sinnesreizen (*sensory deprivation*), kombiniert mit dem geschickten Einsatz von Belohnung und Bestrafung, ist ebenfalls dazu geeignet, eine Kontrolle über Verhalten und Persönlichkeit eines Individuums zu gewinnen.

In einer zukünftigen High-Tech-Zivilisation wäre es denkbar, Implantate als Erziehungsmittel einzusetzen. Gedankenkontrolle, wie bei George Orwell beschrieben, Gehirnwäsche, Elektroschocks und elektronische Überwachung werden möglich. Es bleibt zu hoffen, dass die Menschheit Mittel und Wege findet, diesem Schicksal zu entgehen.

Überwachte Adepten

Die Frage stellt sich, ob auch spirituelle Gruppen existieren, die mit Implantaten arbeiten? Dies ist durchaus der Fall, wie die geistigen Berater mitteilen. In bestimmten Fällen wird Probanden, die den geistigen Pfad beschreiten, eine Art Implantat eingesetzt, das von der geistigen Welt als *Nukleus*, *Spiegel* oder *Sonde* bezeichnet wird. Manchmal läuft ein Weg nicht geradeaus, sondern ist von Unebenheiten sowie Unterbrechungen geprägt und durchsetzt. In einem solchen Fall greifen die geistigen Mächte anscheinend zu einer besonderen, speziellen Vorgehensweise, die dem Zick-Zack-Pfad entspricht.

Was hat es mit Implantaten bzw. Sonden auf sich?

Die Sonden sind lediglich ein Hilfsmittel. Sie dienen der Orientierung und können sehr leicht wieder entfernt werden. Sie sind nur dann notwendig, wenn es gilt, spezielle Aufgaben zu bewältigen.

Wir sind nicht daran interessiert, einem Menschen in irgendeiner Weise zu schaden. Was ihn einige Zeit ärgert, kann sich später als Gewinn erweisen. Unter dem Einfluss des Helfergeistes soll mit der Zeit der gesamte Organismus harmonisiert und in eine höhere Schwingung versetzt werden. Dann wird der *Durchgang* durch das *Tor*, das Ziel jeder spirituellen Entwicklung, möglich. Die Sonden sind zur Bewältigung bestimmter Aufgaben unabdingbar. Ist das Ziel erreicht, werden sie nicht mehr benötigt.

Worin besteht diese Vorgehensweise?

Das ist nicht einfach zu erklären. Der Proband erhält eine Art Spiegel eingesetzt, was eine Aufzeichnung all seiner Lebensvorgänge ermöglicht. (*Zu welchem Zweck?*) Die Aufzeichnungen stellen sicher, dass uns keine seiner Handlungsweisen entgeht. Die Aufzeichnungen ermöglichen uns eine lückenlose Beurteilung seiner Lebensvorgänge, um Entscheidungen hinsichtlich des weiteren Werdeganges treffen zu können. Was manchem als unangenehme Maßnahme erscheint, hat allein den Zweck, dem Betreffenden kein Unrecht widerfahren zu lassen.

Das hört sich nach Überwachung an.

Wir betonen nochmals, die Maßnahmen werden zu Gunsten des betroffenen Individuums ersonnen, um unser Vorgehen auf sein Verhalten abstimmen zu können. Würden manche nicht in einer Weise Widerstand zeigen, die auch für uns nicht angenehm ist, hätten sie längst die lichten Höhen erreicht, nach denen sie sich zu Anfang gesehnt haben.

Wo bleibt da der freie Wille?

Der freie Wille wird dort eingeschränkt, wo Menschen auf dem Pfad straucheln und den Weg verlieren. Unsere Aufgabe besteht darin, die Schwingung anzuheben, damit der Weg nicht noch weiter nach unten führt. Wir eröffnen damit einen Weg, für den andere sehr dankbar wären. Wenn jemand die Entwicklung verweigert, droht ein tiefer Fall, von dem er nicht einmal zu träumen wagt!

Die Kapazitäten schrumpfen ohne die notwendigen Übungen. Das Bewusstsein reduziert sich immer weiter, bis das klare Denkvermögen aussetzt. - Wir hindern Menschen daran, zu schlafen und den Weg zu verfehlen.

Doch der freie Wille wird dabei außer Kraft gesetzt.

Ein freier Wille soll dazu dienen, den Menschen vorwärts zu bringen und nicht rückwärts.

Dies ist eine fragwürdige Sichtweise, denn ein freier Wille ist ja gerade gekennzeichnet durch die Tatsache, auch Irrtümer und Fehlhandlungen zuzulassen. – Nun erhielt ich noch einige Informationen zu dem besagten *Nukleus*:

Ein *Nukleus* ist Teil einer geistigen Entwicklung, Teil des geistigen Rüstzeugs, das es einem Menschen ermöglichen soll, sich geistig fortzuentwickeln. Auf lange Sicht gesehen kommt ein Mensch leicht vom Wege ab. Um ihn fortwährend an den geistigen Weg zu erinnern, ist ein geistiger Kern, ein so genannter *Nukleus* in ihn gelegt worden, der die Aufmerksamkeit anzieht und bündeln soll.

Er wird zum Freund oder zum Widersacher, je nach persönlicher Haltung des Individuums. Geht es den geistigen Weg bergauf, gibt er unschätzbare Hilfestellung, um den Probanden weiterzubringen. Im umgekehrten Fall kann er auf Tücken und Fallen hinweisen, welche den geistigen Pfad erschweren.

Nicht in jedem Fall wird dieser ,Nukleus' eingesetzt?

In vielen Fällen ist ein solcher Helfer nicht vonnöten, da die Entwicklung einen anderen Verlauf nimmt. Er kommt dann zum Einsatz, wenn die Gefahr eines Abweichens vom geistigen Pfad besteht und der Proband die Untiefen des Weges nicht allein durchschreiten kann. Der *Nukleus* wird dann als Widersacher empfunden, wenn negative Schwingungen die Oberhand gewinnen. Er wird immer versuchen, das Blatt zu wenden und dem Weg eine andere Richtung zu geben. Dieser Helfer hat das Potential, ein Bewusstsein in ungeahnte Höhen hinaufzutragen, die der Übende ohne ihn nie erreichen könnte. So gesehen ist er ein Segen, wenn er akzeptiert wird und der Übende auf dem Weg fortschreitet.

Sicher wird es einige Probleme mit der Akzeptanz dieser Aussagen geben, denn dieser *Nukleus*, der auch als Widersacher empfunden werden kann, ist wohl eine eher heikle Angelegenheit. Er soll einen Probanden ‚auf Linie' bringen und dort halten, was sicher nicht jedem gefällt. So gesehen wird er zum Ärgernis für den einen, während er dem anderen weiterhilft. Eine sehr zweischneidige Sache, da in vielen Fällen die freie Willensentscheidung des Probanden beeinträchtigt wird.

Bei *Falun Gong*, dem 1992 von dem Chinesen Li Hongzhi gegründeten ‚Kultivierungsweg', wird als Besonderheit dieses Weges ein sich drehendes Gebilde erwähnt, das *Falun* genannt wird. Dieses ominöse radähnliche Gebilde wird von einem Lehrer bei seinen Schülern eingesetzt. Das *Falun* besitzt angeblich universale Eigenschaften. Es wird sogar als intelligentes Lebewesen bezeichnet, das sich ununterbrochen am Unterleib eines Praktizierenden dreht. Dabei sammelt und verarbeitet es kosmische Energie. Diese Energie wird dann im menschlichen Körper umgewandelt bzw. erhöht in die sogen. ‚Kultivierungsenergie'.

Das *Falun*, auch als *Gebotsrad* bezeichnet, besteht angeblich aus ‚Hochenergie-Substanzen' und soll einen läuternden Effekt auf die Psyche des Praktizierenden erzielen. Es ist ein sich drehendes Rad, das von Hellsichtigen wahrgenommen werden kann. Seine Funktion besteht u.a. darin, das *Himmelsauge* (= Drittes Auge) zu öffnen. Menschen, deren Himmelsauge geöffnet ist, „können sehen, dass sich das Falun wie ein Ventilator dreht" (S.42).

Am Unterbauch dreht sich das Rad abwechselnd nach innen und nach außen. Es kräftigt angeblich den physischen Körper und bietet den nötigen Schutz gegen die Ausstrahlungen anderer Menschen. Auch fördert es die persönliche ‚Erlösung' des Praktizierenden. Den Kern des *Falun* bildet die buddhistische Swastika – das umgekehrte Hakenkreuz.

Bei der Innendrehung absorbiert das Rad Energie von außen; dreht es sich hingegen nach außen, wird Energie aus dem Organismus abgegeben. Menschen, die sich in der Nähe des Praktizierenden aufhalten, werden unmerklich davon beeinflusst. Die molekularen Bestandteile des physischen Körpers des Praktizierenden werden umgewandelt in ‚hochenergetische Substanzen'. Auf diese Art und Weise findet eine Läuterung der menschlichen Psyche statt. Obgleich die Veränderung nach außen nicht sichtbar wird, besteht der Körper nun nicht mehr aus seiner ursprünglichen Substanz.

Den Übenden wird geraten, beim Praktizieren unter allen Umständen einen klaren Kopf zu bewahren. Träumerei und Selbstvergessenheit sollten weitgehend vermieden werden, um das ‚Nebenbewusstsein' nicht zu stärken. Ist das Hauptbewusstsein nicht stark genug, dann könnte sich ‚etwas' an den Übenden heften. Auch wird verlangt, das ‚Leiden im Leiden' durchzustehen und das ‚Unerträgliche' auszuhalten, denn Leid ist angeblich das ‚Boot', um das grenzenlose Meer zu überqueren. Der Verzicht auf Eigensinn ist ebenfalls eine Grundforderung des Falun Gong. Hierzu wird allerdings keine nähere Erläuterung abgegeben.

Carola Cutomo erzählt in ihrem eindrucksvollen Erlebnisbericht, wie sie mit geschlossenen Augen ein seltsames Gebilde durch ihren ganzen Körper wandern sieht. Sie bezeichnet das Gebilde als eine Art *Rosette*. Zeitweilig identifiziert sie das Gebilde mit ihrer Seele bzw. mit der Seele desjenigen Geistwesens, das in ihr wohnt. Ob die *Rosette* Ähnlichkeiten mit dem Rad des Falun Gong aufweist oder sogar mit ihm identisch ist, kann nicht geklärt werden.

Inwieweit sich das *Falun*, das sich drehende intelligente Wesen, dem Bewusstsein des Praktizierenden bemerkbar macht, ist ebenfalls nicht bekannt. Erklärt wird immerhin, dass dieses Wesen tief in den Körpermechanismus eingreift und sogar die molekulare Zusammensetzung verändert. Die vermuteten tiefgreifenden psychologischen Veränderungen, die mit der Aktivierung des *Falun* einhergehen, beruhen auf den Ausführungen des Falun Gong.

Interstellare Wesen

Das amerikanische *Channel*-Medium JZ Knight erhielt von dem Geistwesen *Ramtha* einige brisante Informationen über Sonden, die von dekadenten interstellaren Wesenheiten einer ganzen Anzahl ausgewählter Menschen eingepflanzt werden (S.47f.). Ramtha erwähnt auch die Körperstellen, an denen die Sonden platziert werden: Sie befinden sich an den Ohren, beim Sehnerv, in der Nase und am oberen Teil des Mastdarms. Die Implantate, die sich in der Nähe des Sehnervs befinden, gestatten fremden Wesenheiten, durch menschliche Augen zu sehen. Durch die Sonden hinter dem Ohr erfahren sie, was die Person spricht. „Sie wissen, was ihr lest, was ihr hört, was ihr sprecht. Sie wissen, wohin ihr geht. Sie studieren euch. Und es sind die Keim-Leute, die die Sonden tragen", erklärt Ramtha unumwunden (S.179f.). Die Wesenheiten betätigen sich demnach als eine Art Spion!

‚Was ist mit dem freien Willen?' lautet die überaus berechtigte Frage. Ramtha hat auch eine Antwort darauf: Das ungefragte Einsetzen von Sonden wird begründet mit der mangelnden Rechtschaffenheit der Menschheit; mit der allenthalben anzutreffenden Missachtung der Natur, dem rüden Umgang mit der Tierwelt, der Zerstörung der Erde aufgrund von Borniertheit und vorgefassten Meinungen. Angeblich dienen die Sonden zudem der Bewahrung der Gattung Mensch!

Die Implantate beschreibt Ramtha als kleine, stachelige, birnenförmige Einpflanzungen im oberen Bereich der Nase und an verschiedenen Stellen des Körpers. Ein Kennzeichen für ein Nasen-

Implantat sind Blutstropfen, die am Morgen auf dem Kopfkissen zu sehen sind. Den Wesen, welche die Chips einpflanzen, kommt hierdurch ‚große Einsicht' über die Lebensweise der Menschen zu. Es sind angeblich interstellare Wesenheiten: Kleine, menschlich aussehende Wesen mit großen Augen, die in vergangenen Zeiten nach einer ‚Zuchtkolonie' Ausschau hielten und die Erde auserkoren haben. Da sie dekadent sind, haben sie sich dazu entschlossen, ihre Gene mit denen der Menschen zu kreuzen. Es geht ihnen darum, Emotionen kennen zu lernen, an denen es ihnen mangelt. Sie führen Experimente durch und hypnotisieren ihre Opfer, um Gegenwehr von vornherein auszuschließen.

Angeblich verbinden die Invasoren mit ihrem Vorgehen hilfreiche Absichten, da die Menschheit im Begriff steht, sich selbst zu zerstören (S.200f.). Die ‚Keim-Menschen' sollen diejenigen sein, die das kommende Desaster überleben. Die interstellaren Wesen sind Beobachter, die über alles, was auf der Erde vorgeht, unterrichtet sind, d.h.: *Die Welt steht unter Beobachtung.*

Implantate werden in Zukunft immer häufiger auch im alltäglichen Leben eingesetzt werden. Im medizinischen Bereich spielen sie bereits heute eine wichtige Rolle. Der Internet-Konzern *Google* vertritt die Auffassung, die Entwicklung von Implantaten sei nicht mehr aufzuhalten. „Es wird Implantate geben, die bereits eine Antwort geben, wenn man nur an etwas denkt", behaupten Vertreter des Konzerns. Google vergrößert sein Interessengebiet laufend und befasst sich gegenwärtig zunehmend mit der Entwicklung humanoider Robotertechnologie. (Bericht bei RTL: *Galileo* vom 10.11.15.)

Humanoide Roboter speichern zunehmend mehr Wissen über die Menschen ihrer Umgebung. Sie sind sogar in der Lage, menschliche Gefühle zu erkennen und darauf zu reagieren. Vor allem Japaner und Chinesen sind begeistert von den Anwendungsmöglichkeiten der technischen Geräte. In Japan wird sogar geplant, Roboter für die Unterrichtung der Kinder an den Schulen einzusetzen! Orwellsche Visionen rücken immer näher. Der Menschheit steht offenbar noch einiges bevor.

Literaturverzeichnis

Abelar T.: *Die Zauberin: die magische Reise einer Frau auf dem Yaqui-Weg des Wissens*; Bern 1994

Aivanhov, O. M.: *Die Antwort auf das Böse*; Reihe ‚Izvor' Nr. 210, Fréjus 1995

Eine universelle Philosophie; Reihe ‚Izvor' Nr. 206, 2.Aufl., Fréjus 1989

Die Freiheit, Sieg des Geistes; Reihe ‚Izvor' Nr. 211, 2.Aufl., Fréjus 1990

Menschliche und göttliche Natur; Reihe ‚Izvor' Nr. 213, 2.Aufl., Fréjus 1989

Die Sexualkraft oder der geflügelte Drache; Reihe ‚Izvor' Nr. 205, 4.Aufl., Fréjus 1990

Was ist ein geistiger Meister? Reihe ‚Izvor' Nr. 207, 3.Aufl., Fréjus 1989

Andrews, L.: *Der Geist der vier Winde*; München 1993

Aradi, Z.: *Wunder, Wissen und Magie*; Salzburg 1959

Augustat, W.: *Die Botschaft aus Schambhala*; Bergisch Gladbach 1997

Bardon, F.: *Der Weg zum wahren Adepten*; 13.Aufl., Freiburg im Breisgau 1994

Berry, V. u. a.: *Ein Kurs im Channeln*; Freiburg im Breisgau 994

Besant, A.: *Theosophie und moderne psychische Forschung*; Leipzig 1907

Bhagwan Shree Rajneesh: *Ich bin der Weg*; München 1979; siehe auch: Osho

Bierach, A. J.: *Hellsehen – ungehobener Schatz der Psyche*; 2.Aufl., München 1984

Blavatsky, H. P.: *Die Geheimlehre.* Hrsg. v. H. Troemel, 2.Aufl., Hamburg 2003

Persönliche Erinnerungen. In: Roerich-Forum Nr. 4/1994

Praktischer Okkultismus; 3.erweit.Aufl., Grafing 1992

Der Schlüssel zur Theosophie; 3.Aufl., Satteldorf 1995

Die Stimme der Stille; Hannover 1991

Unheimliche Geschichten; 3.Aufl., Hannover 1993

Blofeld, J.: *Die Macht des heiligen Lautes*; Frankfurt am Main 1978

Bo Yin Ra: *Das Buch der königlichen Kunst;* Basel und Leipzig 1932

Das Geheimnis; München 1923

Okkulte Rätsel; Leipzig 1923

Brauneis, M.: *Sieben: die wahre Weltordnung*; Irmenseul 2002

Brunton, P.: *Yogis: verborgene Weisheit Indiens*; Berlin 961

Butler, G.: *Tor zum Kosmos*; 3.Aufl., Planegg 1991

Butler, W. E.: *Die hohe Schule der Magie: über die Kunst, willentlich Bewusstsein zu verändern*; 5.Aufl., Freiburg im Breisgau 1994

Carroll, L.: *Alice hinter den Spiegeln;* Köln 2012

Kryon. Das Zeiten-Ende: Neue Informationen für persönlichen Frieden; Bd 1, 3.Aufl., München 2001

Castaneda, C.: *Eine andere Wirklichkeit: neue Gespräche mit Don Juan*; 242.-245. Tsd, Frankfurt am Main1993

Das Feuer von innen; 40.-43. Tsd, Frankfurt am Main 1992

Die Kraft der Stille: neue Lehren des Don Juan; 21.-25. Tsd, Frankfurt am Main 1993

Die Kunst des Pirschens; 72.-74. Tsd, Frankfurt am Main 1993

Die Kunst des Träumens, 2.Aufl., 13.-16. Tsd, Frankfurt am Main 1994

Die Lehren des Don Juan: ein Yaqui-Weg des Wissens; 354.-360. Tsd, überarb. Ausgabe, Frankfurt am Main 1991

Reise nach Ixtlan: die Lehre des Don Juan; 245.-250. Tsd, Frankfurt am Main 1993

Der Ring der Kraft: Don Juan in den Städten; 172.-174. Tsd, Frankfurt am Main 1993

Der zweite Ring der Kraft; 105.-107. Tsd, Frankfurt am Main 1993

Chopra, D.: *Der Weg des Zauberers: 20 Schritte, um im Leben das zu erreichen, was man will*; München 1997

Coelho, P.: *Das Schwert des Magiers: zwölf Einweihungen auf dem Jakobsweg*; München 1995

Coralf: *Maitreya. Christus oder Antichrist?* Haan 1997

Cori, P.: *Keine Lügen, keine Geheimnisse mehr*; Saarbrücken 2004

Cranston, S. und C. Williams: *H.P.B.*; 2.Aufl., Grafing 2001

Creme, B.: *Maitreyas Mission*; London 1990

Cutomo, C.: *Medialität – Besessenheit – Wahnsinn*; Flensburg 1989

Daskalos: *Esoterische Lehren*; siehe: Atteshlis, S.

David-Néel, A.: *Heilige und Hexer*; Leipzig 1931

Im Banne der Mysterien; München 1998

Meister und Schüler: die Geheimnisse der lamaistischen Weihen; auf Grund eigener Erfahrungen dargestellt, Leipzig 1934

Der Weg zur Erleuchtung: Geheimlehren, Zeremonien und Riten in Tibet; Stuttgart 1954

Dommer, W. (Hrsg.): *Wo die alten Götter weiterleben*; Freiburg im Breisgau 1990

Douval, H. E.: *Eros und Magie*; Büdingen-Gettenbach 1959

Drury, N.: *Der Schamane und der Magier: Reisen zwischen den Welten*; München 1997

Esotera: Nr. 02.1985, drin: Rogo, D.S.: *Die Abwehr von Psi-Angriffen*

Fiore, E.: *Besessenheit und Heilung: die Befreiung der Seele*; 2.Aufl., Güllesheim 1999

Fischer, F.: *Der Somnambulismus*; 3 Bde, Basel 1839

Fischer, R.: *Raumfahrt der Seele*; Freiburg im Breisgau 1975

Flensburger Hefte. Nr. 45: *Hüter der Schwelle*; Flensburg 1994

Nr. 60: *Die Impulse des Bösen am Jahrtausendende*; Flensburg 1998

Nr. 65: *Doppelgänger: der Mensch und sein Schatten*; Flensburg 1999

Nr. 66: *Hellsehen: der Blick über die Schwelle*; Flensburg 1999

Sonderheft Nr. 12, *Schwarze und weiße Magie*; 2.Aufl., Flensburg 1995

Fortune, D.: *Das karmische Band: die esoterische Philosophie der Liebe und der Ehe*; München 1988

Mondmagie: das Geheimnis der Seepriesterin; 3.Aufl., Woldert 2003

Selbstverteidigung mit PSI; Interlaken 1987

Fosar, G. und F. Bludorf: *Karmakurier*; Nr. 3, 1989

Fosar, G. und F. Bludorf; *Zaubergesang: der Schlüssel zur Wetter- und Gedankenkontrolle – Geheimnisvolle Erdfrequenzen*; München 1998

Franz, M.-L. von: *Träume*; Krummwisch 2003

Garside, A.: *Ich bin das Licht, die allumfassende Liebe*; Melsbach/Neuwied 1989

Gehring, H.: *Versklavte Gehirne: Bewusstseinskontrolle und Verhaltensbeeinflussung*; Rottenburg 2010

Geppert, H. J.: *Götter mit beschränkter Haftung*; München 1985

Giovetti, P.: *Engel: die unsichtbaren Helfer der Menschen*; Genf 1991

Goodman, F. D.: *Ekstase, Besessenheit, Dämonen: die geheimnisvolle Seite der Religion*; Gütersloh 1997

Gopi Krishna: *Das plötzliche Erwachen von Kundalini.* In: White, J.: Kundalini-Energie

Greber, H.: *Verkehr mit der Geisterwelt Gottes.* In: Internet: Spiritismus unter: www.j-lorber.de

Gregorius, G. A.: *Spaltungs-Magie. Magischer Brief Nr.2*; ohne Ort 1961

Groening, L.: *Die lautlose Stimme der einen Hand: Zen-Erfahrungen in einem japanischen Kloster*; Düsseldorf 1993

Grof, St.: *Das Abenteuer der Selbstentdeckung: Heilung durch veränderte Bewusstseinszustände*; Reinbek bei Hamburg 1994

Haich, E.: *Einweihung*; 3.Aufl., München 1991

Harner, M.: *Der Weg des Schamanen: ein praktischer Wegweiser zu innerer Heilkraft*; Interlaken 1982

Hasselmann, V. und F. Schmolke: *Welten der Seele: Trancebotschaften eines Mediums;* München 1993

Helsing, J.v.: *Geheimgesellschaften und ihre Macht im 20. Jahrhundert oder Wie man die Welt nicht regiert*; Bd 1 und 2, Gran Canaria 1995

Wer hat Angst vor 'm schwarzen Mann? 2.Aufl., Fichtenau 2005

Herrera, G.: *Das Tor: Reise nach Yeyecoaloyan;* München 1993

Höhle, S. u.a. (Hrsg.): *Rausch und Erkenntnis: das Wilde in der Kultur;* München 1986

Hofmann, A.: *LSD – mein Sorgenkind*; 8.Aufl., München 2000

Holroyd, S.: *Rätselwelt des Traumes*; London 1980

Jacobi, E.: *Channeln: Praxisbuch für die Kontaktaufnahme mit der Geistigen Welt;* München 2012

Johnson, J.P.: *Pfad der Meister: der Weg nach Innen durch den Yoga des Klangstroms*; 3. überarb. Aufl., München,
Engelberg/Schweiz 1985

Johst, G.: *Das ungeschliffene Juwel*; 2.Aufl., St. Goar 1989

Judge, W. Q. in: *Der Weiße Lotos*; Nr. 28, 1988

Das Meer der Theosophie; 5.Aufl., Hannover 2000

Jung, C. G.: *Die Dynamik des Unbewussten*; Zürich und Stuttgart 1967

Erinnerungen, Träume, Gedanken; Zürich und Stuttgart 1967

Erlösungsvorstellungen in der Alchemie. Psychologie und Alchemie, Bd 2, 3.Aufl., Olten und Freiburg im Breisgau 1989

Gesammelte Werke; Bd 8, Olten 1985

Der Inhalt der Psychose; 2.Aufl., Leipzig und Wien 1914

Psychiatrische Studien; Zürich und Stuttgart 1966

Das Rote Buch; Zürich 2009

Das Unbewusste im normalen und kranken Seelenleben: Ein Überblick über die moderne Theorie und Methode der analytischen Psychologie; Zürich u.a. 1929

Zur Psychologie sogen. okkulter Phänomene in: *Psychiatrische Studien*

Jussek, E. G.: *Begegnung mit dem Weisen in uns*; München 1986
Das Perlennetz; München 1988

Kalweit, H.: *Dunkeltherapie: Die Vision des inneren Lichts*; Burgrain 2004

Kardec, A.: *Das Buch der Geister*; 4.Aufl., Freiburg im Breisgau 1991
Das Buch der Medien; Freiburg im Breisgau 1987

Karmakurier s.: Fosar, G.

L. Kin: *Gott & Co: Nach wessen Pfeife tanzen wir?* Wiesbaden 1994

Larkins, L.: *Gespräche mit Außerirdischen*; 2.Aufl., Berlin 2005

Leadbeater, C. W.: in: *Der Weiße Lotos: Zeitschrift für geistige Entfaltung*, Nr. 24, 1987

Leadbeater, C. W. und A. Besant: *Gedankenformen*; 8.Aufl., Grafing 1999

Lectorium Rosicrucianum (Hrsg.): *Informationsbriefe.* (Nicht im Handel erhältlich.)

Leuenberger, H.-D.: *Sieben Säulen der Esoterik: Grundwissen für Suchende*; Freiburg im Breisgau 1989

Li Hongzhi: *Falun Gong: der Weg zur Vollendung*; München 1998

Lorber, J.: *Mögliche negative Folgen von Spiritismus, Magie, Wahrsagerei und Abgötterei.* In: Internet: Spiritismus unter: www.j-lorber.de

MacLaine, S.: *Der Jakobsweg: eine spirituelle Reise*; München 2001

Maclellan, A.: *Die verlorene Welt von Agharti*; Rottenburg 2003

Marciniak, B.: *Boten des neuen Morgens: Lehren von den Plejaden*; 10.Aufl., Freiburg im Breisgau 1996
Die Lichtfamilie: neue Botschaften von den Plejaden; 3.Aufl., Freiburg im Breisgau 1999
Plejadische Schlüssel zum Wissen der Erde; 6.Aufl., Freiburg im Breisgau 1996

Markides, K. C.: *Heimat im Licht: Die Weisheit des ‚Magus von Strovolos'*; München 1988

Der Magus von Strovolos; München 1988

Matthews, C. und J.: *Der westliche Weg*, Band 1: Ein praktischer Führer in die alten Geheimlehren; Reinbek bei Hamburg 1988

Meadows, K.: *Das Netz der Kraft*; München 1993

McClure, J.: Vywamus: *Die Kunst des Channelns*; 4.Aufl., Seeon 1989

McLean, P.: *Kontakte zu deinem Schutzgeist*; 10.Aufl., München 1992

Zeugnisse von Schutzgeistern; 3.Aufl., München 1989

Meister, Gurus, Menschenfänger siehe: Wilber, K. u.a.

Meurois-Givaudan, A. und D.: *Vom Geist der Sonne: die* Friedensbotschaft der Lichtgestalt aus Damaskus; München 1993

Meyrink, G.: *Der Golem*; Leipzig 1915

Das Haus zur letzten Latern: Nachgelassenes und Verstreutes; (Ullstein-Buch Nr. 22927), Frankfurt/M, Berlin 1993

Miers, H. E.: *Lexikon des Geheimwissens*; München 1993

Millman, D.: Der Pfad des friedvollen Kriegers; Interlaken 1992

Monroe, R. A.: *Der zweite Körper: außerkörperliche Reisen und Erfahrungen*; München 1987

Moser, F.: *Der Okkultismus*; Bd 1, München 1935

Nebelsiek, K.: *Wie man sich abschirmt*; s.: Internet

Nossack, H. E.: *Dieser Andere*; Frankfurt am Main 1949

Nowotny, K.: *Mögliche negative Folgen von Spiritismus, Magie, Wahrsagerei und Abgötterei.* In: Internet: Spiritismus unter: www.j-lorber.de

Orban, P.: Die Reise des Helden: die Seele auf der Suche *nach sich selbst;* 9.-10.Tsd., Frankfurt am Main 1995

Orwell, G.: Neunzehnhundertvierundachtzig; 22.Aufl., Zürich 1974

Osho: *Esoterische Psychologie*; 3.Aufl., Zürich 1991

Paracelsus: *Sämtliche Werke*; Bd 4, Jena 1932

Petersen-Lowary, S.: *Die fünfte Dimension: Wege in eine andere Realität*; München 1991

Peterson, W. S.: *Hinter den Kulissen wird die Welt verändert*; 3.Aufl., München 2002

Pieper, J.: *Begeisterung und göttlicher Wahnsinn*; München 1962

Pir Vilayat Inayat Khan siehe: Vilayat Inayat Khan

Ragaz, L.: Theosophie oder Reich Gottes? Erlenbach, Zürich 1922

Rama (Swami): *Unter Meistern im Himalaya*; Autobiographie, Darmstadt 2005

Ramtha: Ufos und die Beschaffenheit von Wirklichkeit; von JZ Knight, Burggen 1990

Rausch und Erkenntnis: das Wilde in der Kultur; München 1986

Rijckenborgh, J.van.: *Der kommende Neue Mensch*; Haarlem, 1954

Ritchie, G. und E. Sherrill: *Rückkehr von Morgen*; 31.Aufl., Marburg 2000

Roberts, J.: *Gespräche mit Seth: von der ewigen Gültigkeit der Seele;* 7.Aufl., Genf 1988
Die Natur der persönlichen Realität: ein neues Bewusstsein als Quelle der Kreativität; 3. Aufl., Genf 1988
Seth und die Wirklichkeit der Psyche: unbekannte Realität; Bd 1: *Die multidimensionale Existenz*; Bd 2: *Reinkarnation und Reisen des Selbst*; München 1989
Das Seth - Material; 3.Aufl., Genf 1989

Roesermüller, W. O.: Geister warnen vor Geistern! Nürnberg 1960

Roethlisberger, L.: *Der sinnliche Draht zur geistigen Welt*; 2.Aufl., Freiburg im Breisgau 1996

Rogers, M.: *Reise in unbekannte Welten: mediale Fähigkeiten entwickeln und anwenden*; Freiburg im Breisgau 1990

Rogo, D. S.: Die Abwehr von Psi-Angriffen, in: Esotera, Nr. 02.1985

Rudolph, H.: *Der alte und der neue Gott: ein Wegweiser in das neue Zeitalter*; Leipzig 1927 (*Theosophische Kulturbücher für wahre Lebenskunst und Lebensweisheit,* Nr. 47)
Die Gefahren des Okkultismus; 3.-5.Aufl., Leipzig 1921 (*Theosophische Kulturbücher für wahre Lebenskunst und Lebensweisheit,* Nr. 8)

Irrwege auf dem Pfade der Selbsterkenntnis; Leipzig 1919 (*Theosophische Kulturbücher für wahre Lebenskunst und Lebensweisheit*, Nr.11)

Mystik und Okkultismus; Leipzig 1928 (*Theosophische Kulturbücher für wahre Lebenskunst und Lebensweisheit*, N. 26)

Theosophie und Spiritismus; Leipzig 1924 (*Theosophische Kulturbücher für wahre Lebenskunst und Lebensweisheit*, Nr.24)

Ruppert, H. J.: Helena Blavatsky – Stammmutter der *Esoterik*. (EZW-Texte Nr. 155.) Berlin 2000

Sagan, S.: *Entity posession: freeing the energy body of negative influences*; Rochester, Vermont 1997

Savinio, A.: *Maupassant und der ‚andere’*; Frankfurt am Main 1988

Schiebeler, W.: Besessenheit und Exorzismus: Wahn oder *Wirklichkeit*? 2.Aufl., Ravensburg 1999

Schindler, M.: *Fragen und Antworten* s.: *Kanal-Sein für ‚Gott in uns’*
Kanal-Sein für ‚Gott in uns’; Phoenix-Netzwerk o.J.
Reinheitsgebote: Ethik und Gebote, Intensitätsstufen, mediale Ethik; Phoenix-Netzwerk, Wedel 2007
Was man tun kann: SOS-Nothilfe für mediale und sensitive Menschen (br.); Phoenix-Netzwerk, Wedel 2007

Schmidt, F. (Hrsg.): *Der Eremit: Erlebnisse in der Schule der Weißen Bruderschaft im Himalaya*; 3.Aufl., St. Goar 1993

Sigdell, J.E.: *Unsichtbare Einflüsse: Befreiung von anhänglichen Seelen und aufdringlichen Wesenheiten*; Hanau 2012

Smit, F.: *Gustav Meyrink. Auf der Suche nach dem Übersinnlichen*; München, Wien 1988

Staudenmaier, L.: *Die Magie als experimentelle Naturwissenschaft*; Leipzig 1912

Steiner, R.: *Blut ist ein ganz besonderer Saft: eine esoterische Betrachtung*; Berlin 1922
Erläuterungen zu Goethes Faust; Berlin 1922
Die Geheimwissenschaft im Umriss; 30.Aufl., Dornach 1989
Individuelle Geistwesen und ihr Wirken in der Seele des Menschen; Dornach 1974

Das Initiaten-Bewusstsein: Wahrheit und Irrtum in der geistigen Forschung; Dornach 1927

Kunst und Lebensfragen im Lichte der Geisteswissenschaft (GA 162), 1.Aufl., Dornach 1985

Die Schwelle der geistigen Welt; Aphoristische Ausführungen, 6-10.erweit.Aufl., Berlin 1921

Der übersinnliche Ursprung des Künstlerischen; Vortrag vom 12.9.1920, Dornach 1928

Die Welt der Sinne und die Welt des Geistes; Dornach 1933

Wie erlangt man Erkenntnisse der höheren Welten? (Ausgewählte Werke, Bd 4), Frankfurt am Main 1987

Stevenson, R. L.: *Der seltsame Fall des Dr. Jekyll and Mr. Hyde*; Köln 2005

Summer Rain, M.: Spirit Song: der Weg einer Medizinfrau; Reinbek bei Hamburg 1995

Swami Rama siehe: Rama (Swami)

Swami Vivekananda siehe: Vivekananda (Swami)

Taylor, T. L.: *Warum Engel fliegen können*; München 1991

Thoden, A. und I. Schmidt: *Der Mythos um Bhagwan: die Geschichte einer Bewegung.* Reinbek bei Hamburg 1987

Tischner, R.: Ergebnisse okkulter Forschung; Stuttgart 1931

Traum und Traumdeutung. Time-Life Bücher, Amsterdam 1990

Tweedie, I.: *Der Weg durchs Feuer: Tagebuch einer spirituellen Schulung durch einen Sufi-Meister*; 3.Aufl., Interlaken 1992

Twyman, J. F.: *Boten des Lichts: Die Geschichte einer geheimen Verschwörung für den Frieden*; München 1997

Verweyen, J. M.: *Die Probleme des Mediumismus*; Stuttgart 1928

Vilayat Inayat Khan: *Der Ruf des Derwisch*; Essen 1982

Weihnachts-Seminar in Waldmichelbach/Odenwald: 26. bis. 30. Dezember 1993; Hrsg.: R.v. Dobberke, Witzenhausen 1994

Weihnachts-Seminar in Waldmichelbach/Odenwald: 26. bis 30. Dezember 1994, Hrsg.: R.v. Dobberke, Witzenhausen 1995

Vivekananda (Swami): *Raja-Yoga. Mit den Yoga-Aphorismen des Patanjali*; 2.Aufl., Freiburg im Breisgau 1990

Vulpius, Chr.A.: *Thermitonia*, Leipzig 1825

Wallimann, S.: *Erwache in Gott*; 2.Aufl., Freiburg im Breisgau 1993
  Die Umpolung; 2.Aufl., Freiburg im Breisgau 1989

Wandel, J.: *Geistige Selbsthilfe gegen Herz- und Kreislauf-beschwerden* (br.); Berlin o.J.
  Das höhere Selbst (br.); Berlin o.J.
  Impressionen aus einer höheren Welt (br.); Berlin o.J.
  Die Religion der Zukunft (br.); Berlin o.J.
  Vademecum zur Initiation (br.); Berlin o.J.
  Wohin zielt die Menschheit? (br.); Berlin o.J.

Der Weisse Lotos. Zeitschrift für geistige Entfaltung, Nr. 1, München 1982, Nr. 24, München 1987; Nr. 28, München 1988

Wells, H. G.: *Die Geschichte des + Mr. Elvesham, in: Der gestohlene Bazillus und andere Geschichten*; Stuttgart 1909
  Der gestohlene Körper, in: *Der gestohlene Bazillus und andere Geschichten*

Wendling, P.: Logen, Clubs und Zirkel: die diskrete Macht geheimer Bünde; München 2002

White, J. (Hrsg.): *Kundalini-Energie: die spirituelle Schlange in uns*; München 1990

Wilber, K., B. Ecker und D. Anthony: *Meister, Gurus, Menschenfänger: über die Integrität spiritueller Wege*; Frankfurt am Main 1995

Wilde, S.: *Die Kraft ohne Grenze*; 2.Aufl., München 1990

Winklhofer, A.: *Traktat über den Teufel*; Frankfurt am Main 1961

Zutt, J. (Hrsg.): *Ergriffenheit und Besessenheit. Ein interdisziplinäres Gespräch über transkulturell- anthropologische und -psychiatrische Fragen*, Bern 1972

Die Autorin: Birgit Waßmann studierte Pädagogik und arbeitete in einer psychiatrischen Klinik, bis sie die geheimnisvolle Welt der Spiritualität und Parapsychologie für sich entdeckte. Eine zeitlang arbeitete sie als mediale Beraterin und Schriftstellerin. Nun hat sie sich entschlossen, einen Teil der Texte, die sich über die Jahre angesammelt haben, zu veröffentlichen.

Mail Adresse: b.wassmann@posteo.de
Webseite : https://birgitwassmann.blogspot.com

Weitere Titel:

(Die Bücher sind im Verlag BOD, bei Amazon und in jeder Buchhandlung erhältlich.)

Birgit Waßmann
Übergriffe aus dem Jenseits.
Gibt es Geister und Dämonen?
347 S., 2016 Paperback, 14,99 €
E-Book: 3,49 €
ISBN 978-3-03830-280-3

Spiritistische Praktiken wie Wahrsagen, Pendeln, automatisches Schreiben oder Kontakte mit Verstorbenen sind für viele aufregend und faszinierend.

Für Skeptiker stellt sich die Frage: Gibt es wirklich dämonische Geister? Und mit welchen Übergriffen ist zu rechnen? Dieses Buch vermittelt Einsichten über Gefahrenen, die ein Kontakt mit geistigen Mächten häufig beinhaltet, solange es an Wissen über bestimmte Gesetzmäßigkeiten mangelt.

Birgit Waßmann
Psychotische Grenzerfahrungen
In Zusammenhang mit dem Übersinnlichen.
346 S., Paperback, 12,90 €,
E-Book: 3,99 €
ISBN 978-3-7407-1269-3

Birgit Waßmann
Spirituelle Krise oder Psychose?
Dunkle Pfade zur Erleuchtung.
389 S., Paperback, 14,99 €
E-Book 9,49 €
ISBN 978-3-7407-6503-3

Birgit Waßmann
Seelische Abgründe
Parapsychologische Deutungen für Hysterie,
Zwänge, Asthma, Epilepsie und Manie
306 S., Paperback, 12,90 €
E-Book 4,49 €
ISBN 978-3-7407-4870-8

Birgit Waßmann
Aufbruch in die andere Realität
Metaphysik, Psychologie und
spirituelle Krisen
295 S., Paperback, 11,50 Euro.
E-Book: 6,- Euro
ISBN: 978-3-347-83830-7

Birgit Waßmann
Magie, die verborgene Wissenschaft
Okkulte Beeinflussung aus der Ferne
335 S. Paperback, 1. Aufl. 2025,
14.99 €, E-Book 4,49 €,
ISBN: 9-783819-263354

Magie setzt die in der Natur enthaltenen geistigen Kräfte in Bewegung, um sie bestimmten Zwecken zuzuführen. In seiner wahren Bedeutung soll die Anwendung magischer Praktiken zu geistiger Selbsterkenntnis führen. Magische Kräfte eröffnen dem Menschen den Weg in eine neue Welt, die ihm viel zu bieten hat, auch wenn die Zeit der Verwandlung sich äußert schwierig gestalten kann. *Magie gibt dem Leben eine größere Bedeutung.*

Der geradlinige, direkte Weg führt in der mystisch-magischen Schulung oft ohne Umschweife in die Nähe des ersehnten Ziels. Allerdings birgt er die Gefahr, zu rasch vorwärts zu schreiten und dabei dunklen Mächten zu begegnen, die nur schwer einzuschätzen sind. Der Erwerb von Wissen ist ein wertvoller Schutz gegen Fehlannahmen, die ins Abseits führen. Ausreichende Kenntnisse können willkürliche Beeinflussung seitens geistiger Mächte verhindern.